Seria

Skrzywdzone

ŚWIATOWE BESTSELLERY

Prawdziwe historie
dzieci krzywdzonych przez najbliższych

Wstrząsające wspomnienia ludzi,
którzy przeszli przez piekło.
Te rozdzierające serce historie prawdziwe
na długo zapadają w duszę.
Są nie tylko wyjątkowo emocjonalną
poruszającą lekturą, pełną drastycznych
niewiarygodnych scen przemocy
wywołujących wściekłość i łzy.
Są ważnym głosem w dyskusji o przemocy
w rodzinie. Nic więc dziwnego, że zostały objęte
honorowym patronatem Fundacji Dzieci Niczyje
i patronatem medialnym
Komitetu Ochrony Praw Dziecka w 2012 roku.

Seria

Skrzywdzone

Historie prawdziwe

CASEY WATSON

Chłopiec, którego nikt nie kochał

Krzyk o ratunek

Mali więźniowie

Mamusiu, tatusiu, za co mnie tak nienawidzicie?

Mała opiekunka mamusi

Ostatni całus dla mamy

Milczenie chłopców

oraz

TONI MAGUIRE

Tylko nie mów mamie

Kiedy tata powraca

SALLY EAST, TONI MAGUIRE

Czarne dni małej Sally

ROBBIE GARNER, TONI MAGUIRE

Nikt nie przyjdzie

JOE PETERS

Płacz niemymi łzami

TERRIE i PAUL DUCKETT

Nieme wołanie

JANE ELLIOTT

Torturowana

JULIE GREGORY

Mama kazała mi chorować

KATIE MATTHEWS

Wszystko pamiętam, tatusiu

Dziewczynka, która przestała mówić

CASEY WATSON

Przekład
AGNIESZKA KOWALSKA

AMBER

Korekta
Agnieszka Deja
Hanna Lachowska

Projekt graficzny okładki
Małgorzata Cebo-Foniok

Zdjęcie na okładce
© Kendra Wolford/iStock/Thinkstock

Tytuł oryginału
The Girl Without A Voice

Druk i oprawa
OSDW Azymut Sp. z o.o., Łódź, ul. Senatorska 31

ISBN 978-83-241-5545-3

Warszawa 2015. Wydanie I

Wydawnictwo AMBER Sp. z o.o.
02-952 Warszawa, ul. Wiertnicza 63
tel. 620 40 13, 620 81 62

www.wydawnictwoamber.pl

Mojej cudownej, wspierającej mnie rodzinie

Rozdział 1

Różne bywają zajęcia, ale dla mnie zawsze idealną pracą była taka, w której budząc się w poniedziałek rano, nie miałam pojęcia, co przyniesie nadchodzący tydzień.

Właśnie taki zawód wykonywałam, więc naprawdę się cieszyłam, że moje życie w domu jest tak przewidywalne.

– Maaamo! – dobiegł z piętra płaczliwy głos mojej córki. – Nie mogę znaleźć drugiego czarnego buta. Za pięć minut muszę wyjść, a nie mogę go nigdzie znaleźć! Nie widziałaś mojego buta? Ktoś na pewno go gdzieś przełożył!

Pokręciłam głową i westchnęłam. To było typowe dla Riley. Miała osiemnaście lat i pod wieloma względami byłyśmy do siebie bardzo podobne. Obie miałyśmy czarne włosy, taki sam śmiech, podobała nam się taka sama muzyka i takie same ubrania. Ale jedno niewątpliwie nas różniło. O ile moją życiową misją było porządkowanie całego świata, Riley stanowiła moje przeciwieństwo: była najbardziej niezorganizowaną osobą, jaką znałam. Dobrze wiedziałam, gdzie może być jej but. Jak zwykle, dokładnie w tym samym miejscu, w którym wylądował, kiedy zrzuciła go z nogi.

Poszłam jednak na górę, ponieważ ja miałam jeszcze godzinę do wyjścia do pracy, a jej rzeczywiście zostało już tylko pięć – nie, cztery minuty. Po skończeniu college'u znalazła sobie świetną pracę, którą naprawdę lubiła. Pracowała w biurze podróży, gdzie – jak mówiła – „każdego dnia czuła się, jakby była na wakacjach". Ale nie była na wakacjach; miała określone godziny końca i, co ważniejsze, rozpoczęcia pracy. Dobrze przynajmniej, że trafiła na tak wyrozumiałego szefa.

Byłam już w połowie schodów, kiedy wyszła ze swojego pokoju. Podskakiwała na jednej nodze, na drugą starając się założyć odnaleziony but.

– Koniec paniki. Ktoś musiał go wkopać pod moje łóżko.

– Hm, przepraszam? – zakpiłam, kiedy zeszła do mnie. – Ktoś? A któż by to mógł być?

Zamiast odpowiedzi cmoknęła mnie szybko w policzek i wybiegła, żeby w ostatniej chwili złapać autobus. Pomachałam jej na pożegnanie i pomyślałam tęsknie, jak by to było mieć znowu osiemnaście lat i wychodzić do pracy, nie przejmując się zupełnie niczym.

Dzieci w moim świecie były inne. A w każdym razie te, z którymi spędzałam całe dnie w ciągu tygodnia. Pracowałam jako menadżer do spraw zachowania w wielkiej publicznej szkole w podupadłej części miasta, więc dzieciaki, z którymi się spotykałam, wcale nie były beztroskie. Przychodziły do mnie z różnych powodów, ale łączyło je to, że nie potrafiły sobie poradzić w normalnym szkolnym środowisku. Moim zadaniem, oprócz zapewnienia im bezpiecznych warunków, w których mogłyby pracować, było ocenienie ich problemów i wybranie najlepszego dla nich sposobu dalszego postępowania, co mogło polegać na doradztwie, uczeniu ich technik radzenia sobie z problemami, a w niektórych przypadkach na skierowaniu do zewnętrznych instytucji, które mogły im pomóc, na przykład profesjonalnych terapeutów albo psychologów klinicznych. Czasami wystarczyło tylko na pewien czas zastosować alternatywny program nauczania, ale niekiedy sprawa okazywała się długa i skomplikowana – na przykład jeżeli dziecko miało problemy zbyt poważne, by można się było z nimi uporać w zwykłej szkole, mogło się zdarzyć, że trzeba było je przenieść do szkoły z internatem, która miała personel i wyposażenie dostosowane do jego potrzeb. A w skrajnych przypadkach, kiedy uznawano, że dalszy pobyt w domu wiąże się ze zbyt dużym ryzykiem, zawiadamiano służby socjalne, które umieszczały dziecko w rodzinie zastępczej.

Tak czy inaczej, moje zajęcie, choć często niełatwe, nigdy nie było nudne, ale ponieważ w ciągu sześciu miesięcy pracy trafiało do mnie coraz więcej dzieci, czasami bywało też bardzo stresujące.

Kiedy Riley wyszła do pracy, podobnie jak mój mąż Mike, który pracował jako magazynier, zostaliśmy w domu sami – ja i nasz syn Kieron. Przypuszczałam, że Kieron spędzi większą część dnia właśnie w domu. Był koniec września – rok szkolny trwał od trzech tygodni – a Kieronowi niełatwo przychodziło zmaganie się z codziennymi problemami. Miał szesnaście lat i w czerwcu opuścił szkołę, nie mając żadnego planu. A ponieważ większość jego kolegów uczyła się lub pracowała, czuł się nieco zagubiony – każda zmiana rutyny budziła w nim niepokój. Kieron miał syndrom Aspergera, bardzo łagodną formę autyzmu, więc źle przyjmował wszelkie zmiany, a teraz musiał sobie odpowiedzieć na ważne pytanie – co robić dalej? Iść do college'u? Do pracy? Może na staż? Ciążyło mu to i nie dawało spokoju.

Nam także i miało to trwać, dopóki Kieron nie wymyśli, jaką dalszą drogę uważa za najlepszą dla siebie; nie było sensu go w tym ponaglać. Nie chcieliśmy, żeby poświęcił się czemuś tylko po to, by się przekonać, że popełnił błąd – to zestresowałoby go jeszcze bardziej.

Musieliśmy więc być cierpliwi – chociaż teraz i tak miałam się czym zająć. Dopiłam ostatni kubek kawy, postawiłam na ogniu coś na obiad i sprawdziłam, czy dom na pewno wygląda tak, jakim chciałabym go zastać, kiedy wrócę wieczorem.

Cóż, w każdym razie bądźmy dobrej myśli. Szybko wypolerowałam buty, wsunęłam je na nogi i skrzywiłam się, zerkając na swoje odbicie w lustrze. Moja praca miała jedną wadę – to, że musiałam się do niej ubierać tak oficjalnie. Prosta, czarna spódnica i żakiet, czarne rajstopy, błyszczące buty. I do tego wyprasowana bluzka w paseczki – zupełnie nie mój styl! Zawsze wolałam wkładać spodnie od dresu i T-shirt, a niesforne włosy spinać byle jak w koński ogon, niż spędzać godziny przed lustrem czesząc się i robiąc sobie makijaż na cały dzień.

Ale nie miałam innego wyjścia, jeśli chciałam być uważana za profesjonalistkę. Częścią mojej pracy były spotkania z innymi profesjonalistami – dyrektorami szkół, pracownikami socjalnymi, pedagogami, psychologami –

więc szybko nauczyłam się, na czym polegają reguły ubioru. Jeśli chciałam być traktowana poważnie, musiałam się odpowiednio ubierać; to było duże poświęcenie dla kogoś takiego jak ja. Wolałam raczej spędzać czas z setką niesfornych nastolatków, niż siedzieć przy stole konferencyjnym z dorosłymi takiego kalibru – było to dla mnie onieśmielające, nawet jeśli konieczne.

Jednak, jak zwykle, musiałam zapomnieć o wszystkim innym, kiedy tylko przeszłam przez bramę szkoły i powitała mnie kakofonia krzyków i wrzasków, typowa dla każdego poniedziałkowego poranka.

– Dzień dobry! Jak pani minął weekend?

– Proszę pani! Brandon Smith mnie obgaduje!

– Pani Watson, czy mogę przyjść dzisiaj do pani zamiast na WF?

Uśmiechając się do tłumu, który był bliski pochłonięcia mnie, wskazałam na wielki zegar wiszący w holu.

– Później będziemy mieli mnóstwo czasu, żeby nadrobić zaległości – zapewniłam ich. – I weekend minął mi przyjemnie, dziękuję, ale teraz wszyscy powinniście już iść na lekcje. A wiecie, czego ja potrzebuję? – uśmiechnęłam się szeroko.

– Kawy! – odpowiedział mi chór i dzieciaki zaczęły się rozbiegać. – Musi się pani napić kawy!

Mieli rację. Moje zamiłowanie do kawy było niemal równie dobrze znane, jak potrzeba tworzenia ładu z chaosu. Nie żeby w pokoju nauczycielskim panował chaos, ale nie było to też sanktuarium porządku. Wiedziałam, że często jestem tematem szeptów i celem dziwnych spojrzeń, kiedy stałam przy stoliku z napojami w rogu, zaciekle wycierając blat i polerując łyżeczki. Często zostawałam też chwilę po dzwonku na lekcję, poprawiając poduszki i wyrównując papiery. Nikt o tym nie mówił – w każdym razie nie mnie – ale byłam pewna, że wszyscy wiedzieli, że to ja.

Kiedy weszłam do pokoju nauczycielskiego, panowała w nim – jak zwykle – atmosfera nagłej ewakuacji, gdy ponad dwa tuziny nauczycieli udawało się na lekcje. Ja natomiast miałam jeszcze wolne pół godziny, ponieważ uczniowie, którymi się opiekowałam, przychodzili dopiero około 9.30. Zrobiłam sobie kawę, dzielnie walcząc z chęcią pozmywania. To śmieszne; szkoła zatrudniała kobietę, której zadaniem było sprzątanie i zmywanie w czasie lekcji, a jednak trudno mi było oprzeć się pokusie.

A jednak się oparłam. I tak czekało mnie mnóstwo pracy. Musiałam dokończyć przygotowywanie planów zajęć dla moich podopiecznych – miałam ich wtedy piątkę – i zostało mi trochę papierów do wypełnienia z poprzedniego dnia. Codziennie przeprowadzałam wywiad na temat „przestrzeni życiowej" z każdym dzieckiem. To modne ostatnio słowo oznaczało w praktyce tyle, że zaczynałam rozmowę, a potem po prostu słuchałam. Właściwie to nie „po prostu słuchałam" – słuchałam „aktywnie", co polegało na tym, że pomagałam im się otworzyć, zachęcając takimi zwrotami jak „to musiało być dla ciebie bardzo przykre" albo „i co się potem zdarzyło?"

A w przypadku niektórych dzieciaków, z którymi pracowałam, odpowiedź na to pytanie była doprawdy przerażająca.

Dziewczynka, która przestała mówić

Moje biuro mieściło się na parterze jednego z dwóch budynków szkoły, obok większości innych biur, a także pracowni plastycznej, teatralnej i sali gimnastycznej. W drugim budynku, połączonym z pierwszym długim korytarzem i stołówką, znajdowały się normalne klasy.

Chociaż może określenie „biuro" w odniesieniu do mojego nowego pokoju było nieco na wyrost. Prawdę mówiąc, była to stara, od dawna nieużywana, maleńka klasa, gdzie niegdyś odbywały się zajęcia wyrównawcze. W tamtych czasach mieściła około piętnastu uczniów i kiedy zaczynałam pracę, na całe jej wyposażenie składało się kilka stolików i krzeseł oraz stara tablica. Dyrektor, pan Moore, był zaskoczony, gdy powiedziałam, że wolę to pomieszczenie od innych, które mi zaproponował – na przykład od dużego, przestronnego pokoju, w którym kiedyś urzędował wicedyrektor, pan Brabbiner, albo od przypominającej laboratorium klasy z wielkimi, zabudowanymi stołami, interaktywną tablicą i przylegającym do niej niewielkim biurem.

Ale nie. Ja chciałam właśnie to pomieszczenie. Chociaż było zaniedbane i ponure, kiedy je zobaczyłam po raz pierwszy, dostrzegłam w nim ogromny potencjał, a głównym powodem były drzwi – ściśle mówiąc – wyjście przeciwpożarowe – prowadzące na urokliwy wewnętrzny dziedziniec z trawnikiem. Co zaś najlepsze, żadne reguły nie zabraniały mi zostawiać ich otwartych. Krótko mówiąc, miałam tam własny ogród, który natychmiast podbił moje serce. Zapytałam, czy mogę się tam wprowadzić dwa tygodnie przed rozpoczęciem zajęć, żeby wszystko przygotować i porządnie posprzątać.

Rozejrzałam się teraz i uśmiechnęłam. To naprawdę był mój dom poza domem. Wydzieliłam miejsce dla siebie, ustawiając kilka stołów w literę L; tam właśnie trzymałam czajnik i kubki, a także toster i coś, z czego wkrótce zasłynęłam – niewyczerpane źródło ciasteczek.

Poprosiłam woźnego, żeby pomalował ściany na słoneczny, żółty kolor (najbardziej skandaliczny odcień, na jaki zgodziła się dyrekcja) i przygotowałam kolorowe ramki na dzieła sztuki, które spodziewałam się wkrótce zacząć dostawać. Pamiętając o ogrodzie (co do którego także miałam pewne plany), przygotowałam też miejsce na doniczki i sadzonki. Ten pomysł także stał się przyczyną dziwnych spojrzeń kolegów, kiedy nosiłam korytarzami worki kompostu.

Na koniec zainstalowałam radio i urządziłam miejsce do odpoczynku, z niskim stolikiem i wygodnymi siedziskami.

Dopiero potem w wolnym miejscu, jakie zostało pośrodku, ustawiłam stoliki do pracy i krzesła. To była klasa, bez najmniejszych wątpliwości, ale też coś znacznie więcej. Miało to być miejsce, w którym dzieci z problemami będą mogły się odprężyć i poczuć swobodnie, niezależnie od tego, z jakiego powodu trafią do mojego „biura". I tylko to się liczyło. O wiele łatwiej rozmawiało się z dzieckiem zrelaksowanym niż z zestresowanym i choć wzdrygałam się na myśl o tym, ile wydałam z mojego skromnego budżetu, nie miałam wyrzutów sumienia. Czułam, że zrobiłam wszystko jak należy.

Moja zgraja podopiecznych przybyła, jak zwykle czyniąc harmider. Niektórzy z nich przychodzili tylko na jedną lub dwie lekcje, ale byli i tacy, którzy spędzali tu całe dnie. Teraz miałam ich piątkę – i nie mogliby się bardziej od siebie różnić. Było wśród nich troje siódmoklasistów – nowych w szkole i z różnych powodów jeszcze niezbyt dobrze sobie radzących – oraz dwoje ósmoklasistów, z którymi kończyłam pracę.

Pierwszy z nich był Henry – on też stanowił największe wyzwanie. Miał trzynaście lat i groziło mu usunięcie ze szkoły z powodu trudnego i gwałtownego charakteru. Niemal wszyscy nauczyciele wyrzucali go ze swoich lekcji, a przyjście do mojej „Jednostki" (nie ja wybrałam taką nazwę – nie cierpię wszelkiego rodzaju etykietek, ale ta przylgnęła na dobre) miało być ostatnią próbą wyprostowania go na tyle, żeby mógł pozostać w normalnej szkole.

Tego ranka, na szczęście, wyglądało na to, że jest w dobrym nastroju.

– Wszystko w porządku, psze pani? – spytał, wpadając do pokoju i rzucając sponiewierany plecak na najbliższy stolik.

– W porządku, Henry – odparłam. – A ty wydajesz się radosny. Jak ci minął weekend?

– Psze pani, było super!

Źródłem problemów Henry'ego ze światem wydawał się jego brak empatii. Był najmłodszym z pięciu chłopców mieszkających z mamą żyjącą z zasiłku – tata zniknął z horyzontu – i najwyraźniej musiał walczyć o swoje miejsce w hierarchii. Z oczywistych powodów zawsze miał tylko używane rzeczy (ubrania i zabawki), co niekoniecznie musiało oznaczać uraz emocjonalny. Wręcz przeciwnie – mnóstwo dzieciaków w takich warunkach radzi sobie doskonale. Lecz nie Henry. Jego największy problem polegał na tym, że był traktowany jako najsłabsze ogniwo w rodzinie i starsi bracia bezlitośnie się nad nim pastwili. Nic dziwnego, że kiedy przyszedł do szkoły, przepełniała go agresja, którą wyładowywał na młodszych lub słabszych niż on sam. Był też zaniedbany i brudny, co także stanowiło dla niego problem – udało mi się już ustalić, że jeden z nauczycieli miał skłonność do dokuczania mu i wystawiania na pośmiewisko przed całą klasą. Prawdę mówiąc, pierwszą oznaką, że może mi się udać osiągnąć z Henrym jakieś postępy, było to, kiedy wyznał, jak nauczyciel upokorzył go przed innymi.

– Zawsze wiem, kiedy zbliżasz się do klasy, Henry – powiedział. – Bo pojawiasz się tuż za smrodem.

Tego ranka jednak Henry był w dobrym humorze, po najwyraźniej miłym weekendzie. Nie wątpiłam, że wkrótce opowie mi, dlaczego było tak „super", ale właśnie w tym momencie dołączył do nas kolejny z trójki moich chłopców, a ponieważ mieli do omówienia ważne zwycięstwo w jakimś meczu, temat ten natychmiast pochłonął całą uwagę Henry'ego. Gavin, jedenastolatek, który właśnie przyszedł do szkoły, miał ADHD; przyjmował ritalin i został do mnie wysłany na dwumiesięczny okres „wyciszenia", który miał pozytywnie wpłynąć na jego zachowanie oraz koncentrację.

Jako trzeci przyszedł Ben, nowy nie tylko w szkole, ale i w tej okolicy. Został usunięty ze swojej podstawówki przed końcem ostatniej klasy i od sześciu miesięcy nie chodził do szkoły. Ben mieszkał z tatą – mama umarła krótko po jego urodzeniu – i z miliona powodów był zawsze wściekły. Moje zadanie w przypadku Bena polegało na tym, żeby mu pomóc doraźnie, zanim uda się wypracować jakiś sposób na ukojenie jego skołatanej duszy.

Ben nie był jedynym dzieckiem, które kogoś straciło. Również Shona – urocza dwunastolatka – straciła oboje rodziców. Zostawiwszy Shonę, swoje jedyne dziecko, z wujkiem, ciocią i kuzynami, wybrali się na krótki drugi miesiąc miodowy i zginęli w wypadku samochodowym, kiedy wracali z lotniska.

Shona, której, naturalnie, trudno było radzić sobie ze światem, trafiła do mnie krótko po tym, jak zaczęłam pracę w szkole. Serce rwało mi się do niej, ale osiągaliśmy niewielkie postępy. Kiedy pojawiła się Molly – inna dziewczynka z trudnościami w nauce – Shona jakby znalazła nowy cel i sens życia. Wspieranie Molly, która stała się ofiarą prześladowań i dokuczania, odkąd przyszła do szkoły przed trzema tygodniami, wniosło nieco światła w mroczne, nieszczęśliwe życie Shony.

Przyszły jak zwykle razem i obie uśmiechnęły się do mnie, odkładając swoje kurtki i torby. Ale tuż za nimi w drzwiach pojawił się ktoś jeszcze – Donald Brabbinger, wicedyrektor szkoły.

– Ma pani chwilę, pani Watson? – spytał, dając mi do zrozumienia, że powinnam wyjść z nim na korytarz.

– Oczywiście – odparłam i odruchowo odwróciłam się do dzieci. – Przygotujcie się – powiedziałam. – Będziemy kontynuować to, co zaczęliśmy w piątek. Zacznijcie przygotowywać swoje rzeczy. Po cichu.

Wyszłam za Donem, uśmiechając się w duchu, gdy wszyscy trzej chłopcy przybrali ów lekko zaniepokojony wyraz twarzy pod tytułem „Boże, co ja znowu zrobiłem?"

Don był świetnym wicedyrektorem i ważną postacią w życiu szkoły, a ponieważ pełnił tę funkcję już od wielu lat, stał się w pewnym sensie legendą.

Gdy wyszliśmy na korytarz, zamknęłam za sobą drzwi.

– Jakiś problem?

– Nie, nie – zapewnił mnie z uśmiechem. – Proszę się nie martwić. Zastanawiałem się jedynie, ile dzieciaków ma pani dzisiaj, to wszystko. Tylko tę piątkę?

Skinęłam głową.

– Chociaż myślę, że jeszcze kilkoro przyjdzie po lunchu. Czemu pan pyta?

– Ponieważ mamy nową dziewczynkę, trzynastolatkę. Ma na imię Imogena. Jest nowa i w szkole, i w tej okolicy, i wygląda na to, że może potrzebować pani pomocy. Przyjdzie w ciągu najbliższej godziny; myślę, że przyprowadzą ją dziadkowie. Powiedziałem im, żeby postarali się dotrzeć przed pierwszą przerwą.

– Wie pan coś więcej?

– Niewiele – odparł Donald. – Szczerze mówiąc, to zupełnie nowa sprawa.

– W porządku – powiedziałam. – Przypuszczam, że wkrótce i tak wszystkiego się dowiemy, prawda? W takim razie przyjdę do pańskiego biura, kiedy się pojawią, dobrze? Będziemy mogli razem usiąść i porozmawiać.

– Ach – zasępił się Donald. – Akurat z nią nie będziemy mogli porozmawiać. I właśnie to jest powód, dla którego musi trafić do pani Jednostki.

– Obawiam się, że nie rozumiem – uśmiechnęłam się niepewnie. – Co jej jest? Zdziczała?

Donald pokręcił głową.

– To dość dziwne – powiedział. – Prawdę mówiąc, pierwszy raz zetknąłem się z czymś takim.

– To znaczy?

– To znaczy, że ona nie mówi.

– Jak to, w ogóle nie mówi? – spytałam zdezorientowana. – Jest niepełnosprawna?

– Wydaje się, że nie. Po prostu nie mówi w pewnych sytuacjach. To się chyba nazywa mutyzm wybiórczy. Tyle że w tej chwili najwyraźniej nie jest wybiórczy. Podobno nie odezwała się od kilku tygodni. Ani słowem.

No, no. Ja także nigdy wcześniej nie zetknęłam się z czymś podobnym. W mojej pracy często miałam do czynienia z zupełnym przeciwieństwem tego problemu i choć spotykałam nieśmiałe dzieci, które trzeba było nakłaniać do wyjścia ze skorupy, dziecko, które w ogóle nie mówi, było dla mnie czymś nowym.

Wróciłam do Jednostki, rozmyślając o moich obecnych podopiecznych, którzy najczęściej rozmawiali szeptem albo paplali bez opamiętania. Na mój widok zamilkli, jak można było oczekiwać – każdy, kto pracuje w szkole, wie, jak wiele trudu trzeba włożyć, żeby osiągnąć taki efekt.

To wyjątkowa sytuacja – pomyślałam – mieć pod opieką dziecko, które trzeba nakłaniać do mówienia. Cóż, zobaczymy. Może w mojej pracy nie miałam „wakacji każdego dnia" jak Riley, ale przygód mi nie brakowało.

Rozdział 2

Zdobycie tej posady było dla mnie prawdziwym spełnieniem marzeń i wciąż jeszcze czasem musiałam się uszczypnąć, żeby się upewnić, że nie śnię. Owszem, pracowałam już z młodymi ludźmi, ale nigdy dotąd w warunkach szkolnych, więc kiedy powierzono mi opiekę nad najtrudniejszymi dziećmi w szkole, byłam bardzo dumna.

Moje wcześniejsze zajęcia były związane ze służbami socjalnymi. Miałam podobne obowiązki – o tyle, że pomagałam ludziom upośledzonym i z problemami – ale pracowałam z dorosłymi mającymi trudności z nauką. Więc chociaż przeszłam szkolenie nauczycielskie i menedżerskie w ramach pracy w służbach socjalnych, moje wcześniejsze doświadczenie w pomaganiu dzieciom z problemami ograniczało się do pracy jako wolontariuszka.

Nie wiem, co przesądziło tamtego dnia. Na rozmowie kwalifikacyjnej było nas czworo i nie sądziłam, że właśnie ja dostanę tę posadę, ponieważ pozostali kandydaci mieli o wiele wyższe kwalifikacje. A jednak dostałam.

– Dyrektor zadzwonił do mnie osobiście – powiedziałam Mike'owi, kiedy zatelefonowałam, żeby przekazać mu dobrą nowinę. – Jak powiedział, zadecydowało moje zrozumienie tego, że szkoły powinny jeszcze aktywniej dbać o stan emocjonalny dzieci – mówiłam. – To i mój entuzjazm, który podobno zrobił na nim duże wrażenie. Powiedział też, że opłaci wszystkie kursy, jakie będę musiała przejść.

– I? – spytał Mike.

– I co? – odpowiedziałam pytaniem.

– Ile nieoznaczonych banknotów pięćdziesięciofuntowych musiałaś mu wsunąć do kieszeni?

Nikt w naszym domu nie ma szansy wbić się w nadmierną dumę.

Nigdy nie martwiłam się o to, że realia pracy w wielkim mieście mogą mnie znużyć albo pozbawić złudzeń, ale też nie spodziewałam się, jak bardzo ta praca mnie pochłonie. Była tak wciągająca – czasem stresująca, czasem fascynująca, ale zawsze ciekawa – że, przynajmniej w ciągu tygodnia, żyłam nią i oddychałam.

I wyglądało na to, że ten tydzień nie będzie wyjątkiem. Nowe dziecko zawsze niosło dreszcz ekscytacji, ponieważ był to skok w nieznane. A ten przypadek zapowiadał się wyjątkowo interesująco. Pomyślałam, że muszę poszukać czegoś o mutyzmie wybiórczym, kiedy dzieci zajmą się swoją pracą.

– Do dzieła – powiedziałam. – Lećmy z tym projektem, dobrze?

Henry, czego mogłam się spodziewać, jęknął, słysząc mój żarcik. Od dwóch tygodni zajmowaliśmy się projektem na temat historii lotnictwa i każdego dnia poświęcaliśmy na to pierwsze dwie godziny. Moja mała grupa miała szczęście. W całej szkole tylko w salach informatycznych były komputery, a połączenie z internetem miały tylko te w szkolnych biurach. Ponieważ jednak moja klasa była jednocześnie moim biurem, miałam do dyspozycji jeden z nich, więc mogłam pozwolić dzieciakom, którymi się zajmowałam, na chwilę surfowania w poszukiwaniu potrzebnych informacji. I chłopcom wychodziło to doskonale. Teraz, uzbrojeni w wiedzę, jakiej potrzebowali, budowali wspaniały model pierwszego samolotu braci Wright, przygotowując prezentację na jego temat.

Dziewczynki były zajęte spisywaniem relacji w pierwszej osobie o samotnym locie Amelii Earhart nad Atlantykiem. Cała grupa pracowała też wspólnie nad wielkim plakatem z linią czasu, opatrzonym starannie wyciętymi fotografiami i rysunkami. Wszyscy bardzo się starali i byłam z nich dumna, a spodziewałam się, że będę dumna jeszcze bardziej, kiedy w przyszłym tygodniu na szkolnym apelu zaprezentują swoje dzieła.

Pracowali w milczeniu i z dobrym skutkiem przez jakieś dwadzieścia minut, gdy nagle Henry podniósł rękę.

– Proszę pani – powiedział, jak zwykle machając niecierpliwie. – Tak się zastanawialiśmy... kto będzie mówił to wszystko w czasie naszej prezentacji?

Co, w tłumaczeniu, znaczyło „czy to będę ja?" Henry doskonale zdawał sobie sprawę ze swojego statusu najstarszego w grupie – i nic dziwnego, biorąc pod uwagę jego przeszłość.

Podeszłam do stolika chłopców i usiadłam. Czasami ich przesadzałam, ale zazwyczaj chłopcy siedzieli przy jednym stoliku, a dziewczynki przy drugim. Oczywiście dobrze było, jeśli pracowali razem, ale tylko do pewnego stopnia. Zależało mi przede wszystkim na tym, żeby byli odprężeni i otwarci, a to oznaczało, że powinni się czuć zupełnie swobodnie.

– Hm, wy musicie zadecydować. Cała piątka. Będziecie musieli usiąść razem i się naradzić.

Ben zachichotał i szturchnął Henry'ego.

– Nudna narada, jeśli Molly i Shona będą mówić!

Zerknęłam na dziewczynki, ale najwyraźniej nic nie usłyszały. Były, jak zawsze, całkowicie pochłonięte swoją pracą.

– Daj spokój, Ben – powiedziałam. – Wiesz, że nie o takie zebranie mi chodzi. Po prostu będziecie musieli to przedyskutować. Chociaż myślę, że byłoby miło, gdyby każde z was coś powiedziało, prawda? Wszyscy ciężko pracowaliście i każde z was zasłużyło na to, żeby się zaprezentować. W każdym razie teraz powinniście się pospieszyć, żebyśmy skończyli na czas. Ale zachowujcie się cicho, proszę, bo muszę porozmawiać przez telefon.

Zostawiłam dzieci przy pracy i podeszłam do mojego biurka w rogu. Zadzwoniłam do sekcji zajęć dodatkowych w poszukiwaniu Kelly, która czasami bywała moją asystentką.

Kelly była dwudziestotrzyletnią asystentką dydaktyczną i miała świetny kontakt z trudnymi dziećmi, dlatego szkoła często potrzebowała jej pomocy.

Odebrała natychmiast i uprzedziła moje pytanie.

– Cześć – powiedziała. – Wiem, o co chcesz mnie prosić, i będę na dole za dziesięć minut. Widziałam się z panem Brabbinerem, który o wszystkim mi opowiedział.

– To świetnie – odparłam. – Dzieciaki pracują nad projektem, więc nie powinnaś mieć żadnych problemów.

Kelly roześmiała się. Wiedziała równie dobrze jak ja, że sytuacja może się całkowicie zmienić w ułamku sekundy. W jednej chwili wszystko mogło iść jak z płatka – jak teraz – a w następnej mogło się rozpętać pandemonium. Ale właśnie to mi się w niej podobało – i to odróżniało ją od wszystkich innych asystentów dydaktycznych – że podobnie jak ja lubiła w naszej pracy element zaskoczenia i jeszcze nie widziałam jej w sytuacji, z którą nie umiałaby sobie poradzić. Była prawdziwą mistrzynią myślenia w biegu.

Kiedy odłożyłam słuchawkę, usiadłam na chwilę z dziewczynkami i gdy powiedziałam, że będę musiała wyjść i zostawić ich z panną Vickers, Molly zareagowała dokładnie tak, jak się spodziewałam. Zerknęła niespokojnie na chłopców.

– Ale nie wychodzi pani na długo, prawda? Nie lubimy, kiedy nas pani zostawia, prawda, Shona?

Shona opiekuńczym gestem objęła Molly.

– Panna Vickers jest w porządku, Molly – zapewniła. – Nie pozwoli na żadne brewerie, prawda, proszę pani?

– Nie, nie pozwoli – przyznałam, uśmiechając się w duchu. – I nie będzie żadnych brewerii. Prawda, chłopcy? – dodałam nieco głośniej, żeby mnie usłyszeli. – Albo przez całe popołudnie będziecie robić zadania z matematyki.

– A dokąd pani idzie? – dopytywała się Shona.

– Na zebranie – odparłam. – Porozmawiać o dziewczynce, która być może do nas dołączy. Ma na imię Imogena. Musimy zobaczyć, czy powinna do nas przyjść. Będę mogła powiedzieć wam więcej po spotkaniu z nią.

Shona i Molly wymieniły spojrzenia, ale to Gavin się odezwał.

– Jeszcze jedna dziewczyna? – jęknął. – To już będzie inwazja dziewczyn. To jakaś debilka, proszę pani?

– Gavin! – skarciłam go. – Co wam mówiłam o przezywaniu? Nie zapamiętaliście niczego z ćwiczeń, którymi zajmowaliśmy się w zeszłym tygodniu?

Zmarszczył nieco brwi, próbując sobie przypomnieć, o czym mówię. Robiliśmy ćwiczenie, które od czasu do czasu starałam się włączyć do programu – podzieliłam dzieci na dwie grupy, z których każda miała narysować piernikowego ludzika. Ale to nie było zadanie plastyczne. Następnie jeden zespół miał napisać na swoim rysunku najgorsze określenia, jakich nigdy nie użyliby w odniesieniu do nikogo. Nie obowiązywały żadne bariery – w tym przypadku dopuszczalne były nawet przekleństwa, jeśli właśnie to było to, co chcieli powiedzieć. Druga grupa miała zrobić coś podobnego, ale używając tylko słów, którymi sami byli nazywani, przez dorosłych lub inne dzieci. Później wymieniali się rysunkami i każda grupa miała zapisać, jak by się czuli albo jak się czuli, kiedy używano wobec nich określeń z listy, a potem – na osobnej kartce – napisać, dlaczego, ich zdaniem, ludzie używają takich słów w stosunku do innych.

Chodziło w tym o rozwinięcie w nich rozumienia emocjonalnego; na tym właśnie polegało w znacznej mierze moje zadanie w Jednostce. A uwaga Gavina wskazywała, że powinniśmy wkrótce to ćwiczenie powtórzyć.

– Więc jak? – spytałam.

– Przepraszam, proszę pani – wymamrotał. – Nie miałem nic złego na myśli. Chciałem tylko wiedzieć, dlaczego ona ma tutaj przyjść.

– W takim razie powinieneś się zastanowić, co chcesz powiedzieć, zanim się odezwiesz – powiedziałam. – Ponieważ jeśli jeszcze raz usłyszę coś podobnego, naprawdę będziesz całe popołudnie rozwiązywał zadania z matematyki.

Ale nie przejmowałam się zbytnio Gavinem. Wziął swoją poranną dawkę ritalinu i minie jeszcze kilka godzin, zanim jego ADHD znowu da o sobie znać. Wtedy przez godzinę, zanim szkolna pielęgniarka da mu kolejną dawkę leku, nie będę mogła ani na moment opuścić klasy. Nawet Henry – jako trzynastolatek, o dwa lata starszy od Gavina – nie lubił tej, jak mawiał, „godziny szaleństwa".

Uśmiechnęłam się do mojej trójki chłopaków. Naprawdę radzili sobie całkiem dobrze, jeśli idzie o zachowanie, nawet jeśli postronnemu obserwatorowi ich postępy mogły się wydawać niewielkie. Wciąż było w nich dużo agresji, wszyscy trzej byli niczym napięte sprężyny i choć dni często mijały nam spokojnie, zdarzały się i takie, gdy cały czas musiałam być przygotowana na następną nieoczekiwaną eksplozję. Nowa dziewczynka trafi w zmienne i nieprzewidywalne miejsce – to nie ulegało wątpliwości.

Właśnie wtedy przyszła Kelly, niosąc dwa kubki z kawą – jednym z nich był mój kubek superbohaterów, z Batmanem po jednej i Supermanem po drugiej stronie, który dostałam od Kierona jako prezent na rozpoczęcie nowej pracy. I dotąd nikomu nie zdarzyło się zabrać go przez pomyłkę – to był mały cud pokoju nauczycielskiego. Kelly podała mi kawę.

– Proszę – powiedziała. – Pomyślałam, że może się przydać.

Uśmiechnęła się do dzieciaków.

– Pracujecie jak pszczółki. Wszystko w porządku?

Skinęli głowami.

– Dziękuję – powiedziałam. – To bardzo miło z twojej strony.

Miałam swój mały „kącik kawowy", ale nie zawsze zdążyłam napełnić czajnik, więc kubek mojego ulubionego środka pobudzającego był bardzo pożądany.

– Przypuszczam, że nie będzie mnie jakąś godzinę, może nawet krócej. Ale nie powinnaś mieć żadnych problemów.

Kelly uśmiechnęła się szeroko i wyjęła z torebki walkie-talkie.

– Nie martw się. Zabrałam swoją tajną broń. Poradzimy sobie.

Większość nauczycieli i część personelu pomocniczego miała dostęp do tych gadżetów, żeby mogli wezwać pomoc w razie zagrożenia. Mogło się to przydać w różnych sytuacjach, od tak prostych jak dziecko poproszone, żeby opuściło klasę z powodu zakłócania spokoju, po bardziej ekstremalne jak rozdzielenie dzieciaków, które wdały się w bójkę. Nazywano je Skomputeryzowanymi Jednostkami Komunikacyjnymi, ale ja, jako szkolna dziwaczka, nigdy nie używałam swojego. Nie cierpiałam tych nowoczesnych elektronicznych zabawek i polegałam jedynie na swoim nowym telefonie komórkowym – kolejnym urządzeniu, którego obsługi nie udało mi się jeszcze do końca opanować.

Wzięłam go teraz i włożyłam do torebki. W odróżnieniu od większości nauczycieli zawsze miałam ją przy sobie, po części dlatego, że przy tak małej grupie łatwo było mieć ją cały czas na oku, a poza tym była trochę podobna do kuferka Mary Poppins – przyzwyczaiłam się do tego, kiedy Kieron był mały. A ponieważ Kieron był, jaki był, torebka często ratowała nam życie; jeśli zabrudził się albo skaleczył, bardziej denerwowało go to, że wygląda niechlujnie, niż to, że boli.

Przy dzieciakach w szkole moja torebka również okazywała się pomocna. Zawsze miałam w niej chusteczki, plastry, ciasteczka, cukierki, a nawet kosmetyki – co przydawało się, kiedy trzeba było pocieszać dziewczynki – odrobina błyszczyku do ust albo różu zawsze poprawiała im humor.

– Racja – przyznałam, podnosząc torebkę. – Idę. I pamiętajcie wszyscy: jeśli trzeba będzie, mogę wam w jednej chwili urządzić lekcję matematyki, więc zachowujcie się przyzwoicie, kiedy mnie nie będzie.

Szłam pospiesznie korytarzami, starając się zdążyć przed dzwonkiem ogłaszającym przerwę, kiedy zacznie się szaleńczy pęd tłumu dzieci do sklepiku szkolnego albo na boisko. Dzwonek rozległ się dokładnie w chwili, kiedy stanęłam przed zamkniętymi drzwiami gabinetu Donalda.

Otworzyłam je i zobaczyłam całą rodzinę siedzącą przed jego biurkiem, plecami do mnie.

– O, Casey. – Donald wstał zza biurka. – Wejdź.

Wskazał mi wolne krzesło stojące z boku biurka.

– To jest pani Watson – przedstawił mnie całej trójce. Ominęłam ich i usiadłam. – Właśnie o niej mówiłem państwu przez telefon; mamy nadzieję, że zajmie się małą Imogeną.

Uśmiechnęłam się i przyjrzałam sie im dokładniej – dwójce dziadków – oboje byli siwowłosi i najpewniej dobrze po siedemdziesiątce – i samej Imogenie, dziewczynce, na którą nie sposób było nie zwrócić uwagi, a zwłaszcza na tę burzę rudych włosów. Właściwie raczej rudoblond, ale wiedziałam, jakie są dzieci. One nazwą ją rudą.

– Dzień dobry – powiedziałam, wyciągając rękę. – Panie i pani...

– Hinchcliffe – powiedziała kobieta. – Jestem Veronica – dodała, ściskając mi rękę. Jej dłoń, podobnie jak cała reszta, była drobna i sprawiała wrażenie kruchej. – A to Mick. Jesteśmy dziadkami Imogeny. Mieszka z nami.

Miała niepewny głos i z jej zachowania wywnioskowałam, że jest zdenerwowana, choć jej mąż – potężny, wyglądający na wysportowanego, mężczyzna, który ledwie skinął głową, kiedy weszłam – wydawał się bardziej zainteresowany oglądaniem zgrai biegających, wrzeszczących i wyjących dzieciaków za oknem. Przypuszczałam, że dość dawno nie widział młodych ludzi w takiej liczbie.

Spojrzałam na samą Imogenę, która nie wykazała najmniejszej chęci nawiązania kontaktu wzrokowego. Wpatrywała się w to samo okno z obojętnym wyrazem twarzy.

– Imogeno – odezwała się jej babcia, najwyraźniej zauważając, że na nią patrzę. – Słyszałaś, co powiedział pan Brabbiner? To jest pani Watson, twoja nowa nauczycielka.

Imogena odwróciła się, zamrugała, kiedy nasze spojrzenia się spotkały, i szybko spuściła głowę.

– Ona się nie odezwie – powiedziała pani Hinchcliffe z udręką. – Nie tutaj. Ani nigdzie indziej. W domu buzia jej się nie zamyka.

– Och – zerknęłam na Dona. – A więc jednak czasami mówi?

Pani Hinchcliffe przytaknęła.

– Doktor mówi, że to się nazywa mutyzm wybiórczy. Że ona po prostu postanowiła nie mówić. Chociaż, na miłość boską, nie mamy pojęcia dlaczego.

Skinęłam głową.

– Proszę się nie martwić – powiedziałam. – Jestem pewna, że Imogenie będzie z nami dobrze. Prawda? – mówiąc to, spojrzałam na Imogenę, ale ona nawet nie podniosła głowy. – Ale czy mogę spytać – mówiłam dalej, lecz nie czułam się komfortowo, rozmawiając o Imogenie w jej obecności. Jednak dziewczynka nie wykazywała najmniejszej chęci włączenia się do rozmowy. – Dlaczego właśnie ta szkoła i właśnie teraz? Gdzie chodziła poprzednio?

Teraz odezwał się dziadek.

– Zabraliśmy ją z poprzedniej szkoły przed końcem letniego semestru. Nie mieliśmy innego wyjścia. Wszystko było w porządku, zanim to się zaczęło; wie pani, przeprowadzka do nas i cała reszta. Ale kiedy się zaczęło, nie było ze szkoły żadnego pożytku. Wszystkie dzieciaki zaczęły jej dokuczać, a nauczyciele w ogóle nie reagowali. Po prostu uznali, że sprawia kłopoty. To niesprawiedliwe...

Donald przesunął w moją stronę teczkę z dokumentami.

– To są wszystkie papiery Imogeny z poprzedniej szkoły, pani Watson. Oczywiście wyjaśniłem państwu Hinchcliffe, że możemy przyjąć Imogenę, lecz w obliczu jej mutyzmu nie jestem pewien, jak właściwie moglibyśmy pomóc. Chociaż Imogena podobno ma terapeutę, który pracuje z nią w domu, prawda, pani Hinchcliffe? A więc...

– Psycholog dziecięcy, tak jest – przerwała mu pani Hinchcliffe. – Mnóstwo uczonych bredni, gdyby mnie ktoś spytał – zmarszczyła brwi, choć raczej z frustracji, niż z gniewu, jak mi się wydawało. – Dziewczyna musi dojść ze sobą do ładu. Zadecydować, kiedy i gdzie będzie mówić...

Imogena nie zareagowała w żaden sposób, ale zauważyłam, że Don poczuł się nieswojo. Może coś więcej zostało powiedziane, zanim weszłam. W pokoju wyraźnie dało się wyczuć napięcie.

– No tak – powiedziałam dziarsko, postanawiając opanować sytuację. – Nie ma potrzeby omawiać teraz wszystkich szczegółów, ani odrywać Imogenę od lekcji na dłużej niż to konieczne. Jeżeli ma jakiś mundurek – dodałam, spoglądając na nią, ale nadal mogąc zobaczyć tylko czubek jej głowy – może zacząć już jutro.

Zerknęłam na Dona, który dał mi do zrozumienia, że nie ma nic przeciwko temu.

– A może – przyszedł mi do głowy pewien pomysł – jeśli nie ma, być może uda mi się pomóc. Mamy spory zapas swetrów z logo szkoły, więc mogę znaleźć coś dla niej; do tego wystarczy czarna spódnica albo spodnie i biała koszula.

Zauważyłam, że wyraz twarzy Dona nieco się zmienił. Wyraźnie nie był zachwycony moją hojnością. Właściwie powinnam starać się sprzedawać szkolne mundurki, ale odniosłam wrażenie, że u dziadków Imogeny się nie przelewa, a ja byłam czymś w rodzaju szkolnego biura rzeczy znalezionych, więc trafiało do mnie mnóstwo mundurków.

Wstałam, wzięłam teczkę z dokumentami i wyciągnęłam rękę do państwa Hinchcliffe.

– Myślę, że to na razie wszystko. Naprawdę powinnam już wracać do klasy.

Wszyscy pozostali również wstali z krzeseł.

– Tak, tak. W porządku – przyznał Don. – Zatem do zobaczenia jutro, Imogeno.

– Na pewno – potwierdziła pani Hinchcliffe. – Chodźmy, kochanie – popchnęła delikatnie wnuczkę, żeby wstała. – W domu czeka na nas lunch, prawda?

Imogena posłusznie wstała i dopiero wtedy zauważyłam, że była bardzo mała jak na trzynastolatkę. Mała, drobna i ubrana w rzeczy wyglądające nie tylko na stare, ale – co ważniejsze – niemodne, zupełnie inne niż ubrania większości dziewczynek w jej wieku. Była bardzo ładna – miała głębokie niebieskie oczy, jasną skórę i mnóstwo piegów. Zrobiło mi się jej żal. Jakoś wiedziałam, nawet bez sprawdzania, że jest jedynym dzieckiem. Że nie ma starszego rodzeństwa, które mogłoby jej pomóc w doborze ubrań albo choćby w dopasowaniu się do środowiska. Samotne dziecko – domyśliłam się – któremu trudno jest zawierać przyjaźnie. Gotowy obiekt kpin i dokuczania. Stanowczo.

Czułam się niezręcznie, rozmawiając ponad jej głową, mimo że nie było innego wyjścia. Nic dziwnego, że dziadkowie ją przyprowadzili – chcieli, żeby zobaczyła szkołę, to całkiem naturalne. Ale w ten sposób nie ułatwili rozmowy. Tyle pytań chciałam im zadać – wszystkie bardzo osobiste – ale musiały poczekać do chwili, gdy będę miała okazję porozmawiać z dziadkami Imogeny w cztery oczy. Na razie trzeba było polegać na instynkcie, ten zaś podpowiadał mi, kiedy patrzyłam, jak wychodzą z gabinetu, że o wielu rzeczach nie wiemy. Że zapewnienie dziadka, iż nie ma pojęcia, jakie źródło ma mutyzm wybiórczy wnuczki, nie jest do końca prawdziwe. Nie miałam co do tego wątpliwości.

Rozdział 3

Po szybkim lunchu i krótkiej rozmowie z Kelly w pokoju nauczycielskim zdążyłam wrócić do klasy na moment przed dzwonkiem i falą małych ciał całkowicie ignorujących znajome wołania nauczycieli: „Idźcie, proszę! Nie biegnijcie! Trzymajcie się lewej strony!"

– Proszę pani, co będziemy robić po południu? – spytała Shona, kiedy włączałam czajnik. – Bo nie matematykę, prawda? Czy Molly i ja możemy porysować?

Wsypałam do kubka dużą łyżeczkę kawy.

– Nie matematykę, kochanie, nie martw się. A co do rysowania, to zajmiemy się czymś podobnym...

Nie dokończyłam, ponieważ przeszkodziło mi przybycie Gavina, który wpadł niczym taran o kształcie małego chłopca – najwyraźniej jego leki na ADHD jeszcze nie zaczęły działać.

– Szszszsz! Szszszsz! – wołał, udając samolot. Przebiegł między stolikami, zaczepiając przy tym ramieniem o głowę Molly.

– Gavin! – warknęła Shona. – Zostaw ją w spokoju, ty kretynie!

– Gavin, usiądź – poleciłam, mając nadzieję, że to zrobi, co wcale nie było pewne; nie o tej porze dnia. – I Shona – dodałam. – To miłe, że bronisz Molly, ale w tej klasie nie używamy wyzwisk, dobrze?

Na szczęście w tej samej chwili pojawili się dwaj pozostali chłopcy, przynosząc ze sobą pełne drastycznych szczegółów opowieści o tym, co działo się na szkolnym boisku – w samą porę, ponieważ odwrócili tym uwagę wciąż nakręconego Gavina, który posłusznie zrobił to, o co go prosiłam. Co za ulga. Kiedy był podniecony tak jak teraz, czasami musiało minąć pół godziny albo dłużej, zanim uspokoił się na tyle, żeby mógł się na czymkolwiek skupić. Oczywiście to nie było dobre dla wszystkich innych, ponieważ jego wygłupy ich rozpraszały.

Ale to, co zaplanowałam na popołudnie, mogło odwrócić jego – i pozostałych także – uwagę w bardziej konstruktywny sposób. Po rozmowie z Kelly postanowiłam nieco przygotować grunt na przybycie Imogeny. Dlatego zmieniłam plany – co i tak mogło nas czekać po dołączeniu dziewczynki – żeby zająć się oswajaniem z różnorodnością.

Już wcześniej przestawiłam stoły tak, żebyśmy mogli usiąść wszyscy razem i kiedy moja kawa była gotowa, a chłopcy skończyli opowiadać o tym, jak ktoś „omal nie zginął przy korcie tenisowym", zwołałam dzieciaki i posadziłam je, żeby wyjaśnić, co będziemy robić.

– To będzie trochę jak na plastyce, prawda, proszę pani? – spytała Molly. Była wyraźnie dumna, że to ona jako pierwsza poznała sekret, chociaż gdy wszystkie spojrzenia skupiły się na niej, natychmiast spłonęła rumieńcem.

– Tak, kochanie – potwierdziłam. – Ale najpierw chciałabym, żebyście chwilę pomyśleli. Zastanówcie się, co sprawia, że różnicie się od wszystkich innych – zawiesiłam głos, przysunęłam bliżej tablicę i przełożyłam kartki, aż znalazłam czystą; wyjęłam marker. – Zacznijmy ode mnie. Czarne włosy – zapisałam. – Nieduża. Głośna...

Tu, jak należało oczekiwać, rozległo się kilka parsknięć i chichotów.

– To wszystko – mówiłam dalej – odróżnia mnie od, powiedzmy, Molly, która jest miła i spokojna, kiedy wie, że powinna taka być, i ma jasne włosy. Natomiast Henry – wyprostowałam się – ma coś wspólnego ze mną. Przychodzi wam do głowy, co to takiego? – Odczekałam sekundę i odpowiedziałam sama. – On też jest głośny.

Znowu rozległy się chichoty i widziałam, że zaczęli się domyślać, o co mi chodzi.

– A teraz – powiedziałam – rozdam wam arkusze papieru, a wy pokażecie na nich wszystkie wasze różnice. Możecie użyć katalogów i gazet, jeżeli chcecie coś powycinać i poprzyklejać, ale nie zapomnijcie zapisać u góry swojego imienia, żebyśmy później wszyscy wiedzieli, o kim rozmawiamy. A potem – mówiłam dalej – wybierzemy kilka naprawdę sławnych osób i ustalimy, co je wyróżnia, a także kilka osób, które mają jakiś rodzaj upośledzenia, i wspólnie zrobimy dla nich plansze z różnicami. Wszystko to dlatego, że w tym tygodniu będziemy uroczyście świętować różnice. A co więcej – zawiesiłam głos – mam w zanadrzu nagrodę. Przypadnie ona temu, kto pod koniec tygodnia udowodni, że najlepiej to zrozumiał. Dobrze?

Jeśli jakieś zadanie wymagało wycinania, naklejania i robienia bałaganu, a oprócz tego wiązało się z możliwością zdobycia nagrody, moi młodzi podopieczni byli natychmiast zainteresowani. Czym prędzej zajęli się zbieraniem materiałów, których chcieli użyć do swoich dzieł, i kiedy skończyłam przygotowywać na ścianie miejsce do ich powieszenia, wszyscy byli już pochłonięci pracą. Dzięki temu miałam też okazję porozmawiać z każdym z nich z osobna, co robiłam każdego dnia, niezależnie od półgodzinnych cotygodniowych rozmów na temat przestrzeni życiowej. Te kilka minut w moim kąciku dawało mi możliwość zapytania, czy cokolwiek ich martwi, ale dzisiaj było doskonałą okazją przygotowania ich na jutrzejsze przybycie szczególnej nowej uczennicy.

Dzieci zareagowały na nowinę o Imogenie dokładnie tak, jak się tego spodziewałam. Molly, Shona i Ben zaakceptowali jej mutyzm bez żadnych pytań, zaś Gavin i Henry natychmiast się zainteresowali.

– Dlaczego ona nie mówi? – dopytywał się Henry. – Co się stało z jej głosem? Czy ktoś jej poderżnął gardło, proszę pani?

Przewróciłam oczami.

– Oczywiście, że nie, głuptasie – odparłam. – Z jej gardłem jest wszystko w porządku. Po prostu nie może mówić.

– A więc jest małym dzieckiem. Albo jest głupia – dodał pogardliwie.

Posłałam mu jedno z moich spojrzeń pełnych dezaprobaty.

– Henry, o czym rozmawiamy, od kiedy wróciłeś z lunchu? O różnicach. O wszystkich rzeczach, które odróżniają nas od innych ludzi. Weźmy na przykład twoje piękne rudoblond włosy. Ben i Gavin takich nie mają, prawda? I założę się, że uważają, że twoje włosy są bardziej interesujące niż ich.

– Wcale nie – fuknął. – Mówią, że mam głowę jak mikrofon, proszę pani. No dobrze, już nie mówią, bo ich sprałem.

Pokręciłam głową, patrząc na siedzącego przede mną bardzo młodego nastolatka. Henry miał w sobie coś, czego nie sposób było nie zauważyć – ów wielki ciężar, który go przygniatał – skutek życia pod presją starszych braci i braku ojca. To, a także używane rzeczy i walka o to, by jego głos choć czasami trochę się liczył, ukształtowały bardzo gniewnego młodego człowieka.

Wiedziałam, że jestem dla Henry'ego ostatnią szansą. Jeśli nie zmieni swojego agresywnego sposobu bycia, zostanie wyrzucony ze szkoły. Było mi go żal, ale też miałam do niego słabość.

Spojrzałam na niego uważnie.

– Henry – zaczęłam. – Wiem, że nie pobiłeś tych chłopców. Po prostu to wiem, tak samo jak wiem, że jako na najstarszym w tym gronie spoczywa na tobie większa odpowiedzialność. Pomożesz mi, prawda? Pomożesz mi zadbać o to, żeby Imogeny nie spotkała żadna przykrość? Wytłumaczysz młodszym, że ona jest po prostu trochę inna; możesz to zrobić? Mogę na ciebie liczyć, prawda?

Przyglądałam się, jak Henry rozważał moje słowa, a w końcu uśmiechnął się szeroko.

– Mogę być jak pani własny terminator, tak? Jeśli będą jej dokuczać, to ja do nich strzelę z mojego bionicznego ramienia. I wtedy przestaną wygadywać głupoty, tak?

Roześmiałam się.

– Hm, chyba wolałabym, żebyś do nikogo z niczego nie strzelał. Ale bardzo by mi pomogło, gdybyś po prostu mógł czuwać nad nią przez kilka dni. Wiesz, kiedy mnie nie będzie w pobliżu i tak dalej.

To najwyraźniej sprawiło mu przyjemność, ponieważ kiedy wrócił do pozostałych, dumnie wyprostowany, oznajmił, że jako najstarszy będzie się oficjalnie opiekował nową dziewczynką.

– A więc żadnych wygłupów – zakończył i odwrócił się do mnie. Puściłam do niego oko. I z trudem powstrzymałam się przed parsknięciem śmiechem.

Gavin zaprezentował bardziej praktyczne podejście do nowej osobliwości. Po lawinie pytań – Dlaczego nie mówi? Czy ma ADHD? Czy jest „na prochach"? – znalazł rozwiązanie.

– Trzeba jej dać trochę ritalinu – zauważył. – To załatwi sprawę.

Ponieważ całe dnie spędzałam z trudnymi dziećmi, jedną z moich zasad było to, że na koniec dnia pracy starałam się przestać być „panią" i zacząć „mamą" przed powrotem do domu – chociaż łatwiej było to powiedzieć, niż zrobić.

Za każdym razem uśmiechałam się w duchu, kiedy widziałam, że i dzieci mają z tym problem – przynajmniej na początku dnia – i odruchowo mówią do mnie „mamo" zamiast „proszę pani". Zawsze wtedy się rumieniły, ale ja odbierałam to jako komplement. Nigdy nie chciałabym być nauczycielem trzymającym dzieci na taki dystans, żeby żadnemu z nich nie przytrafiła się taka pomyłka. Wręcz przeciwnie – traktowałam takie przejęzyczenia jako dowód, że dobrze wykonuję swoją pracę, że jestem kimś, przy kim dzieci czują się bezpiecznie. To było ważne – jeżeli czuły się przy mnie na tyle swobodnie, by się zapomnieć, to łatwiej mogłam udzielić im wsparcia. A w niektórych przypadkach właśnie to mogło zadecydować, czy mój podopieczny wróci do normalnej klasy, między inne dzieci, czy będzie się zsuwać po równi pochyłej, ku samotności.

Zdawałam sobie też sprawę, że moje pragnienie, by im pomagać, wynika po części z tego, że na własne oczy mogłam się przekonać, jakie to ważne, kiedy pomagałam Kieronowi pokonać rozliczne wyzwania, jakie niosło dorastanie z syndromem Aspergera.

A wciąż się z tym zmagał, pomyślałam, kiedy weszłam do domu, zdjęłam buty i płaszcz i zastałam go na sofie przed telewizorem, jak to miał ostatnio w zwyczaju.

Wiedziałam, że czekał. Czekał, aż przyjdę i dam mu podwieczorek, zanim Mike i Riley wrócą z pracy. Poszłam do kuchni, wyjęłam talerz i sztućce.

– Prawdę mówiąc, Kieron – zawołałam do niego, wyjmując z wolnowaru trochę zapiekanki – zupełnie nie potrafię zrozumieć, dlaczego nie możesz poczekać, aż wszyscy wrócą do domu. A jeśli już nie możesz poczekać, to mógłbyś przynajmniej wstać z sofy i coś sobie wziąć.

Odwrócił się do mnie i posłał jedno ze swoich pełnych udręki spojrzeń, ściszając telewizor.

– Och, mamo – jęknął. – Nie męcz mnie. Już i tak jestem zestresowany!

– A czym dokładnie tak się stresujesz? – spytałam, wnosząc do jadalni miskę parującej zapiekanki. Miałam bardzo ścisłe reguły co do tego, gdzie jadamy posiłki, nawet jeśli w stosunku do mojego syna bywałam nieco pobłażliwa.

– Chodź – powiedziałam. – Chodź i zjedz, zanim wystygnie. I powiedz mi – dodałam, siadając i obrzucając wzrokiem ślady dnia spędzonego raczej przed telewizorem niż na planowaniu kariery – czy myślałeś o tym, co masz zamiar robić?

Kieron odsunął hałaśliwie krzesło i opadł na nie ze znużeniem.

– Boże, mamo – jęknął. – Jesteś w domu od pięciu minut i już mnie dręczysz!

Poczochrałam go po głowie i odsunęłam się do stołu. Moja kawa może poczekać.

– Przepraszam – powiedziałam. – Nie chcę cię dręczyć. Chcę ci pomóc. Nawet dzisiaj rano rozmawialiśmy z tatą, że może powinniśmy usiąść wieczorem i razem z tobą rozważyć różne możliwości. Wiesz, to wcale nie jest dobre dla ciebie tak siedzieć cały dzień w domu i rozczulać się nad sobą. W końcu będziesz miał dosyć i, sam wiesz, jaki jesteś, wpadniesz w przygnębienie.

Zjadł jeszcze kilka kęsów, zanim odpowiedział. Kieron jadł za trzech.

– Nie jestem przygnębiony, mamo. Po prostu znudzony. I nie chciałem być niemiły. Chodzi o to, że Jack, James i Si poszli dalej, prawda? Jack ma nową pracę, reszta jest w college'u... – zawiesił głos i wziął kolejny kęs. – I to jest... No, oni mają dobrze, bo wiedzą, co chcą robić. A wiedzą, bo mogą robić wszystko. Ale ja nie mogę. Nie wydaje mi się, żebym mógł robić cokolwiek, co robią normalni dorośli. Jestem w tym do niczego.

– Nonsens – stwierdziłam stanowczo.

Ostatnio często powtarzał takie rzeczy. Kiedy tylko zaczynał myśleć o zmianach, jakie nieodwołalnie wiążą się z podejmowaniem ważnych decyzji, natychmiast wybierał najbezpieczniejsze wyjście – odkładał wszystko na następny dzień.

– Kieron – powiedziałam. – Wcale nie jesteś do niczego i to oczywiste, że możesz robić różne rzeczy.

I mógł. Wprawdzie wyniki egzaminów na koniec szkoły średniej go rozczarowały, ale sprawa wcale nie była prosta. Od podstawówki zmagał się z dysleksją, ale syndrom Aspergera zdiagnozowano u niego zaledwie przed dwoma laty, co znaczy, że stracił mnóstwo cennego czasu, a pomoc, dzięki której mógłby osiągnąć lepsze wyniki, otrzymał bardzo późno. Nie miałam wątpliwości, że było go stać na więcej – wszyscy nauczyciele tak uważali. Przypomniałam mu o tym i teraz.

– Możesz robić, cokolwiek zechcesz – powiedziałam. – Musisz tylko podjąć decyzję, co chcesz robić, to wszystko. I właśnie na to powinieneś się teraz nastawić: na podjęcie decyzji, a nie jej unikanie. Właśnie dlatego tata i ja chcemy usiąść i porozmawiać z tobą. W każdym razie ja teraz zamierzam iść na górę, wziąć prysznic i przebrać się, zanim wrócą. A ty pamiętaj, żeby wynieść talerz, kiedy skończysz, dobrze?

– Uhm, a, tak. Wyniosę – odparł jak typowy nastolatek, przestając mnie słuchać i skupiając się na programie, który starał się zobaczyć przez szklane drzwi między stołem a telewizorem.

Szczerze mówiąc, pomyślałam, idąc na górę, gdyby, kiedy oboje byli mali, ktokolwiek powiedział mi, że tak bardzo będę się martwić o moje dzieci w tym wieku, uznałabym, że zwariował. Ale oczywiście nie miałabym racji – starsze dzieci wcale nie potrzebują mniej opieki. Po prostu potrzebują innego rodzaju troski.

Ale Kieron przynajmniej umiał opowiedzieć o swoich problemach – owszem, do pewnego stopnia i na swój szczególny sposób. Wróciłam myślami do małej, wyglądającej na wystraszoną, dziewczynki, która następnego ranka miała dołączyć do mojej klasy. Jak będzie można pomóc w rozwiązaniu jej problemów – a wyraźnie miała ich niemało – skoro nie może o nich nikomu opowiedzieć?

Rozdział 4

Było mi lekko na sercu, kiedy nazajutrz wchodziłam do szkoły – przynajmniej jeśli idzie o Kierona. O ile mnie udało się wywołać tylko lekką irytację nastolatka, to Mike osiągnął znaczący postęp i idąc spać, mieliśmy plan rokujący powodzenie – Kieron miał się przynajmniej zastanowić nad złożeniem papierów do miejscowego college'u na dwuletnie studia z zakresu mediów, z naciskiem na produkcję muzyki.

Takie rozwiązanie zaproponował kolega Mike'a z pracy. Jego syn właśnie skończył te studia i był z nich naprawdę zadowolony, a co więcej – okazały się przydatne. Odbywał teraz staż w grupie teatralnej w Londynie, ucząc się produkcji muzyki na widowiska.

Mike starał się delikatnie zachęcić Kierona, dobrze wiedząc, że wszelkie bardziej zdecydowane działania mogłyby tylko zaniepokoić naszego syna. Dlatego przedstawiał mu to raczej jako hobby, któremu mógłby się oddawać dla zabicia czasu, niż jako rzeczywiste studia. W końcu Kieron kochał muzykę niemal tak samo jak futbol i superbohaterów (to znaczy do szaleństwa), a kiedy zbadaliśmy sprawę dokładniej i okazało się, że zajęcia odbywają się głównie w małych grupach, pomysł ten zaczął mu się wydawać mniej przerażający niż na samym początku. Teraz jednak nadszedł wielki moment: zadaniem Kierona na dziś było podjąć trudny i przerażający krok: zatelefonować do college'u i spróbować umówić się na spotkanie.

Czy mu się to uda, miałam się przekonać dopiero po powrocie do domu. Byłam jednak dobrej myśli i mogłam poświęcić całą uwagę zapewne równie przerażonej dziewczynce, która miała do nas dzisiaj dołączyć.

Zauważyłam Imogenę i jej babcię, kiedy tylko weszłam do szkoły. Siedziały w kącie, na małej sofie, którą ustawiono tam właśnie po to, i obie w milczeniu przyglądały mi się, kiedy wchodziłam przez podwójne drzwi.

Ucieszyłam się, widząc, że przyszły wcześniej, bo wiedziałam, że Imogenie łatwiej będzie pójść ze mną, prosto do mojej klasy, niż przebijać się przez tłum dzieciaków.

Uniosłam rękę i pomachałam im.

– Dzień dobry! – zawołałam z uśmiechem. Obie zerwały się, niemal stając na baczność.

Pani Hinchcliffe w opiekuńczym geście trzymała Imogenę za rękę, ale widziałam, że wolałaby już sobie iść.

– Czy muszę z nią zostać? – spytała, gdy tylko odpowiedziała na moje powitanie.

Pokręciłam głową.

– Nie, wszystko będzie dobrze – odparłam. – Imogena może iść ze mną – spojrzałam jej prosto w oczy. – Okej? A pani odbierze Imogenę? – spytałam panią Hinchcliffe. – Czy będzie sama wracała do domu?

Babcia Imogeny przestąpiła z nogi na nogę, jakby zakłopotana, i odpowiedziała dopiero po chwili.

– Nie... Zna drogę do domu. To tylko pięć minut stąd. I jestem pewna, że ona nie chce, żebym tu po nią przychodziła i narobiła jej wstydu...

Teraz to ja poczułam się nieswojo. Naprawdę dziwnie było rozmawiać o tej dziewczynce, jakby była meblem.

– A więc dobrze – powiedziałam w końcu. – Cóż, chyba już pójdziemy, prawda, Imogeno? I do zobaczenia... kiedyś, pani Hinchcliffe. Chociaż przyszło mi do głowy, że może moglibyśmy później porozmawiać przez telefon. Jeśli nie ma pani nic przeciwko temu?

Wydawała się nieco zaskoczona moją propozycją, ale odparła, że tak, nie ma nic przeciwko temu, po czym wyszła w ciepły jesienny dzień, rzucając zamiast pożegnania:

– Bądź grzeczna, Imogeno.

Już wcześniej postanowiłam zrezygnować tego dnia z pół godziny w pokoju nauczycielskim, a ponieważ byłyśmy w szkole tak wcześnie – do dzwonka zostało jeszcze dobre dziesięć minut – uznałam, że to świetna okazja, żeby zapoznać Imogenę z nowym otoczeniem, zanim pojawią się inne dzieciaki.

– Chodźmy – powiedziałam, wskazując drzwi prowadzące na główny korytarz. – Pójdziemy razem.

Wydawała się unikać kontaktu wzrokowego, ale posłusznie ruszyła za mną, z opuszczoną głową. Zdążyłam jednak zauważyć dziwnie obojętny wyraz, jaki malował się na jej twarzy. Wyglądała niemal jak maska; jakby po odejściu babci zamknęły się jakieś drzwiczki. Przez to nasze milczenie wydawało się jeszcze bardziej dziwne.

Idąc, paplałam, próbując wypełnić czymś ciszę. Opowiadałam jej o moich dzieciach, o tym, że przyszłabym do szkoły wcześniej niż ona i jej babcia, gdyby nie moja córka Riley i jej poranne roztrzepanie; o tym, jak tego dnia rano narobiła mnóstwo zamieszania, szukając swoich „głupich" pończoch. Mówiąc, co chwilę zerkałam na Imogenę, ale nie byłam pewna, czy w ogóle mnie słucha, ponieważ nie widziałam z jej strony żadnej reakcji.

– Za chwilę dołączy do nas jeszcze pięcioro innych dzieci – mówiłam dalej. – Nie mogą się doczekać, kiedy cię poznają. Myślę, że je polubisz, zwłaszcza dziewczynki, Molly i Shonę. Są trochę młodsze od ciebie. Shona jest w ósmej klasie, a Molly dopiero w siódmej. Obie są bardzo miłe.

Nie szłyśmy daleko, ale droga zdawała się ciągnąć bez końca. To było bardzo dziwne – szczebiotać bez ustanku do dziewczynki, która nie chciała ani słuchać, ani odpowiedzieć. Zastanawiałam się, co się dzieje w jej głowie. Ale wszystko, czego udało mi się dowiedzieć, wskazywało, że to jest słuszna droga: nie przestawać mówić, nawet jeśli wydaje się, że mówię w próżnię. A w tym – pomyślałam, kiedy doszłyśmy do mojej klasy – byłam naprawdę dobra.

– To tutaj! – oznajmiłam, podchodząc do drzwi. – Moje małe królestwo.

I było na co popatrzeć – prawdziwe dzieło sztuki. W odróżnieniu od drzwi wszystkich innych klas w szkole, moje były pięknie ozdobione: pokryte od góry do dołu żonkilami i stokrotkami, starannie namalowanymi, powycinanymi i ponaklejanymi przez różne dzieci, które przez nie przechodziły. Było to dzieło sztuki samo w sobie;

wszyscy w szkole o tym rozmawiali, a ja z przyjemnością zauważyłam, że i tym razem wywołały reakcję. Nie, nie w słowach, ale wyraźnie zwróciły uwagę Imogeny.

– Będziesz musiała też zrobić swój kwiatek, prawda? – powiedziałam, otwierając drzwi. Roześmiałam się. – Myślę, że zostało miejsce w sam raz na niego.

Znowu nie zobaczyłam żadnej reakcji i czułam się dziwnie, wygłaszając moją zwykłą powitalną przemowę. Poprosiłam Imogenę, żeby usiadła, i kiedy zaczęłam jej opowiadać o różnych aspektach sali, czułam się jak stewardessa, starająca się przykuć uwagę znudzonych pasażerów, którzy tylko od czasu do czasu podnoszą na nią obojętny wzrok.

– A te drzwi, o tam – dodałam, gdy opowiedziałam już, co i gdzie się znajduje – to wyjście awaryjne, jak widzisz, ale jeśli jest ładna pogoda, często wynosimy stoliki na zewnątrz. Może nawet dzisiaj tak zrobimy. Zobaczymy...

To była ciężka praca, ale właśnie kiedy zastanawiałam się, czy pokazać jej jak zapinać pas, uratowało mnie przybycie Henry'ego.

– Dzień dobry! – zawołał radośnie i uśmiechnął się szeroko do nas obojga. – Jestem Henry – zwrócił się do Imogeny. – Przyszedłem wcześniej, żeby sprawdzić, czy już jesteś. Jak masz na imię?

Imogena spojrzała mu w oczy i niemal się skuliła. I oczywiście pochyliła nisko głowę.

– Ma na imię Imogena – przypomniałam mu. – Imogeno, Henry jest wśród nas najstarszy. Prawdę mówiąc, jest w twoim wieku i trochę mi pomaga przy młodszych, prawda, Henry?

Widziałam, że Henry spuchł z dumy.

– Taa, pomagam – potwierdził. – Pilnuję, żeby nie sprawiali pani za dużo problemów. I powiedziałem im, że dla ciebie też mają być mili. Więc będą.

Na to Imogena również nie zareagowała, więc odpowiedziałam za nią.

– Dziękuję, Henry. I masz rację, jestem pewna, że będą mili. A teraz, może napijemy się czegoś, zanim przyjdzie reszta?

Henry podszedł do mojego małego kącika i wziął czajnik, żeby napełnić go wodą. Naprawdę zrobił na mnie wrażenie; czy to na pewno ten sam chłopiec, którego prawie wyrzucono ze szkoły? Może pomaganie Imogenie rzeczywiście będzie miało na niego dobry wpływ?

– Napijesz się czekolady? – spytałam Imogenę. – Zwykle właśnie tak zaczynamy tutaj dzień. Od filiżanki dobrej, gorącej czekolady i ciasteczka.

Uniosła głowę i zauważyłam, że przez moment spojrzała na mnie. I czyżbym widziała na jej twarzy cień uśmiechu? To już coś. Coś, od czego można zacząć. Może jednak uda nam się porozumieć. Na razie jednak przyjęłam to za dowód, że lubi czekoladę, więc wraz z Henrym zajęłam się przygotowywaniem plastikowych filiżanek i mojego kubka, z przyjemnością myśląc o następnej kawie.

Miałam ukryty zapas czekolady, który zdobyłam krótko po przyjściu tutaj. W szkole stał automat do napojów i co miesiąc przychodził człowiek, który go napełniał. Pewnego dnia spotkaliśmy się na korytarzu i zaczęliśmy rozmawiać. Powiedziałam mu, że kilkoro moich dzieciaków przychodzi do szkoły bez jedzenia i picia, a on wspomniał, że czasami zdarzają się rozerwane torebki z napojami w proszku, których nie może założyć do automatu. Zwykle wyrzucał je do śmieci. Ale może mi się przydadzą?

To był prawdziwy dar niebios. Co miesiąc miałam świeżą dostawę czekolady, a on przed wyjściem dostawał filiżankę herbaty, nierzadko z ciasteczkiem.

Mieliśmy jeszcze całe dziesięć minut do przyjścia pozostałych dzieci; to było bardzo długie dziesięć minut. Imogena w milczeniu piła swoją czekoladę, a Henry zerkał na nią ukradkiem i także się nie odzywał. W pierwszej chwili był bardzo gadatliwy, ale teraz najwyraźniej nie widział, co robić i co chwilę spoglądał na drzwi, wyczekując przybycia posiłków. Myślę, że oboje odczuli ulgę, kiedy na korytarzu rozległ się rumor i wpadła pozostała czwórka dzieciaków. Shona i Molly jak zwykle ramię w ramię, a Gavin i Ben popychając się i szturchając.

– Ach, oto i reszta naszej małej grupy, Imogeno – powiedziałam. – Chodźcie wszyscy i zajmijcie swoje miejsca, żebyśmy mogli zacząć.

Dokonałam szybkiej prezentacji, przygotowując czekoladę dla pozostałych i powiedziałam dziewczynkom, żeby usiadły przy stoliku z Imogeną. Dzisiaj, przy parzystej liczbie, mieliśmy grupę chłopców i grupę dziewczynek – przynajmniej do porannych zajęć. Wyjęłam też ciasteczka, jak zwykle obserwując Bena. Wiedziałam, że jest jednym z tych dzieci, które przychodzą bez śniadania, ponieważ jego tata pracował na zmiany i zwykle spał, kiedy Ben wychodził do szkoły. Zapytałam pewnego razu, czy nie mógłby sobie sam wziąć choćby tosta, ale odparł, że często w domu w ogóle nie ma chleba.

Zawsze, kiedy myślałam o Benie, ogarniało mnie współczucie i dziś nie było inaczej. Gdy na niego zerknęłam, ziewał szeroko i wyglądał, jakby spał w ubraniu. Jego poszarzała koszula była pomięta i tylko częściowo wsunięta w brudne spodnie, poza tym brakowało w niej dwóch dolnych guzików. Nie miał szkolnej bluzy, a kiedy go o to spytałam, odparł, że tata uważa, że nie warto wydawać pieniędzy, bo i tak niedługo zostanie wyrzucony ze szkoły i pójdzie do innej.

– Mam kilka zapasowych, możesz wziąć jedną z nich – zaproponowałam, ale Ben, lojalny do końca, odrzucając litość, pokręcił głową.

– Dziękuję, proszę pani – powiedział. – Ale jeżeli tata nie chce, żebym miał bluzę, to nie będę miał.

Ale ciasteczka – to zupełnie inna sprawa. Ich nikt z mojej grupy nigdy nie odmawiał. Choć widziałam, że Molly czuła się nieswojo, słysząc, jak Shona próbuje wciągnąć Imogenę do rozmowy – zarumieniła się ogniście – to jednak atmosfera w klasie nie była aż tak niezręczna, jak się obawiałam.

I miałam nadzieję, że moje plany na przedpołudnie pomogą ją rozluźnić.

– Dobrze – powiedziałam, kiedy wszyscy dokończyli czekoladę i ciasteczka. – Koniec pogawędek. Teraz pora na słuchanie.

Wyjęłam dwie paczki suchego spaghetti i dwie torebki pianek ku ogólnej aprobacie wszystkich zainteresowanych.

– Chwiejne wieże! – zawołał radośnie Henry. – Hura!

– Tak, chwiejne wieże – potwierdziłam na użytek Imogeny i innych. Z całej grupy tylko Henry znał tę zabawę, pozostałe dzieci były ze mną najwyżej od miesiąca. – Henry ma rację. Właśnie to będziemy dzisiaj robić. Chłopcy przeciwko dziewczynkom.

Następnie wyjaśniłam, na czym polega zabawa w wieże – jedna z moich ulubionych i najczęściej stosowanych zabaw grupowych. Dzieci miały godzinę, z czego połowę mogły poświęcić na zaprojektowanie, a pozostały czas na zbudowanie wieży z suchego spaghetti i pianek. Przypominało to trochę budowanie modeli cząsteczek, jak na lekcjach chemii, ale bez rozmawiania o wiązaniach atomowych i innych, podobnie trudnych rzeczach. Po prostu musieli zbudować coś, co będzie stało bez podparcia przez co najmniej minutę, a nagroda miała przypaść temu zespołowi, który – moim zdaniem „profesjonalisty" – wykaże się największą pomysłowością.

Chwiejne wieże były zabawą grupową, co oznaczało, że świetnie pomagały przełamywać lody, i właśnie dlatego tak chętnie ją stosowałam. Ponieważ dzieci wciąż przychodziły i odchodziły, ogromne znaczenie miało zajęcie ich czymś, co pomaga tworzyć więzi – było to tym ważniejsze, że dzieci często trafiały do mnie właśnie dlatego, że miały trudności z zawieraniem przyjaźni.

Henry uniósł rękę, ledwie skończyłam mówić.

– Tak, Henry? – spytałam, kątem oka obserwując nieruchomą twarz Imogeny.

– Proszę pani, czy będziemy mogli zjeść pianki, kiedy skończymy?

– Hmmm, niech się zastanowię – odparłam, udając, że się namyślam, i jednocześnie idąc do biurka po ołówki i papier dla wszystkich. – Jeżeli poświęcicie całe pół godziny na porządne zaplanowanie konstrukcji – dzieci zawsze chciały od razu zaczynać budowę, dlatego to było tak ważne – i jeśli zbudujecie wieże, które będą stały całą minutę... tak, myślę, że wtedy będziecie mogli na koniec podzielić się piankami.

Wszyscy uśmiechnęli się szeroko. Taka sama rozmowa powtarzała się za każdym razem, kiedy to robiliśmy.

– Super! – powiedział Henry do pozostałych chłopców, kiedy wzięli arkusze papieru, które im podałam. – Pokażemy dziewczynom, co?

Molly i Shona cmoknęły z dezaprobatą, kiedy podeszły za chłopcami – Imogena tuż za nimi – po papier i ołówki.

– Zaczynamy – wyjaśniła jej Shona. – Po prostu napisz u góry swoje imię, skoro nie chcesz rozmawiać. Molly i ja będziemy ci mówić, co pisać dalej. Och, tak – spojrzała na mnie. – Proszę pani, możemy dostać jeszcze jedną kartkę? Proszę – podała Imogenie arkusz, który jej wręczyłam. – Możesz użyć tej kartki, kiedy będziesz chciała nam coś powiedzieć, dobrze? To będzie jak wtedy, kiedy miałam zapalenie migdałków i straciłam głos na cały dzień. Też musiałam wszystko pisać.

Świetnie, Shona! – pomyślałam, kiedy dzieci zajęły się projektowaniem. Jakaż to mądra, pomysłowa, emocjonalnie inteligentna dziewczynka. Doszłam do wniosku, że Shona sobie poradzi. Jej zmarli rodzice byliby z niej bardzo dumni.

To podsunęło mi inną myśl – co dokładnie działo się z Imogeną? Z jej tatą? Miał drugą żonę? A co się stało z jej mamą? Jaka była przyczyna jej obecnej trudnej sytuacji?

Pomyślałam, że kiedyś dowiem się więcej o tej rodzinie. Ale na razie miałam pewną misję.

Jeżeli milczenie Imogeny nie miało fizycznej przyczyny – a wszystko wydawało się na to wskazywać – to muszę znaleźć sposób, żeby zaczęła mówić, pomyślałam, kiedy dzieci zabrały się za budowanie. Mówić do mnie.

Rozdział 5

Kiedy dzieci były pochłonięte budową, ja miałam trochę czasu na przeprowadzenie dalszych badań. Już wcześniej sprawdziłam w internecie podstawowe informacje na temat mutyzmu wybiórczego i właściwie wszystko, czego dowiedziałam się do tej pory, potwierdzało jedno: że dzieci dotknięte tą przypadłością „nie chciały" mówić w sytuacjach towarzyskich – do jakich niewątpliwie należała szkoła. Najczęściej jednak mówiły najzupełniej normalnie w otoczeniu bliskiej rodziny, kiedy nikt inny nie mógł ich usłyszeć – jak w domu.

Nie byłam jednak pewna, czy trafne jest określenie „nie chciały". Wydawało mi się – po przeczytaniu wszystkiego, co udało mi się znaleźć – że dzieci nie tyle same podejmowały decyzję o milczeniu, ile raczej dosłownie nie mogły tego robić. Dowiedziałam się też, że dla dzieci było to tak stresujące, iż starały się unikać sytuacji, które wywoływały u nich mutyzm. A szkoły, niestety, nie można unikać.

Ale skąd to się wzięło? Co, w przypadku Imogeny, było czynnikiem wyzwalającym? Nie miałam wątpliwości, że istniało coś takiego. Musiałam więc cofnąć się w czasie.

Jeśli uda mi się ustalić, co wywołało jej mutyzm, będę miała najlepsze narzędzie, by pomóc Imogenie. Nie wiedząc tego, nie mogłam się zająć rozwiązywaniem problemu, a tylko zwalczaniem jego symptomów. Prosta logika, ale właśnie to wydawało się najlepszym punktem wyjścia.

Kiedy skończyłam poszukiwania w komputerze, usiadłam przy biurku, uważnie obserwując Imogenę. Shona, jak zawsze opiekuńcza, starała się, jak mogła, opiekować swoją małą grupką. Molly zaś, idąc za jej przykładem, dostosowała się do nowej, niezwykłej sytuacji; rozumiejąc potrzebę komunikacji, starała się nadrobić brak reakcji, kiedy któraś z nich próbowała rozmawiać z naszą nową „rekrutką".

– Masz rację, Imogeno – mówiła właśnie. – Shonie chodziło o skrzyżowane patyczki, dokładnie tak, jak to narysowałaś. Dobra robota.

Nie mogłam się nie uśmiechnąć. Ktoś, kto tego nie widział, mógłby pomyśleć, że rozmawia ze znacznie młodszym dzieckiem. Ale Imogenie wydawało się to nie przeszkadzać. Nawet wyraz jej twarzy – zwykle śmiertelnie poważny – jakby złagodniał, kiedy dziewczynki chichotały i uwijały się wokół niej. Czy o to chodziło? Czy potrzebowała, żeby ktoś jej poświęcił uwagę? Czuła się nieznośnie skrępowana? Tak trudno było przeniknąć kogoś, kto nie mówi. Brakowało mi wszystkich tych drobnych wskazówek. Ważne jest nie tylko to, co dzieci nam mówią – równie dużo możemy się dowiedzieć ze sposobu, w jaki mówią.

Zastanawiałam się właśnie nad naszą małą tajemnicą, kiedy przyszła Kelly, jak zwykle promiennie uśmiechnięta. Imogena zerknęła na nią, ale widziałam, że nie wykazała zainteresowania. Pojawienie się nowej osoby nie wystraszyło jej, nie zawstydziło ani nie zestresowało. A więc może wcale nie chodziło o nieśmiałość.

– Chyba czytasz mi w myślach – powitałam Kelly, wstając, żeby włączyć czajnik na kawę. – Powinnam na chwilę wyjść do pokoju nauczycielskiego; muszę zadzwonić. Gdybyś miała wolną chwilę, bardzo by mi to pomogło.

Kelly skinęła głową.

– Jeśli dorzucisz czekoladowy batonik, z przyjemnością zostanę – odparła. – Jestem wolna aż do lunchu. Tylko dla ciebie.

Pokrótce opowiedziałam Kelly, co robią dzieci, a zanim wyszłam – uważając, że powinnam uprzedzić Imogenę, co zamierzam zrobić – podeszłam do stolika dziewczynek.

– To wygląda nieźle – stwierdziłam, oglądając plany, które zdążyły narysować. – Wiecie, dziewczyny – dodałam zniżając głos – macie spore szanse na zwycięstwo. A ty, Imogeno, naprawdę bardzo ładnie piszesz.

Oczywiście nie odpowiedziała, ale widziałam, że moje słowa do niej dotarły i sprawiły jej przyjemność. Jakie to uczucie, kiedy od świata oddziela cię taka bariera? Czy Imogena chciała odpowiedzieć, wydobyć z siebie słowa, ale fizycznie nie była w stanie tego zrobić, czy był to bardziej problem natury psychologicznej? Bardzo dziwne. Tym bardziej, że w domu mówiła normalnie.

Pani Hinchcliffe wydawała się niezbyt zachwycona, kiedy mnie usłyszała. Prawdę mówiąc, ledwie odebrała, odniosłam wrażenie, że mimo wcześniejszej zapowiedzi uważa mój telefon za nieco niestosowny. Zapewniłam ją, że nie ma w tym nic niestosownego; że, kiedy to tylko możliwe, staram się współpracować z rodzicami albo opiekunami dzieci, żeby dać im jak największe szanse na uporanie się z problemami – jakakolwiek byłaby ich natura – i powrotu do normalnego życia w szkole.

– Cóż, chyba niewiele mogę pani powiedzieć – mówiła. – Jak pani wie, wcześniej mieszkała ze swoim tatą i miała mnóstwo problemów w poprzedniej szkole. Dokuczanie, zastraszanie, takie rzeczy.

– A więc była tylko ona i tata? – spytałam. – A co z mamą?

Westchnęła.

– Nie, nie – powiedziała. – Mówiłam już pani. Imogena mieszkała tylko z moim synem. Byli sami we dwoje, od kiedy jej matka od nich odeszła...

– Och. Przykro mi to słyszeć.

– Tak, cóż... – powiedziała pani Hinchcliffe. – Proszę mi wierzyć, wolałaby pani... – i nagle się zreflektowała. Wyraźnie nie chciała być niedyskretna. – I radzili sobie całkiem dobrze...

– Czy Imogena w ogóle widuje się z mamą?

– Nie, nie widuje się. Teraz nie – wyraźnie słyszałam napięcie w jej głosie. – Przyzwyczaja się do nowego życia i... cóż, nie powinnam o tym rozmawiać, pani Watson. To przecież nie moja sprawa, prawda?

W domyśle: moja też nie. Ale owszem, to była jej sprawa. Z całą pewnością była. To ona opiekowała się tym dzieckiem, czyż nie?

– Pewnie nie – potwierdziłam jednak, ponieważ nie chciałam się z nią pokłócić. Przede wszystkim chciałam spytać, dlaczego to nie ojciec wychowuje swoją córkę. Musiał być przecież jakiś powód. Ale to tylko jeszcze bardziej negatywnie nastawiłoby panią Hinchcliffe, zwłaszcza że nabierałam coraz mocniejszego przekonania, iż uważała kierunek, w którym zmierzałyby moje pytania, za nieistotny. Starała się mnie przekonać, że to prześladowanie w szkole wywołało wybiórczy mutyzm Imogeny – ale co z jej mamą? Czy jej zniknięcie z życia Imogeny mogło mieć jakieś znaczenie? Próbowałam sobie wyobrazić, jak zareagowaliby Riley lub Kieron, gdybym nagle zniknęła z ich życia – i nie potrafiłam. Strata matki to wielka sprawa. Przecież coś takiego musiało mieć wpływ na dziewczynkę.

Spróbowałam z innej strony.

– A więc tata... pani syn, został teraz całkiem sam, tak?

– Ależ nie – zaprzeczyła pani Hinchcliffe. – Graham ma teraz nową partnerkę. To urocza dziewczyna. Biedactwo – dodała z nagłym ożywieniem. – Każdemu byłoby trudno, prawda? Wychowywać cudze dziecko. A kiedy Graham pracuje daleko od domu...

– Och, pracuje gdzieś daleko? – zdziwiłam się.

– Jest kierowcą autokaru – odparła. – Na europejskich wycieczkach. Luksusowych – dodała z naciskiem. Słyszałam dumę w jej głosie.

– Ach, rozumiem. A więc jego partnerka...

– Jego żona. Ma na imię Gerri. Urocza dziewczyna. Próbowała już wszystkiego i... no cóż, na pewno pani wie, jak trudne potrafią być dzisiejsze dzieci – westchnęła. – Szczerze mówiąc, to cud, że ona też od niego nie odeszła. Ale z Imogeną nie mogła sobie poradzić. Nigdy nie miała szans. Właśnie dlatego trafiła do nas. W końcu, jakie mieliśmy inne wyjście? A ona oczywiście tego nie docenia.

– Kto? Pani synowa?

– Nie! Imogena! Nie ma pojęcia, jak ojciec poświęca się dla niej. Zupełnie nie ma pojęcia. Chcę powiedzieć, że to do swojej matki powinna mieć pretensje... każdy powie to samo, prawda? Jak można tak po prostu wstać, wyjść i zostawić ich? Przecież to nie jej tata jest winny, prawda? Wciąż jej to powtarzam. No i przynajmniej on, do diabła, został z nią... I biedna Gerri. Nigdy nie znałam kogoś tak bezinteresownego. Ta dziewczyna ma anielską cierpliwość. Ale nie... ona tego nie widzi. Nie widzi czegoś, co ma przed samym nosem.

Pani Hinchcliffe znowu westchnęła, tym razem z irytacją, a ja odniosłam nieodparte wrażenie, że bardzo kocha swoją wnuczkę, ale jest emocjonalnie wyczerpana dźwiganiem tak wielkiej odpowiedzialności i nie do końca wie, co dalej robić z Imogeną. Wyczuwałam też, że znalazła się między młotem a kowadłem. Z jednej strony starała się być dobrą babcią, a z drugiej – matką. Odciążyć swojego syna. Może to było dla niej zbyt wiele?

I co miała na myśli, mówiąc, że „nigdy nie miała szans"? Postanowiłam jednak nie drążyć tego tematu.

– Ojej – powiedziałam. – Jakie to przykre. A więc nie mogą się dogadać? Czy sądzi pani, że mutyzm mógł być tym spowodowany? Czy zaczął się wcześniej? Na przykład po tym, jak jej rodzice się rozstali?

Ale pani Hinchcliffe była uparta.

– Nie, mówiłam pani przecież. To przez tamtą szkołę. Po rozstaniu było w porządku. Oczywiście, nie całkiem w porządku; jak pani by się czuła, gdyby to pani matka tak po prostu spakowała manatki i sobie poszła? Chyba niezbyt dobrze, prawda, pani Watson? Ale wtedy mówiła. Nie, nie, to wszystko przez tamtą okropną szkołę; zupełnie do niczego. To całe przezywanie z powodu jej włosów, piegów, bo jej matka odeszła... może sobie pani to wyobrazić.

– Dzieci potrafią być okrutne, prawda?

– O, tak, pani Watson. Na pewno często widuje pani takie rzeczy. To po prostu okropne. Właśnie wtedy się zamknęła. Czy można mieć jej to za złe? Ale musi się nauczyć, jak sobie z tym radzić. Musi być twardsza. Właśnie to ciągle jej powtarza mój mąż, a ja się z nim zgadzam. Musi się nauczyć przeciwstawiać.

Teraz zaczął mi się rysować wyraźny obraz dość „staroświeckiego" dziadka. Mężczyzny wychowującego wnuczkę w „zasadniczy" sposób. Takiego, dla którego pomysł porozmawiania o problemach jest wynalazkiem z piekła rodem.

– A może – zaczęłam ostrożnie – może prześladowania w szkole rzeczywiście były tym mechanizmem, który wyzwolił mutyzm. Wszystko, czego się dowiedziałam na ten temat, wskazuje, że zwykle jest jakiś konkretny impuls... Jak Imogena zachowuje się w domu? Wiem, że mówi normalnie, ale jak się zachowuje poza tym? Jest bardziej pewna siebie? Bardziej odprężona?

– Och, niewątpliwie jest pewna siebie. Pewnie uważa pani, że to bardzo spokojna dziewczynka.

Pani Hinchcliffe miała rację. Właśnie tak uważałam.

– Ale widzi pani, ona wcale taka nie jest. Krzyczy na nas i wrzeszczy, najczęściej bez żadnej wyraźnej przyczyny.

I obraża się. Jeśli coś idzie nie po jej myśli, natychmiast o tym wiemy! Nic dziwnego, że jej tata i macocha potrzebowali chwili odpoczynku!

Nagle coś mi przyszło do głowy.

– A co z jej tatą? Przypuszczam, że rozmawiają przez telefon, prawda?

– Och, nie. Ona nie rozmawia z ojcem. Przypuszczam, że chce go ukarać. I jej pani psycholog też tak myśli. W ogóle się do niego nie odzywa. Syn cały czas do nas wydzwania. Ale to na nic. Jak mówiłam, ona nas o to obwinia.

– Naprawdę przykro mi to słyszeć – powiedziałam ze współczuciem. – I ma pani rację, ona zupełnie na to nie wygląda. Wie pani, mnóstwo dzieci odgrywa swoje frustracje nie na tych osobach, które są ich powodem. Często się z tym spotykałam. I jest mnóstwo dzieci, które są niegrzeczne w szkole, ale w domu zachowują się jak aniołki – zawiesiłam głos. – A skoro już o tym mowa – dodałam, uznając, że nadszedł odpowiedni moment. – Bardzo chciałabym odwiedzić was w domu. Rozumie pani, żeby mieć pełniejszy obraz tego, z czym mamy do czynienia. Czy sądzi pani, że uda się to zorganizować?

– W domu? – pani Hinchcliffe zamilkła na chwilę. – Cóż, myślę, że tak. Jeśli uważa pani, że to mogłoby pomóc... Oczywiście muszę najpierw porozmawiać z mężem.

– Naturalnie – przyznałam. – Oczywiście, że tak. Więc może pani porozmawia i da mi znać...

– To znaczy, mam zadzwonić do szkoły i zostawić wiadomość?

– Tak, byłoby doskonale – odparłam. – Naprawdę doceniam pani pomoc, pani Hinchcliffe. Ach, i jeszcze jedno... Byłoby dobrze, gdyby nie wspominała pani Imogenie o mojej wizycie. Jeśli będzie wiedziała, że mam przyjść, może się denerwować, prawda? A jeżeli przyjdę tak po prostu, są większe szanse, że będzie się zachowywać normalnie.

– Ale to jest coś normalnego, tak? – spytała. – Wie pani, to, że tak pani odwiedza ludzi?

Wydało mi się, że usłyszałam ton wahania w jej głosie. Ale nie, chyba jednak nie. W końcu nie wahała się mówić, co jej leży na sercu, kiedy przyszło co do czego. Raczej rzeczywiście nie przypuszczała, że ludzie ze szkoły tak się angażują. To zapewne wpływ „staroświeckich" idei jej męża.

– Tak, oczywiście – zapewniłam. – Między innymi na tym polega moje zadanie. Kiedy dziecko ma problemy... w końcu wszystkim nam chodzi o to samo, prawda? Żeby dotrzeć do źródła problemów i wspólnie znaleźć rozwiązanie.

– No tak, tak faktycznie byłoby dobrze – przyznała pani Hinchcliffe. I słyszałam, że mówi całkiem szczerze.

– Ach, pani Watson – ekscytowała się Kelly, kiedy wróciłam do klasy dwadzieścia minut później. – Proszę tylko spojrzeć na te dzieła sztuki. Myślę, że ma pani tutaj kilka prawdziwych talentów.

– Wow – zawołałam, okrążając stoliki, przy których dzieci stały dumnie, prezentując mi swoje budowle. Z zadowoleniem zauważyłam, że o ile przy stoliku chłopców to Henry, jak mogłam się spodziewać, podtrzymywał wieżę, to konstrukcję dziewczynek chroniła Imogena. – Są niesamowite.

A kiedy patrzę na wasze szkice konstrukcyjne – zamilkłam i przyjrzałam się uważnie obu wieżom – widzę, że zbudowaliście je prawie dokładnie zgodnie z planami. Doskonale. Wiecie co? Myślę, że będzie mi bardzo trudno wskazać zwycięzcę – zakończyłam.

Ben chrząknął, żeby zwrócić moją uwagę.

– Proszę pani – zaczął, zerkając na pozostałe po budowie pianki. – Tak sobie myśleliśmy... Jeżeli trudno jest wybrać zwycięzcę i uważa pani, że wszyscy wygraliśmy, to może zamiast dawać nagrodę jednej grupie, po prostu podzielimy się resztą pianek?

Uśmiechnęłam się do Kelly, która na pewno już słyszała ten tok rozumowania.

– Co pani o tym sądzi, panno Vickers? Czy uważa pani, że wszyscy zasłużyli na zwycięstwo?

– Hm, cóż – powiedziała Kelly. – Myślę, że tak. Prawdę mówiąc, przyszedł mi do głowy jeszcze jeden pomysł. Ponieważ sfotografowaliśmy już obie wieże, żeby mieć dokumentację na tablicę, pomyślałam, że moglibyśmy rozebrać obie te wspaniałe konstrukcje i zjeść wszystkie pianki.

Odpowiedziały jej radosne okrzyki całej grupy, a – co zauważyłam z zadowoleniem – również Imogena przyłączyła się do aplauzu. Może nie głosem, ale z całą pewnością lekkim, lecz niewątpliwie zachęcającym uśmiechem.

– Zatem do dzieła – powiedziałam. – Pamiętajcie, żeby zostawić dla mnie różową.

Ten nieoczekiwany bonus na zakończenie naszej sesji budowy wież nadał ton całej reszcie przedpołudnia. Gdyby ktokolwiek zajrzał do mojej klasy tego dnia przed lunchem, mógłby się zastanawiać, dlaczego Jednostka była znana jako miejsce, do którego trafiają najtrudniejsze dzieci. Albo czym się właściwie zajmują – oprócz chichotania i wcinania pianek.

Właśnie dlatego tak ważna była tablica, na której umieściliśmy fotografie i projekty narysowane przez obie grupy, kiedy już ostatnie pianki zostały zjedzone. Stanowiła nie tylko potrzebne dzieciom świadectwo, ile udało im się osiągnąć w czasie spędzonym ze mną, ale także dowód dla nauczycieli i innych pracowników szkoły, że moi podopieczni naprawdę czegoś się tutaj uczą, a nie tylko przebywają zamknięci w czymś w rodzaju zagrody dla niesfornych uczniów. Choć trudno byłoby mi w to uwierzyć, kiedy zaczynałam, ale niektórzy – nie chcę wymieniać nazwisk – uważali moją klasę za rodzaj aresztu, do którego dzieciaki trafiały za karę i gdzie nie zajmowały się niczym związanym z nauką. Poza tym tablica była pomocą i dla mnie, dając możliwość ocenienia, które zajęcia były skuteczne, a które nie. Ja także się uczyłam i zwykle, patrząc na dzieła dzieci, umiałam ocenić, czy zajęcia się im podobały i czy – co najważniejsze – przyniosły im korzyść.

Kiedy nadeszła pora lunchu, chłopcy – jak zwykle – byli przy drzwiach pierwsi, niczym sprinterzy; czasem miałam wrażenie, że szóstym zmysłem wyczuwają zbliżający się dzwonek. Miałam wyrzuty sumienia, że pozwoliłam im objeść się piankami przed lunchem, ale z drugiej strony nie wątpiłam, że znajdą miejsce i na posiłek.

Dziewczynki natomiast zwlekały; Shona i Molly już wcześniej mi zaimponowały, a teraz znowu okazało się, że pamiętają o potrzebach Imogeny. Uświadomiłam sobie, że zamiast pobiec prosto do jadalni, czekały, aż powiem im, co robić.

– Imogeno, czy chciałabyś zejść ze mną na lunch? – spytałam. Proponowałam to każdemu nowemu uczniowi, spodziewając się, że może być zagubiony i zdenerwowany.

Imogena zerknęła na Shonę, po czym pospiesznie spuściła wzrok.

– Możesz iść z panią, jeśli chcesz – powiedziała Shona. – Albo ze mną i Molly – objęła Imogenę w typowym dla niej przyjacielskim geście. – Jeżeli chcesz iść z nami, po prostu kiwnij głową, ale jeśli nie, to też w porządku. Możesz iść z panią i wtedy ona się tobą zaopiekuje.

Imogena niemal niedostrzegalnie skinęła głową i zanim zdążyłam cokolwiek powiedzieć, wszystkie trzy były już na korytarzu.

– A więc do zobaczenia, dziewczynki – zawołałam za nimi, po czym odwróciłam się do Kelly i szepnęłam: – Wow.

– Sytuacja do opisania w książkach – przyznała, kiedy dziewczynki zniknęły w głębi korytarza.

– Nie chcę jeszcze dzielić skóry na niedźwiedziu – powiedziałam. – Ale, do diabła, co się stało dzisiaj z Shoną? Jest taka opiekuńcza. Może to ona będzie kluczem do tego, co siedzi w Imogenie?

Shona i oczywiście wizyta w ich domu, przypomniałam sobie. A wizyta najwyraźniej miała się odbyć, ponieważ, kiedy w końcu i ja zeszłam na lunch, Donald przekazał mi wiadomość, że Hinchcliffe'owie z przyjemnością spotkają się ze mną o piątej po południu w najbliższy czwartek.

Chociaż, gdy popołudnie okazało się równie pomyślne jak poranek, wieczorem zaczęłam się zastanawiać, czy Imogena nie zacznie jednak mówić wcześniej, niż sądziłam. Może byłam zbytnią pesymistką. Może to nie potrwa aż tak długo.

Może jednak się okaże, że robiłam z igły widły. Zobaczymy. Ale miło było tak myśleć.

Rozdział 6

Optymistyczny nastrój towarzyszył mi przez całą drogę do domu, a kiedy zobaczyłam szeroki uśmiech na twarzy Kierona, pomyślałam, że później też będzie dobrze.

– Daj mi to, mamo – powiedział, podbiegając, żeby wziąć ode mnie ciężką torbę i położyć ją na jednym z krzeseł w jadalni. Nauczyciele najczęściej noszą aktówki, ale ja lubiłam swoją torbę na ramię. Mogło się to wydawać sentymentalne – i może takie było – ale było też bardzo praktyczne.

– Dziękuję, kochanie – powiedziałam z wdzięcznością. – A skąd taka radosna mina?

Uśmiechnął się jeszcze szerzej. Kieron wyraźnie nie mógł się doczekać, żeby mi o czymś powiedzieć.

– To dlatego, że mam wielką nowinę! – rozpromienił się.

Podwinęłam rękawy i skierowałam się do kuchni, żeby nastawić czajnik i przygotować podwieczorek.

– Hm, wielka nowina?

– Bardzo wielka – potwierdził, idąc za mną. – Znasz mojego kumpla, Si.

– Znam – przytaknęłam. Oczywiście, że znałam. Już w przedszkolu byli razem.

– No więc Si zmienił kierunek studiów. Wcześniej studiował coś związanego ze sportem, ale nie podobało mu się, więc pozwolili mu zmienić kierunek. Na to, o czym mówił tata – wiesz? To z mediami, czy jak to tam było. W każdym razie Si jest zachwycony. I sądząc z tego, co opowiadał, jest naprawdę nieźle.

Uśmiechnęłam się, przeglądając lodówkę, żeby wybrać coś na podwieczorek. W ustach Kierona „naprawdę nieźle" znaczyło tyle co „fantastycznie". Zawsze był oszczędny w komplementach.

– Naprawdę? – spytałam, wstając. – Co wolisz? Spaghetti czy kiełbaski?

– Mamo! – zawołał, przewracając oczami. – Czy ty mnie w ogóle słuchasz? Mówię o mojej przyszłości. To naprawdę ważna sprawa!

– Oczywiście, że słucham – zapewniłam. – Jestem po prostu wielozadaniowa, kochanie. My, kobiety, jesteśmy w tym najlepsze. I słyszę, że studia, o których mówił ci tata, podobają ci się jeszcze bardziej, bo przeniósł się na nie Simon. Dobrze zrozumiałam? I z tego powodu ty także postanowiłeś na nie pójść, tak?

Kieron patrzył na mnie z otwartymi ustami.

– Kim jesteś? – spytał z niedowierzaniem. – Derren Brown, czy coś takiego? Czytasz w moich myślach?

Uśmiechnęłam się.

– Derren Brown jest magikiem, nie czyta w myślach, mój drogi. Ale chyba tak, udało mi się, prawda?

Objęłam go mocno. Udawałam absolutny spokój, ale to była najlepsza nowina, jaką mogłabym sobie wymarzyć. Teraz musiał już tylko zrealizować plan.

– Jestem z ciebie taka dumna – powiedziałam. – I nie wątpię, że ci się to spodoba. A więc jak? Zadzwoniłeś, żeby sprawdzić, czy jest jeszcze wolne miejsce?

Teraz to Kieron miał się pochwalić umiejętnością czytania w myślach.

– Wiedziałem, że o to zapytasz – powiedział. – I zaskoczę cię. Zrobiłem nawet więcej. Byłem tam razem z Si i wypełniłem wszystkie formularze i resztę papierów. I chociaż oczywiście straciłem pierwsze dwa tygodnie, powiedzieli, że nie ma problemu i mogę to nadrobić. A, i mogę zacząć już jutro! O ile tylko znajdę mój paszport. Gdzie on może być? Wszędzie szukałem, ale nie udało mi się znaleźć.

Teraz to mnie opadła szczęka. Podniosłam ją i włożyłam na miejsce, po czym odmówiłam szybką dziękczynną modlitwę za przyjaciela imieniem Si.

– To niesamowite! – zawołałam. – Wspaniała nowina, kochanie! Jestem z ciebie jeszcze bardziej dumna. I nie martw się o paszport. Tata schował go gdzieś w bezpieczne miejsce. I wiesz co? Myślę, że damy sobie spokój z gotowaniem. Z takiej okazji zamówimy pizzę na podwieczorek. Co ty na to?

Pomysł bardzo mu się spodobał. Pozostał jeszcze drobny problem znalezienia paszportu. Kieron nie lubił wakacji, więc rzadko wyjeżdżaliśmy i wiedziałam, że znalezienie zguby potrwa co najmniej do kolacji, ale tak czy inaczej, mieliśmy powód do świętowania. Gdy Kieron był zdenerwowany albo zestresowany, objawiało się to zawsze przez mnóstwo najróżniejszych drobiazgów i oczywiście miało wpływ na nas wszystkich, więc byłam pewna, że Mike i Riley także będą się cieszyć. Poza tym nikt w naszym domu nigdy nie odmówił porządnej pizzy z dostawą do domu. Kto normalny by odmówił?

Tymczasem mój dzień w pracy, jak zwykle, wcale nie był normalny. Poranek zawsze oznaczał dla mnie tyle, że powinnam wziąć głęboki oddech i przygotować się na niespodziewane. Właśnie na tym polegała specyfika pracy w miejscu takim jak to. Przychodzące do mnie dzieci miały tu znaleźć spokój, rutynę i porządek, ale właśnie dlatego konieczność opracowywania strategii uczenia oraz metod rozwiązywania konfliktów i unieszkodliwiania możliwych ognisk zapalnych sprawiała, że nigdy nie zdarzały mi się dwa takie same dni.

Moja obecna szóstka – Molly i Shona, Gavin, Henry i Ben – oraz, oczywiście, Imogena – wydawała się reprezentować dość standardową różnorodność. Jedni dokuczali, innym dokuczano, a wszystkich łączyła potrzeba bycia wysłuchanymi i zrozumianymi, a potem mądrze pokierowanymi, żeby mogli na powrót zintegrować się z otoczeniem. Musiałam umieć do nich podejść, indywidualnie i jako do grupy, a także przewidywać kilka kroków naprzód. Jednak w tamten czwartek – dzień mojego spotkania z dziadkami Imogeny – zaczęłam sobie uświadamiać, że zrozumienie tej dziewczynki będzie wyjątkowo trudne. Jak można wysłuchać dziecko, które nie mówi? I skoro nie mówi, jak można je poznać? Jeśli zaś idzie o zrozumienie jej – cóż, na razie mogłam o tym tylko pomarzyć.

Zdawałam sobie też sprawę, że Imogena zaczyna odstawać od grupy. Biedne Molly i Shona starały się, jak mogły, ale widziałam, że zaczynają się poddawać. Niewiele można zrobić, nie dostając żadnej odpowiedzi z drugiej strony. Chłopcy, równie zniechęceni, przyjęli zupełnie inną taktykę. Zapewne dochodząc do wniosku, że ignorowanie jej jest zbyt nudne, zaczęli jej dokuczać, zarówno z powodu włosów, jak i milczenia – zwłaszcza Gavin.

– Czemu nie marudzisz jak inne dziewczyny? – pytał, biegając niczym króliczek Duracella dookoła stolika dziewczynek; najwyraźniej zbyt późno dostał dzisiaj swoją dawkę ritalinu. – Wiem! – zawołał, uśmiechając się triumfalnie. – Bo wtedy byłabyś maRUDA!

– Gavin! – skarciłam go, marszcząc brwi i podeszłam do niego. – Proszę, usiądź przy stoliku i poczekaj spokojnie na mnie. Wiesz, że tutaj sobie nie dokuczamy, prawda? Proszę, idź do kącika z książkami i wybierz sobie coś do czytania.

Aby podkreślić to wyraźne polecenie, popchnęłam go lekko w odpowiednią stronę, a on nie stawiał oporu. Nigdy nie stawiał oporu. Był niczym skacząca gumowa piłeczka, która toczyła się, podskakując tam, gdzie ją rzucono.

Mój kącik z książkami, choć skromny, był prawdziwym zbawieniem. A naprawdę był skromny: dwa regały, ustawione pod kątem prostym w literę L, ale stroną z książkami zwrócone do ściany; w ten sposób powstała zaciszna, kwadratowa przestrzeń ze starym dywanem i wygodnymi siedziskami oraz poduchami. Dzieci takie jak Gavin mogły tam posiedzieć w spokoju, żeby się wyciszyć.

– Tylko żartowałem, proszę pani! – zawołał jak zwykle. – Nie chcę siedzieć sam!

– Cóż, w takim razie powinieneś był o tym wcześniej pomyśleć, prawda? – powiedziałam, wskazując na siedzącą ponuro Imogenę. – Dziesięć minut. Potem możesz wrócić i przeprosić Imogenę za to, że zachowałeś się tak niełądnie wobec niej.

Gavin się nachmurzył.

– A po co, proszę pani? Nie ma sensu – fuknął. – Ona nigdy nie odzywa się do mnie, więc dlaczego ja mam mówić do niej?

Spodziewałam się, jak zwykle, chichotów – Gavin zawsze lubił mieć publiczność – ale tym razem, być może widząc mój wyraz twarzy, wszyscy się powstrzymali i patrzyli w milczeniu, jak ponownie skierowałam go w kąt, a Gavin, zdając sobie sprawę, że gra jest skończona, posłusznie wszedł za regały.

Wróciłam do swojego biurka. Oczywiście milczenie jego kolegów mogło mieć inną przyczynę. Równie dobrze mogli już mieć tego dosyć, podobnie jak było w normalnej klasie Gavina. Zanotowałam w myślach, żeby porozmawiać z jego rodzicami o lekarstwach. Gavin miał być ze mną tylko przez pewien czas, ale było bardzo ważne, żeby dostawał leki codziennie o tej samej porze, na tyle wcześnie, żeby zaczęły działać, kiedy dotrze do szkoły.

Jednak w przypadku Imogeny, którą starałam się uważnie obserwować przez cały dzień, przygotowując się do popołudniowej wizyty w jej domu, nie istniało tak proste rozwiązanie. Zauważyłam, że ponieważ Shona była jej jedyną pewną przystanią w naszej małej grupce ekscentryków, towarzyszyła jej niemal na każdym kroku. Dlatego bardzo chciałam zobaczyć, jak podejdzie do zadania, które zaplanowałam na przedpołudnie – czy będzie miała własne pomysły, czy też, jak dotąd bywało najczęściej, posłusznie da sobą pokierować.

Pracowaliśmy – co zdarzało się nam dosyć często – nad rozwiązywaniem konfliktów. A po tym, jak rozwiązaliśmy konflikt między Gavinem i Imogeną (w pewnym sensie: on burknął „przepraszam", a ona nie powiedziała nic), wydawało się, że to doskonały moment. Rozwiązywanie konfliktów wypełniało znaczną część naszych zajęć w Jednostce, nie tylko z powodu codziennych drobnych sprzeczek. Znalazło się w programie zajęć również dlatego, że konflikty były jedną z ważniejszych przyczyn odsyłania dzieci do nas. Moi podopieczni nie znali odpowiednich sposobów radzenia sobie z problemami, jakie nieuchronnie przynosiło życie każdego dziecka. Zajęcia były oparte na odgrywaniu ról i wymagały współpracy oraz dyskusji – a my bardzo staraliśmy się rozwinąć w dzieciach te umiejętności.

Tym razem użyliśmy komiksu złożonego z normalnego ciągu obrazków, ale bez żadnych słów; to dzieci miały zdecydować, kto, kiedy i co powie. Scenka rozgrywała się w klasie. Pierwszy obrazek przedstawiał wyglądającą na zdenerwowaną nauczycielkę, która stała przy tablicy, patrząc na dwójkę kłócących się uczniów, podczas gdy reszta klasy się przyglądała.

Dzieci miały opisać, co się dzieje i przygotować na tej podstawie dwie krótkie scenki: jedną z, ich zdaniem, „dobrym" zakończeniem, drugą ze „złym". Kolejnym zadaniem było odegranie obu scenek, a ja zamierzałam to sfilmować, żebyśmy później mogli o nich podyskutować.

Takie ćwiczenia były przydatne z dwóch powodów. Po pierwsze uczniowie mogli rozwijać umiejętności słuchania i negocjowania, a także zastanowić się nad takimi koncepcjami jak „kodeks moralny". Ale były też przydatne dla mnie, ponieważ pozwalały mi się zorientować, jak działają ich umysły; mogłam się przekonać, jakie rozwiązania wymyślą bez żadnych sugestii z mojej strony.

Posadziłam ich do pracy i wróciłam do swojego biurka, udając, że muszę przejrzeć jakieś papiery, lecz w rzeczywistości chciałam ich dyskretnie poobserwować. Szczególnie interesowało mnie to, jaką rolę w przygotowanych scenkach dostanie Imogena.

I nie mogłam się doczekać, kiedy zobaczę, co wymyślą. Nie przewidziałam jednak, że Shona może mieć zły dzień.

Dzieci przygotowywały się po cichu i najczęściej zgodnie, a ja szukałam w internecie cytatów z Szekspira, gdy nagle usłyszałam podniesiony głos Shony.

– Nie! – krzyknęła. – Dlaczego to musi być akurat to?

Spojrzałam na nich i zobaczyłam, że mierzy wściekłym wzrokiem Henry'ego.

– Ponieważ, panno przemądrzała, właśnie to wybraliśmy! – odkrzyknął.

Zauważyłam, że Imogena, która aż do tej pory wydawała się zaangażowana w to, co robili, skuliła się i spuściła głowę, przybierając swoją „zamkniętą" postawę. Ten gest nie budził wątpliwości. Wyłączała się. Jak na ironię, to miały być zajęcia o rozwiązywaniu konfliktów, pomyślałam, postanawiając poczekać i zobaczyć, co będzie dalej. Spuść głowę, zamknij usta. Nie angażuj się.

– Ale jeśli to ja mam być nauczycielką, to powinnam móc wybrać, jaką lekcję będę prowadzić! I to nie będzie żadna głupia lekcja „dla chłopaków". Poza tym i tak nie ma czegoś takiego! Nie ma lekcji o samochodach, idioto!

Ale Henry, jako równie silna osobowość, nie zamierzał ustąpić.

– Możemy powiedzieć, że to jest projekt! – odparł, uśmiechając się kpiąco, jakby chciał powiedzieć, że każdy, kto ma chociaż połowę mózgu, powinien o tym wiedzieć. – Poza tym jest nas trzech przeciwko wam dwóm, więc tak zrobimy. Nie możesz zawsze stawiać na swoim, Shona. To nie fair!

Konflikt wyraźnie narastał, ale myślę, że wszyscy byli równie wstrząśnięci, kiedy Shona zerwała się z krzesła, przewracając je z hukiem na podłogę, i rzuciła się z pięściami na Henry'ego.

Zanim zdążyłam wstać i wyskoczyć zza biurka, udało jej się już kilka razy go grzmotnąć, szlochając przy tym i wyzywając go.

– Co, do diabła? – krzyczał Henry, próbując się osłaniać przed ciosami Shony. – Proszę pani, ona zwariowała! Proszę pani! Niech pani ją zabierze!

– Shona! – powiedziałam stanowczo, podbiegając i odciągając ją. – Na litość boską, co się stało? Dlaczego tak się zachowujesz?

Musiałam mocno trzymać ją za nadgarstki, żeby mi się nie wyrwała. Była zaskakująco silna i bardzo, bardzo wściekła.

– Puść mnie! – krzyczała. – Zabiję go! Przysięgam, że go zabiję, proszę pani, ja... ja go nienawidzę!

Nie wątpię, że mogłaby mu zrobić krzywdę, gdybym jej nie utrzymała. W końcu udało mi się ją odwrócić przodem do mnie; pochyliłam się, żeby spojrzeć jej prosto w oczy.

– Ćśśś – powiedziałam. – Spokojnie, Shona. Uspokój się na chwilę, dobrze? Co się stało? Czemu się tak zdenerwowałaś?

Wtedy przestała się wyrywać. Właściwie obwisła bezwładnie w moich objęciach. Nie należała do dzieci, które miewają niekontrolowane ataki wściekłości, więc taki napad wstrząsnął nią nie mniej niż wszystkimi dookoła. Odniosłam wrażenie, że zaczyna się brać w garść. Poczułam, że się odpręża i zaryzykowałam puszczenie jej. Nawet nie drgnęła.

– A więc? – spytałam łagodnie.

Spojrzała na mnie oczami pełnymi łez, które jeszcze nie zdążyły popłynąć.

– Nie wiem, proszę pani – odparła cichutko. – Nie czuję się dobrze. Czy mogę chwilę posiedzieć w kąciku z książkami?

Miała zaczerwienioną twarz. Dotknęłam jej czoła. Było trochę cieplejsze, chociaż powodem mógł być wysiłek.

– A może wolałabyś iść do pielęgniarki? – zaproponowałam. – Albo poproszę kogoś, żeby zadzwonił do twojego domu?

Ledwie to powiedziałam, zobaczyłam łzy w jej oczach i ugryzłam się w język. Jak mogłam wspomnieć o domu? Cóż za idiotka ze mnie! To słowo miało dla niej tak ogromny ładunek emocji. Przecież odkąd jej rodzice zginęli w wypadku, nie miała domu. Mieszkała z ciotką, wujem i kuzynami. Owszem, w ich domu, ale nie w domu, który od zawsze znała. Nagle wszystko stało się całkiem jasne. To oczywiste, że nie chciała prowadzić lekcji o samochodach.

Czym prędzej objęłam ją i zaprowadziłam tam, gdzie chciała iść; gdzie mogła w spokoju dojść do siebie.

– Już dobrze, kochanie – powiedziałam dziarsko, wiedząc, że okazywanie zbyt wielkiego współczucia mogłoby tylko pogorszyć sytuację. – Usiądź i poczytaj. Możesz ominąć te zajęcia, jeśli chcesz.

W tym momencie Henry zerwał się ze swojego miejsca, ciężko oburzony.

– Co? – wrzasnął. – Ona za to nie oberwie? Boże, gdybym to ja zrobił coś takiego, zostałbym od razu wyrzucony albo coś podobnego. Na pewno. Boże!

– Już dość, Henry – powiedziałam stanowczo, zamierzając zdusić w zarodku jego wybuch. Prawda była taka, że mógł mieć rację. Henry dostał ostatnią szansę poprawy, a ja nie chciałam, żeby ją stracił na moich zajęciach. – No dobrze – powiedziałam do wszystkich. – To był najwyraźniej zły pomysł. Zmieniamy plan. Możecie wyjąć zeszyty i napisać swoje własne wersje scenariusza. Ja przeczytam je w przerwie na lunch i wybiorę ten, który będziemy odgrywać po południu, kiedy już wszyscy zdążą się uspokoić.

Rozległ się cichy pomruk niezadowolenia – głównie ze strony Henry'ego – ale szybko ucichł. Koniec trzęsienia ziemi na dzisiaj.

– Ty też, Imogeno – powiedziałam łagodnie, przechodząc obok niej. – Jeśli chcesz, możesz być w przedstawieniu jedną z tych cichych osób – dodałam. – Tą rozsądną, która nie bierze udziału w kłótni.

Miałam nadzieję zobaczyć choćby cień uśmiechu, ale nie doczekałam się, a kiedy usiadłam przy biurku, zauważyłam, że Imogena wprawdzie otworzyła zeszyt, ale nie sięgnęła po długopis.

Może właśnie o to chodzi, pomyślałam, pamiętając o biednej Shonie, która siedziała z nosem w książce i z którą muszę porozmawiać, kiedy rozlegnie się dzwonek. Może dla moich podopiecznych jeszcze jest za wcześnie na zajęcia z rozwiązywania konfliktów. Spojrzałam jeszcze raz na Imogenę. Za wcześnie zwłaszcza dla niej. Ona w końcu miała rozwiązanie swojego problemu – nic nie mówić.

Cóż, była to jakaś strategia, pomyślałam. Mniej mówisz – mniej zepsujesz? Być może dziś po południu dowiem się czegoś na ten temat.

Rozdział 7

Nawet nie zauważyłam, kiedy minęła przerwa na lunch. Często tak bywa, kiedy lekcja się przeciągnie, a zanim przeczytałam wszystkie scenariusze, które dzieci napisały i oddały mi, dwadzieścia minut minęło jak z bicza strzelił.

Odłożyłam zeszyty i postanowiłam zajrzeć do pokoju nauczycielskiego, żeby sprawdzić, czy mogę liczyć na pomoc Kelly w czasie popołudniowej sesji. Zdążyłam się już nauczyć, że kiedy robimy coś, co wymaga i kreatywności, i aktywności fizycznej, zawsze przydaje się druga para dorosłych rąk, żeby łatwiej opanować emocje i artystyczne dysputy.

Idąc już, przypominałam sobie, że zamierzałam odwiedzić też Gary'ego Clarka, i postanowiłam od tego zacząć, tym bardziej, że miałam po drodze.

Gary był urzędnikiem odpowiedzialnym za bezpieczeństwo dzieci (Child Protection Officer – CPO). Miał biuro w naszej szkole, ale pracował także w innych szkołach podstawowych w okolicy, zajmując się takimi problemami jak wagary. Prowadził też szkolenia z zakresu umiejętności komunikacyjnych dla nauczycieli. Władze coraz bardziej doceniały wagę tych spraw, uznając, że emocjonalny komfort dzieci jest równie ważny, jak ich potencjał akademicki.

Protokół wymagał, żebym uprzedziła Gary'ego, że planuję wizytę domową, tak jak dzisiaj po szkole. Gary był uroczym człowiekiem, który do wszystkiego podchodził z niebywałym spokojem. Miał czterdzieści kilka lat, ubierał się raczej skromnie i bardzo łatwo było się z nim porozumieć – dzieci były tego samego zdania. Don powiedział mi już wcześniej, że podobnie jak mnie, Gary'emu zależy na poznaniu przyczyny mutyzmu wybiórczego Imogeny. Ledwie weszłam do jego biura, oznajmił, że umówił już lekarza, który przyjdzie do szkoły w najbliższy poniedziałek, żeby opowiedzieć nam więcej o tym schorzeniu.

– Okazuje się, że jest kilka rodzajów mutyzmu wybiórczego – powiedział. – Wszystkie mogą mieć różne przyczyny. A więc nie istnieje jedno rozwiązanie pasujące do wszystkich przypadków.

– To ciekawe – odparłam. – Ponieważ nic z tego, co znalazłam w internecie, nie pasuje do przypadku Imogeny. W takim razie tym cenniejsze będzie poznanie opinii eksperta.

– Miejmy więc nadzieję, że to nam pomoże. To zabawne, bo właśnie wybierałem się na dół, żeby pani o tym powiedzieć. Zaoszczędziła mi pani drogi, za co jestem ogromnie wdzięczny. Jeśli dopisze mi szczęście, wciąż jeszcze mogę zdążyć na pyszności, które czekają dzisiaj w stołówce.

– Hmmm. Lunch? To byłoby miłe. Tak przy okazji, czy widział pan Kelly? Muszę sprawdzić, czy ma wolny czas po południu.

– Przypuszczam, że może być w pokoju nauczycielskim. Ostatnio, kiedy ją widziałem, szła dość szybko mniej więcej w tamtą stronę. I niosła torbę, która wyglądała, jakby pochodziła z miejscowej piekarni. Jeśli się pani pospieszy, może pani zdążyć na muffinkę...

Gary sięgnął po swoją marynarkę, a ja wyszłam z biura, niemal natychmiast wpadając na Shonę, która stała oparta o ścianę korytarza.

– Och, cześć, kochanie – powiedziałam. – Chcesz się zobaczyć z panem Clarkiem?

Pokręciła głową.

– Chciałam się zobaczyć z panią – odparła. – A pan Dawson powiedział, że widział, jak pani szła tutaj... Mogę? Z Imogeną wszystko w porządku – dodała pospiesznie. – Jest na boisku razem z Molly.

Jej pospieszne zapewnienie wzruszyło mnie, ale i zaniepokoiło. Jeżeli Shona poczuła się opiekunką Imogeny do tego stopnia, że uznała za konieczne tłumaczenie się przede mną z tego, iż nie jest przy niej cały czas, to znaczy, że trochę za bardzo się przejęła.

Dołączył do nas Gary.

– Może chce pani skorzystać z mojego biura? – spytał, zapraszając gestem do środka; najwyraźniej słyszał naszą rozmowę. – Muszę tylko zrobić kilka odbitek, żeby już nie wracać.

Uśmiechnęłam się z wdzięcznością.

– Byłoby cudownie, panie Clark – odparłam, dając znak Shonie, by weszła do biura. – Może też zjem panu kilka ciasteczek. Chyba zapomniałam dzisiaj o lunchu.

Wymieniliśmy uśmiechy i weszłam za Shoną. Ucieszyłam się, widząc, że doszła do siebie po porannym, tak niespodziewanym wybuchu. Niespodziewanym zapewne nie tylko dla mnie, ale i dla niej.

– Wszystko w porządku, kochanie? – spytałam, siadając na zapasowym krześle, zamiast za wielkim biurkiem Gary'ego. I tak niewiele mogłabym zobaczyć zza stosu papierów, jaki się na nim piętrzył.

Skinęła głową.

– Nic mi nie jest, proszę pani. Chciałam tylko przeprosić.

– Przeprosić? – powtórzyłam. – Kochanie, to raczej ja powinnam przepraszać. Powinnam była pomyśleć, prawda? Nie przypuszczam, żeby Henry zdawał sobie sprawę, że może cię zdenerwować. Ale samochody to ostatnia rzecz, o jakiej chciałabyś rozmawiać. Musiałaś być bardzo wzburzona.

Zamilkłam, żeby pozwolić jej mówić, ale nie odpowiedziała. To często działało w ten sposób. Dzieci zaczynają mówić, kiedy są na to gotowe, nie wcześniej.

– Chociaż, wiesz... – dodałam. – Nie musimy o tym rozmawiać, jeżeli nie chcesz.

Shona westchnęła.

– Wiem, że nie zrobił tego specjalnie, proszę pani. Ale... ale czasami jestem taka zmęczona tym, że czuję się tak, jak się czuję. To znaczy... moja ciocia i wujek są cudowni, ale... no, tam są moi mali kuzyni i czuję się strasznie, kiedy przy nich płaczę, bo oni też zaczynają płakać, a ciocia... ona też czasem płacze, bo tęskni za mamą i przez to też mam wyrzuty sumienia, a wtedy jeszcze bardziej chce mi się płakać i... jest mi tak trudno, proszę pani... trudno mi udawać, że nie jestem smutna, kiedy jestem.

W pokoju zrobiło się aż gęsto od smutku. Zdarzyło się coś strasznego i nie można było tego cofnąć. Biedne dziecko dźwigało tak straszny ciężar, że aż trudno mi było o tym myśleć.

– Och, kochanie, wiem. Doskonale rozumiem, o czym mówisz. To straszne, kiedy cały czas musisz ukrywać swoje uczucia. Powiedz, czy nadal spotykasz się ze swoim psychologiem? – Skinęła głową. – Czy to ci pomaga?

– Trochę – powiedziała Shona. – Ja tylko... – zauważyłam, że zaczął jej drżeć podbródek. – Ja tylko chciałabym wiedzieć, kiedy przestanę się tak czuć. Jest mi tak smutno. Tak bardzo tęsknię za mamą i za tatą... I... – Nie mogła dłużej mówić, szloch wstrząsnął całym jej ciałem. Serce omal mi nie pękło, kiedy wzięłam ją w objęcia.

– Och, kochanie. Chciałabym móc ci to powiedzieć, naprawdę. Ale nie mogę. Nikt nie może. Mogę cię tylko zapewnić, że z czasem będzie ci coraz łatwiej to znosić. To nie minie zupełnie... cały czas będzie w tobie, to naturalne, ale łatwiej będziesz sobie z tym radzić, przysięgam. A tymczasem, jeśli mogę cokolwiek dla ciebie zrobić, tylko powiedz. Czy myślisz, że pomogłoby w czymś, gdybym porozmawiała z twoją ciocią?

Pociągnęła nosem. Potem odsunęła się i otarła oczy rękawem szkolnej bluzy.

– Chyba nie, proszę pani – odparła. – Ona jest taka kochana i jej też jest ciężko. A moi kuzyni są... – wzruszyła ramionami.

– Przypuszczam, że jak wszystkie maluchy. Męczący?

Odpowiedziała bladym uśmiechem. Może już niedługo będzie mogła wrócić do szkoły, pomyślałam. Widywałam już wcześniej takie sytuacje. Osoby, które straciły kogoś bliskiego, często utrzymywały się na powierzchni dzięki zainteresowaniu, jakie zwykle towarzyszy niespodziewanej śmierci, ale kiedy to zainteresowanie zaczynało słabnąć, szły na dno jak kamień. Być może Shona potrzebowała właśnie więcej okazji do mówienia – albo po prostu do wypłakania się. Tymczasem cały czas czuła się jak gość, co było nieuniknione, nawet przy najlepszych chęciach jej cioci i wujka. Zawsze czujna. Zawsze uprzejma. Zawsze grzeczna i układna. A naprawdę była miłą i dobrą dziewczynką. Nie z tych, które sprawiają trudności.

– Wiesz, co moim zdaniem powinnam zrobić? Myślę, że powinnam porozmawiać z dyrektorem i zobaczyć, czy nie da się umówić częściej sesji z twoim terapeutą – zaproponowałam. – Co ty na to? Wydaje mi się, że dobrze by ci zrobiło, gdybyś trochę częściej mogła być sobą. Powiedzieć, co czujesz, nie martwiąc się, że kogoś zasmucisz. I, oczywiście, ja zawsze jestem tutaj, pamiętaj o tym. Zawsze. A chcesz poznać jeszcze jedną sztuczkę?

Shona spojrzała na mnie pytająco.

– Jaką, proszę pani?

Przytuliłam ją, a potem puściłam do niej oko.

– Uderz poduszkę. Może to nie da ci aż takiej satysfakcji, jak grzmotnięcie Henry'ego – dodałam – ale będzie prawie tak samo przyjemne. Powinnaś spróbować. A teraz – zakończyłam, widząc, że kolory zaczynają wracać na jej policzki – może zaatakujemy te ciasteczka?

Po burzliwym poranku popołudnie minęło jak sen. Kelly miała wolny czas, co bardzo mi pomogło i wpłynęło na decyzję, który scenariusz będziemy odgrywać. Pamiętając o tym, jak złożona jest polityka Jednostki, zdecydowałyśmy się na scenariusz Henry'ego – zarówno ze względu na to, co zaszło między nim a Shoną, jak i dlatego, że był inteligentny i na temat.

Obsadzając samodzielnie role, wskazał Molly jako nauczycielkę, a siebie jako przeszkadzającego ucznia – jedną ze stron konfliktu – Bena jako asystenta dydaktycznego, a pozostałych jako resztę uczniów. Napisał dwie wersje, jak prosiłam – jedną z dobrym, drugą ze złym zakończeniem. Obie rozgrywały się w chwili, kiedy nauczycielka starała się przekazać uczniom jakieś symbole chemiczne, podczas gdy niesforny uczeń rzucał w nią kawałkami papieru, kiedy się odwracała, ku uciesze innych dzieci.

W pierwszej wersji asystent dydaktyczny (odgrywany przez Bena) wywoływał niegrzecznego chłopca i surowo karcił za to, że zachowuje się jak idiota. Wtedy uczeń także wpadał w gniew, przewracał krzesło na podłogę i wybiegał z klasy, wywołując jeszcze większe zamieszanie; kiedy lekcja została przerwana, inni uczniowie także zaczynali szaleć.

W drugiej wersji jednak asystent zareagował zupełnie inaczej. Roześmiał się przyjaźnie, kiedy nauczycielka odwróciła się, żeby zobaczyć, co wywołało śmiech dzieci.

– Och, proszę pani – powiedział. – To tylko Henry znowu pokazuje swoje magiczne sztuczki. Najpierw tę z latającym papierem, a potem przyjdzie pora na tę, w której magicznie znika z klasy na kilka minut, dopóki pani nie zawoła go z powrotem.

Wtedy uczniowie zaczynali śmiać się razem z asystentem, a w końcu przyłączał się do nich sam Henry. Na koniec przepraszał Molly za swoje zachowanie.

– Ufam ci, Henry – mówiła wtedy, przyjmując jego przeprosiny. – A teraz, jeśli wytrzymasz jeszcze kilka minut, będziesz mógł zaprezentować jeszcze jedną sztuczkę i powiedzieć, jakie są symbole pierwszych dziesięciu pierwiastków chemicznych.

– Wiecie co? – powiedziała Kelly, odkładając zeszyt Henry'ego. – To jest świetne! Nie wspomnę już, że mogę tę lekcję wykorzystać w przyszłości! Poważnie, ten chłopak to prawdziwy skarb, prawda?

Skinęłam głową. Henry naprawdę był zagadką. Biorąc pod uwagę, że jego problemy z kolegami wynikały najprawdopodobniej z braku empatii, był obdarzony niewiarygodną inteligencją emocjonalną. I, jak się spodziewałyśmy, dzieci wydawały się rzeczywiście rozumieć, dlaczego „dobre" zakończenie jest dobre, i wszystkie komentowały z entuzjazmem, kiedy później oglądaliśmy film, dostrzegając, jak można wykorzystać humor, aby zmienić nastrój w klasie, i że rozwiązywanie konfliktów wcale nie musi polegać na krzyku.

Oczywiście Imogena niczego nie ujęła w słowa, a pod koniec dnia, kiedy obserwowałam, jak Shona i Molly sobie z nią radzą, zastanawiałam się, co zobaczę, kiedy odwiedzę ją w domu. Czy metody rozwiązywania konfliktów, jakie stosują jej dziadkowie, są skuteczne? Imogena również stanowiła zagadkę i byłam bardzo ciekawa, co na mnie czeka.

– Sądząc z tego, co zaobserwowałam w szkole, nie spodziewam się tam konfliktu – powiedziałam do Kelly. – Co prawda jej babcia twierdzi, że w domu jest bardzo głośna, ale jakoś trudno mi w to uwierzyć, dopóki nie zobaczę tego na własne oczy. Ona naprawdę jest jak duch. Absolutnie posłuszna, robi wszystko, o co się ją poprosi, wszystko rozumie, ale jeśli idzie o włączanie się w cokolwiek, jest niemal niewidoczna.

– Hm, sama wiesz, co zawsze mówiłaś o dzieciach, które w szkole są aniołkami... – zauważyła Kelly.

W domu mogą być diabłami? Mogą. Chociaż nie sądziłam, żeby tak było w tym przypadku.

Hinchcliffe'owie mieszkali zaledwie kilka ulic od szkoły, na zbudowanym po wojnie osiedlu. Niezbyt dobrze znałam tę okolicę ani często jej nie odwiedzałam, ale odniosłam wrażenie, że jest spokojna i uporządkowana, zamieszkała głównie przez starszych ludzi. W większości okien były siatki, samochody stały równo zaparkowane na podjazdach, a ja nie miałam wątpliwości, że w każdą niedzielę są dokładnie myte i polerowane. W oczy rzucał się także brak dzieci i starannie przystrzyżone trawniki przed domami, nienoszące żadnych śladów po przelatujących piłkach. Przypuszczałam, że jeśli w ogóle dochodzi tu do konfliktów, to ich przyczyną najczęściej bywa to, że ktoś zostawił nieco zbyt długą trawę.

Szłam ścieżką flankowaną przez krzewy różane, wciąż jeszcze obsypane kwiatami; poniżej rosły kępki różowo-fioletowych kwiatków. Okna, wyraźnie niedawno wymienione, były równie starannie utrzymane, jak szmaragdowy prostokąt trawnika. Dlatego zgiełk, jaki usłyszałam, unosząc rękę do mosiężnej kołatki przy drzwiach, zupełnie nie pasował do otoczenia.

Najpierw, w tej samej chwili, kiedy kołatka uderzyła o drzwi, wyraźnie usłyszałam męski głos.

– Ostrzegam cię – grzmiał. – Jeśli w tej chwili nie przestaniesz, wyniesiesz się stąd. Mam już tego dosyć, do cholery. Słyszysz?

Odpowiedź padła natychmiast.

– Odczep się ode mnie! – Tym razem głos był damski. – Odpieprz się! Nienawidzę cię! Nienawidzę!

Zastanawiając się, co robić, ponieważ moje pukanie najwyraźniej nie zostało usłyszane, chwyciłam kołatkę i zastukałam jeszcze raz, głośniej. Tym razem reakcja była tak szybka, że aż drgnęłam zaskoczona. Usłyszałam zgrzyt zamka, białe drzwi z PCV uchyliły się gwałtownie i stanęła w nich udręczona pani Hinchcliffe. Spojrzała na mnie, po czym wysunęła głowę i rozejrzała się po pustej ulicy, aż w końcu otworzyła drzwi na tyle, żebym mogła wejść do środka.

– Proszę, pani Watson – powiedziała, dając mi znać, żebym weszła szybciej. – Och, przepraszam, tak mi przykro, ale sama pani widzi...

Rzeczywiście, widziałam. I to, co zobaczyłam, sprawiło, że zamarłam. Zaledwie kilka stóp ode mnie stała Imogena, wciąż jeszcze w szkolnym mundurku, ale z włosami w nieładzie; wyglądała raczej jakby wróciła z bójki, a nie z naszej szkoły. Wymachiwała wściekle rękoma, wyraźnie starając się uderzyć dziadka.

To było niemal déjà vu, kiedy patrzyłam, jak pan Hinchcliffe próbuje ją powstrzymać, chwytając za nadgarstki i przyciskając do ściany. Kolejny szok przeżyłam, kiedy uświadomiłam sobie, że kobiecy głos, który słyszałam, był głosem Imogeny.

– Zabierz go ode mnie, babciu! – wycedziła. – Mówię poważnie. Zabierz go ode mnie, do cholery! Chcę iść do swojego pokoju! Chcę iść do mojego pieprzonego pokoju!

Chrząknęłam.

– Panie Hinchcliffe? – zaczęłam, chcąc, aby moja obecność została zauważona. Imogena patrzyła w moją stronę, ale nie byłam pewna, czy mnie widziała, a pan Hinchcliffe był odwrócony plecami, więc nie widział mnie na pewno.

Na dźwięk mojego głosu odwrócił się jednak i – jakby został przyłapany na robieniu czegoś nielegalnego – pospiesznie puścił wnuczkę.

– Widzi pani? – warknął. – Widzi pani, co musimy znosić? Wszystko dla niej robimy, a ona nas tak traktuje! Widziała to pani, prawda? Zauważyła pani? Mam cholerną nadzieję, bo ona właśnie taka jest. Zawsze, kiedy nie uda jej się postawić na swoim!

Mimo wcześniejszych protestów, teraz można było odnieść wrażenie, że Imogena już nie spieszyła się tak bardzo do swojego pokoju. Po prostu usiadła na najniższym stopniu schodów. Może więc pod wpływem mojej obecności zmieniła zdanie, choć nie zmienił się jej nastrój. Wciąż mierzyła dziadka wściekłym spojrzeniem.

Zaniepokojona pani Hinchcliffe położyła rękę na ramieniu męża.

– Mick, kochanie, wszyscy powinniśmy się trochę uspokoić – zasugerowała. – To pani Watson ze szkoły, pamiętasz? Przyszła zobaczyć się z Imogeną, a nie po to, żeby tu stać i wysłuchiwać tego wszystkiego.

Wtedy spojrzałam na Imogenę i zobaczyłam, że patrzy wprost na mnie, z wyrazem kompletnego zagubienia na twarzy.

– Nie masz nic przeciwko temu? – zaryzykowałam.

Żadnej odpowiedzi. Nagle zerwała się z miejsca, gdzie siedziała, i popędziła do frontowych drzwi, ale zamiast je otworzyć, złapała coś i zanim zdążyłam się zorientować, że wcale nie zamierza przez nie uciekać, minęła mnie pędem i pobiegła na piętro.

Trzasnęły drzwi, tak głośno, że przez chwilę obawiałam się o babciny zegar, który wisiał na ścianie naprzeciwko mnie, cicho odmierzając upływ czasu.

– Cudownie – rzucił pan Hinchcliffe. – No to mamy problem. Cholernie wspaniale!

Spojrzał na mnie znacząco, a ja zaczęłam się zastanawiać, czy może coś mi umknęło; potem odwrócił się i powoli poszedł w głąb domu.

– Mam nadzieję, że nigdzie się pani nie spieszy? – rzucił przez ramię. – Bo teraz przez jakiś czas nigdzie pani nie pójdzie, proszę mi wierzyć.

– Ojej – powiedziała pani Hinchcliffe. – Zdaje się, że on ma rację. Imogena już wcześniej zabrała klucz do tylnych drzwi. Chodźmy – machnęła ręką, dając mi do zrozumienia, że powinnyśmy pójść za jej mężem. – Chodźmy do kuchni nastawić czajnik. Przynajmniej możemy napić się herbaty.

Zupełnie oszołomiona i wciąż jeszcze trochę zaskoczona tym, że w końcu usłyszałam głos Imogeny, ruszyłam w ślad za panem Hinchcliffe'em do przytulnej kuchni w rustykalnym stylu i na zaproszenie pani Hinchcliffe usiadłam przy niewielkim, nakrytym ceratą stole, zaś gospodyni w tym czasie krzątała się z czajnikiem i torebkami herbaty.

– Wygląda na to, że sytuacja jest trochę napięta – spróbowałam.

Pan Hinchcliffe uniósł ręce i opuścił je z impetem na blat. Odchylił się do tyłu i spojrzał na mnie ze znużeniem.

– Pani Watson, nie wie pani nawet o połowie tego, co się dzieje. Ta mała zmora była już do połowy za oknem swojego pokoju i w ostatniej chwili udało mi się ją wciągnąć z powrotem. I groziła, że znowu wyskoczy – dodał, zerkając w stronę pani Hinchcliffe. – To już przechodzi wszelkie granice. Czy mamy przerobić dom na więzienie?

– Co takiego? – spytałam. To było już naprawdę niepokojące. – Dlaczego miałaby coś takiego robić? Czy to się zdarzało już wcześniej?

– A dlaczego niebo jest niebieskie? – odparła jej babcia, rozstawiając spodeczki i filiżanki. – I tak, zdarzyło się wcześniej. Mick ma rację. Jest coraz gorzej. Wystarczy byle drobiazg i zawsze jest to samo. Wyskoczy przez okno i połamie sobie nogi. Wbiegnie pod autobus. Albo rzuci się pod pociąg. I tak dalej, i tak dalej. A wtedy pożałujemy.

Westchnęła ciężko, a mnie zrobiło się jej żal. Wyglądała na znużoną.

– W tym właśnie problem, pani Watson. Nie mamy pojęcia, co ją wytrąca z równowagi. Wygląda na to, że wszystko – dodała, wznosząc oczy w górę. – Po prostu nagle rzuca się na nas, prawda, Mick? Więc naprawdę mamy już dość. – Zerknęła na męża i pokręciła głową. – Och, wiem, co pani sobie myśli – zwróciła się do mnie. – Wiem, jaka ona jest w szkole. Cichutka jak myszka, prawda? Tłumi to w sobie. Zachowuje pozory. Nie skrzywdziłaby nawet kotka. A potem wszystko spada na nas – dodała, stawiając na stole dzbanek mleka.– To my płacimy za wszystko, kiedy już wróci do domu!

Pokiwałam współczująco głową.

– Rozumiem – powiedziałam. – I Imogena wcale nie jest pod tym względem wyjątkowa. Dzieci muszą się rozładować i zwykle robią to gdzieś, gdzie czują się najbezpieczniej, gdzie...

– Rozładować! – parsknął pan Hinchcliffe. – Ona jest jak pędzący parowóz. Odchodzimy już przy niej od zmysłów, pani Watson! A jesteśmy już za starzy na takie rzeczy! Chcę powiedzieć, że jedna sprawa to pomóc synowi i pozwolić mu na chwilę oddechu, i nigdy nie mieliśmy nic przeciwko temu, ale to trwa już trzy cholerne miesiące i mamy naprawdę powyżej uszu! Jestem zapisany w kolejce na operację kolana i co będzie, kiedy nadejdzie mój termin? Bardzo chciałbym to wiedzieć!

– Rozumiem – powiedziałam, pragnąc skierować rozmowę z powrotem na temat Imogeny i przyczyn tej sytuacji, która wydawała się już wymykać spod kontroli. – To musi być ogromne obciążenie dla państwa. I właśnie dlatego tak bardzo chcemy, jako szkoła, zrobić wszystko, co w naszej mocy, żeby dotrzeć do źródła problemów Imogeny. W poniedziałek ma przyjść do szkoły specjalista, który opowie nam więcej o jej mutyzmie wybiórczym...

W tym momencie zauważyłam, że tracę pana Hinchcliffe'a, który pokręcił z rezygnacją głową.

– A co z państwa synem? – podsunęłam, zmieniając temat. – Czy rozmawialiście z nim i mówiliście, jak trudna jest ta sytuacja?

Państwo Hinchcliffe wymienili spojrzenia, a ja wyczułam, że jest tu między nimi różnica zdań.

– Nie sądzę, żeby mógł wiele zdziałać – odparła w końcu pani Hinchcliffe. – To dość skomplikowane, pani Watson – dodała. – W tej chwili oni ze sobą nie rozmawiają.

– Ach – powiedziałam, zastanawiając się, czy doda jeszcze jakieś wyjaśnienie. Ale nie powiedziała nic więcej, a mnie przyszło do głowy, że właśnie to może być kością niezgody. Może dziadkowie chcieli, żeby Imogena wróciła do domu, do ojca, a on się wymigiwał. Ale postanowiłam nie drążyć tego tematu. Na razie najważniejsze było to, żeby Imogena się otworzyła. Dopiero wtedy będę miała szansę poznać jej odczucia, które mogą być zupełnie inne niż to, co mi podsuwano. Dzieci się buntują, ponieważ cierpią, a bardzo często dlatego, że dorośli, którzy się nimi opiekują, nie słuchają ich albo stawiają swoje potrzeby na pierwszym miejscu. Dynamika rodziny jest bardzo złożona, a choćby nowa partnerka ojca była świętą, nastolatka porzucona przez matkę jest najczęściej nieszczęśliwą nastolatką, zaś nieszczęśliwa nastolatka często bywa nieprzewidywalna, kłótliwa i agresywna, czego Hinchcliffe'owie byli niewątpliwie świadomi.

– A wracając do bieżących problemów – powiedziałam. – O co właściwie chodzi z tym kluczem?

Pani Hinchcliffe nalała wrzątku do imbryka.

– Jak powiedział Mick, w tej chwili jesteśmy więźniami we własnym domu.

– Ale dlaczego zabrała klucze? Przecież nie zamykacie jej w pokoju, prawda? Przecież chodzi codziennie sama do szkoły i z powrotem...

– Och, tu nie chodzi o to, że ona miałaby uciec – odezwał się pan Hinchcliffe. – Ona to robi, żeby nam dokuczyć! My zamykamy okna na górze, więc ona zamyka drzwi na dole.

– A więc problem z kontrolą... – zamyśliłam się.

– Tak to dzisiaj nazywacie? – spytał pan Hinchcliffe, popijając herbatę. – Moim zdaniem to raczej problem ze strzeleniem jej w ucho!

Pani Hinchcliffe ustawiła filiżanki na spodkach, a ja zauważyłam, że trzęsą jej się ręce. Miała drobne, delikatne, subtelne dłonie, które wydawały się niemal przezroczyste. Podniosłam wzrok, żeby się do niej uśmiechnąć, i z zaskoczeniem zauważyłam łzy w jej oczach.

Poza tym lekko drżał jej podbródek, ale przeczucie mówiło mi, że powinnam udawać, że tego nie zauważyłam.

– No cóż, jak mówiłam – zaczęłam z ożywieniem, odwracając się do pana Hinchcliffe'a – w poniedziałek będziemy mieć w szkole specjalistę i...

– Przeklęci doktorzy – rzucił pan Hinchcliffe. – Dla nich wszystko jest cholernie proste, dla tych doktorów od głowy. Jej poprzednia szkoła wysłała ją do jednego takiego i co nam to dało? Nic. Nie, ona nie potrzebuje doktora.

Musi się tylko nauczyć, że nie może się wyżywać na babci, żeby postawić na swoim. To niegodziwe. Tak, niegodziwe. Jeśli chce się na kimś odegrać, to powinna na tych małych dupkach, którzy jej dokuczają! A nie na swojej babci; niech pani tylko popatrzy, w jakim jest stanie!

Pani Hinchcliffe przygryzła wargę, a jej oczy miotały pioruny na męża.

– Cóż, jakikolwiek jest powód tego wszystkiego – powiedziałam, dochodząc do wniosku, że możemy tę rozmowę kontynuować do północy, nie osiągając wiele więcej – może pójdę na górę i spróbuję przekonać Imogenę, żeby ze mną porozmawiała? Czy nie mają państwo nic przeciwko temu? A może nakłonię ją, żeby zeszła na dół? Wtedy razem napilibyśmy się herbaty.

Pani Hinchcliffe wyjęła z rękawa chusteczkę i dyskretnie wydmuchała nos, zaś jej mąż nalewał w tym czasie herbatę.

– Może pani spróbować – powiedziała. – Spróbować nie zaszkodzi. Chociaż nie wiem, co się pani uda osiągnąć.

– Hm, nawet jeżeli nie zacznie ze mną rozmawiać, to przynajmniej mnie wysłucha. A poza tym, w końcu będę musiała wrócić do domu, prawda? Czy może mają państwo telefon do straży pożarnej?

Pan Hinchcliffe zrozumiał żart dopiero po chwili.

Rozdział 8

Byłaś zamknięta w ich domu? – wykrztusił Mike, kiedy próbowałam mu opisać, co mi się przydarzyło. Dzwoniłam do niego, ale ponieważ bateria w moim telefonie była umierająca, zdążyłam mu powiedzieć tylko, że jestem w drodze.

Zdjęłam żakiet i rzuciłam torbę w przedpokoju.

– Ależ to śmieszne – fuknął. – A w ogóle, to co oni sobie myślą, w szkole, żeby cię tam wysyłać?

Nie mogłam powstrzymać uśmiechu. Owszem, była prawie siódma, a ja zwykle wracałam do domu przed piątą, ale w końcu to jeszcze nie noc i nie stało się nic wielkiego. To był tylko dom pary emerytów i drobnej nastolatki, a nie *Teksańska masakra piłą mechaniczną* ani *Milczenie owiec*.

Uśmiechnęłam się smutno, idąc za Mikiem do kuchni. Właściwie milczenie wchodziło tu w grę.

Weszłam na piętro, mijając rząd oprawionych rycin przedstawiających różne odmiany róż, i stanęłam na podeście zastawionym kilkoma meblami z ciemnego drewna. Toczone krzesło. Półkolisty stolik z wazonem pełnym róż, ustawionym na małej, haftowanej serwetce. Wisząca na ścianie drewniana gablotka na imponującą kolekcję naparstków. I dwa beżowe ręczniki przewieszone przez balustradę. Kurz, pomyślałam. Istny raj dla kurzu. Ten widok wzbudził we mnie niepokój. Postanowiłam, że kiedy przejdę na emeryturę, będę musiała prowadzić życie wolne od bibelotów, żeby zachować zdrowie psychiczne.

Wrażenie zatłoczenia pogłębiała też wzorzysta kwiatowa tapeta i rząd białych drzwi. Zgodnie z instrukcją pani Hinchcliffe zapukałam do drzwi na lewo od łazienki, a kiedy nie doczekałam się odpowiedzi, nacisnęłam klamkę i weszłam.

Wewnątrz było dokładnie tak, jak się spodziewałam, widząc resztę domu Hinchcliffe'ów. Ładne meble i ozdóbki, kremowe zasłony w kwiatki, kilka pogodnych obrazków, słonecznie... Prawdę mówiąc, idealna, przytulna sypialnia dla gości. I – dokładnie to samo pomyślałam, kiedy pierwszy raz zobaczyłam ubranie Imogeny – w niczym nie przypominała pokoju nastoletniej dziewczynki. Skrzywiłam się lekko, nie widząc jakiejkolwiek – a tym bardziej zabawnej – narzuty na łóżko i ani śladu zwyczajnego bałaganu z porozrzucanymi szczotkami do włosów, buteleczkami po lakierze do paznokci, skarpetkami i stanikami.

Imogena siedziała na brzegu łóżka, na pikowanej kwiecistej narzucie, ze spuszczoną głową i nosem w książce. Uniosła głowę, a kiedy mnie zobaczyła, jej twarz przybrała ten sam nieprzystępny wyraz, który już tak dobrze znałam ze szkoły.

– Cześć – powiedziałam.

Zareagowała, odkładając książkę i spuszczając nogi na podłogę. Nie wstała jednak, więc podeszłam i usiadłam obok niej.

– Możemy porozmawiać? – spytałam ostrożnie. – O tym, co cię trapi?

Poczekałam na tyle długo, aż miałam pewność, że postanowiła się nie odzywać, a w końcu wzięłam do ręki książkę, żeby zobaczyć, co czyta. Był to egzemplarz ze szkolnej biblioteki – *Podwójna rola* Jacqueline Wilson – jedna z lektur, które czytała w tym roku ósma klasa.

– Chyba tego nie znam – powiedziałam, czytając notkę na tylnej okładce i przerzucając kilka stron. Zauważyłam, że książka opowiada o siostrach bliźniaczkach, Runy i Garnet, których mama umarła; trudno było nie skojarzyć tego z życiem Imogeny. – Wygląda nieźle. Podoba ci się? Bardzo lubię książki Jacqueline Wilson, a ty? Moja córka przeczytała chyba wszystko, co napisała.

Znowu nie doczekałam się odpowiedzi, więc odłożyłam książkę i spróbowałam zmienić temat.

– No cóż, przynajmniej miałam okazję usłyszeć twój głos, Imogeno – zaczęłam. – Byłam tak zaskoczona, że sama prawie zaniemówiłam, wiesz? Ale rozumiem, że nie chcesz dzisiaj ze mną rozmawiać. Przyszłam tylko, żeby ci powiedzieć, że... hm, rozmawiałam z twoimi dziadkami i musisz wiedzieć, że wszyscy jesteśmy w to zaangażowani. Imogeno, kochanie, wszyscy chcemy ci pomóc. I jeszcze jeden drobiazg – mówiłam dalej. – Jeśli nie dostanę klucza do frontowych drzwi, nie będę mogła wrócić do domu, nie wypiję herbaty, a co najważniejsze, stracę *East Endersów*.

Siedziałam na tyle blisko, że mogłam ją szturchnąć w bok, i tak zrobiłam.

– Może więc załatwimy tę sprawę, jak myślisz?

– A więc oddała ci klucz? – spytał Mike, kiedy skończyłam mu o wszystkim opowiadać. – Tak po prostu?

– Tak po prostu – odparłam, przyglądając się talerzowi z paluszkami rybnymi, który Mike postawił przede mną, i wąchając go nieufnie. – Nie martw się, nic tu brzydko nie pachnie.

Riley weszła do pokoju w tej samej chwili, gdy Mike westchnął ciężko, słysząc mój kiepski dowcip.

– Mamo, te paluszki rybne są obrzydliwe. Po prostu obrzydliwe. Boże, popatrz tylko! Tato, spaliłeś je!

W duchu przyznawałam jej rację, ale nic nie powiedziałam. Jakoś sobie z nimi poradzę, pomagając sobie ziemniakami i rozgotowanym groszkiem.

– Ale to nie rozwiązuje problemu – powiedział Mike. – Owszem, tym razem skończyło się dobrze, ale nie jestem pewien, czy takie wizyty w domach należą do twojego zakresu obowiązków.

– Kochanie, to była moja decyzja – powiedziałam. – Nikt mnie do niczego nie zmuszał. Ale praca z rodzicami, a w tym przypadku z dziadkami, i wspieranie ich to część mojej pracy. Chcę to robić. W każdym razie cieszę się, że tam poszłam. Czuję, że dużo się dzięki temu nauczyłam.

Nie było to do końca prawdą – właściwie po tej wizycie nasunęło mi się jeszcze więcej pytań. Ale nic nie szkodzi. Przynajmniej miałam nad czym pracować. A szczególnie zadowolona byłam z tego, że Imogena tak posłusznie oddała mi klucz, kiedy o niego poprosiłam. Widocznie czuła respekt przed władzą – i miałam nadzieję, że przede mną także – a wiedziałam, że to może nam bardzo pomóc.

– Mimo wszystko – nie dawał za wygraną Mike – myślę, że to lekka przesada, żeby samotna kobieta odwiedzała wieczorami domy obcych ludzi. Wiem, że uważasz to za część swojej pracy... „superniania" i tak dalej... ale to ryzykowne. Powinnaś przynajmniej mieć włączony telefon, kochanie. Kilkanaście razy próbowałem się do ciebie dodzwonić. Nie wiedziałem, co się dzieje!

Nie czułam się z tym dobrze. Zdawałam sobie sprawę, że nie całkiem radzę sobie z obsługą komórki. Często zostawiałam ją włączoną w szkole i zdarzało się, że zaczynała dzwonić w czasie zebrania, albo zapominałam, że wyłączyłam, i ludzie całymi godzinami próbowali się ze mną skontaktować. A jeśli idzie o pamiętanie, żeby na noc podłączyć telefon do ładowania – sprawa była zupełnie przegrana.

– Raczej „nie wiedziałem jak usmażyć paluszki rybne"! – roześmiała się Riley i wybiegła do przedpokoju.

– Wychodzę z Davidem, wrócę o dziesiątej! – krzyknęła, uchylając się przed ścierką do naczyń w ręce Mike'a.

– Były pyszne, kochanie – powiedziałam, oddając mu pusty talerz. – A jak ci minął drugi dzień studiów, Kieron?

Mój dzień natomiast wcale jeszcze nie minął. Nie zawsze tak było. Kiedy zaczynałam pracę w szkole, miałam kilka przerw w ciągu dnia, żeby zdążyć z papierkową robotą. Ale ponieważ do Jednostki trafiało coraz więcej dzieci, taki luksus był teraz już tylko wspomnieniem. Jednak nie przeszkadzało mi to. Gdybym była zwyczajnym nauczycielem i tak miałabym te obowiązki. Chociaż czasami padałam z nóg, gdy nadchodził piątek, byłam zadowolona z nowych doświadczeń.

Okazało się, że drugi dzień był dla Kierona „super", więc choć obgryzał palce – nieomylny znak, że jest czymś zestresowany – pocieszałam się, że jest to pożyteczny rodzaj stresu. Kiedy więc opowiedział mi, jak razem z Si przygotowywali muzykę do prezentacji, mogłam znowu skupić się na pracy.

Ważną część moich obowiązków stanowiło pisanie szczegółowych raportów o każdym dziecku, które aktualnie miałam pod opieką. Raporty te były następnie przekazywane do działu wsparcia pedagogicznego, opiekunów klas i – jeśli trzeba – do Gary'ego, naszego urzędnika odpowiedzialnego za bezpieczeństwo dzieci, który dołączał je do dossier każdego ucznia potrzebującego dodatkowej pomocy.

W przypadku Imogeny ważnym uzupełnieniem tego, co już wiedzieliśmy, była relacja z mojej wizyty w ich domu. Wprawdzie wciąż jeszcze wielu rzeczy nie wiedzieliśmy – a powinniśmy, żeby móc jej pomóc – ale przynajmniej miałam nieco większe pojęcie o najwyraźniej trudnych i napiętych stosunkach panujących w tej rodzinie.

Pisząc, zastanawiałam się także, na ile sytuacja mogła ulec zmianie. Odkąd zaczęłam pracować w szkole, przekonałam się, że po wizycie w domu zwykle zmieniała się relacja między mną a dzieckiem. Zmieniała się w pozytywny sposób – stawała się bardziej osobista. Spotkanie z dzieckiem poza szkolnym otoczeniem – ze wszystkimi jego regułami i zasadami – w jakiś sposób sprzyjało większej bliskości.

Oczywiście miałam świadomość, że chodziło o dziecko, które jeszcze ani razu się do mnie nie odezwało, więc nie uważałam, że nagle stałam się jej powiernicą. Tym bardziej było mi miło, kiedy następnego ranka zastałam Imogenę czekającą na mnie przy drzwiach klasy.

– Witaj, kochanie – powiedziałam, usiłując trafić kluczem do zamka; dotkliwie odczuwałam, jak bardzo jest wcześnie. – Jesteś w samą porę. Czy byłabyś tak miła i wzięła ode mnie torbę, żebym mogła otworzyć drzwi? Tym głupim zamkom przydałoby się trochę WD-40.

Jeśli dostrzegła ironię w moich słowach, to nie okazała tego. Zdjęła mi jednak torbę z ramienia, dzięki czemu mogłam utrzymać książki, które niosłam w jednej ręce, a drugą starać się obrócić klucz w zamku drzwi do klasy.

Gdy już znalazłyśmy się wewnątrz, poszła wprost do mojego biurka i ostrożnie położyła na nim torbę. Potem podeszła do tablicy wiszącej na ścianie i podczas gdy ja nalewałam wodę do czajnika i włączałam go, stała, oglądając nowe prace, które tam przypięłam poprzedniego popołudnia. Jedną z rzeczy, które dodałam, była kopia napisanego przez Henry'ego scenariusza przedstawienia o rozwiązywaniu konfliktów. Imogena przyglądała mu się uważnie.

– Jest niezły, prawda? – zawołałam. – Jeśli idzie o Henry'ego, pozory mogą mylić, co już na pewno zauważyłaś.

Skinęła głową, a nawet spojrzała na mnie i uśmiechnęła się. Ale to nadal było dziwne uczucie, przebywać w klasie sam na sam z kimś, kto się nie odzywa. Pomyślałam o aktorach grających na tle zielonego ekranu; o tym, jak udaje im się walczyć z cyfrowo stworzonymi potworami, które muszą sobie wyobrazić, a nie mogą zobaczyć. Dziwnie było mówić w próżnię; wydawało się to czymś nienaturalnym. Nagle przyszło mi do głowy, że Imogena musi czuć się jeszcze dziwniej – słysząc słowa, ale nie mogąc na nie odpowiedzieć. Zastanawiałam się, czy próbowała. Nie potrafiłam sobie wyobrazić, jakie to może być uczucie. Ta niemożność miała niewątpliwie podłoże psychologiczne, ale czy Imogena odczuwała ją także fizycznie? Czy rozpaczliwie chciała coś powiedzieć, ale ciało nie podporządkowywało się mózgowi?

A może to nie było tak? Może raczej chodziło o to, że podjęła decyzję i trzymała się jej? Albo jak z moimi niezliczonymi próbami rzucenia palenia: miała nad tym fizyczną kontrolę i zmuszała się, by wytrwać i nie otworzyć ust?

Właśnie kiedy rozmyślałam o tym wszystkim, zauważyłam, że Imogena przygląda się czemuś, a jej wargi się poruszają, zapewne zgodnie z tym, co czytała. Nie zauważyłam tego wcześniej. Potem podeszła ze swoim zeszytem do stolika dziewczynek i zaczęła czytać – znowu poruszając wargami.

Czy na pewno?

– Co takiego, kochanie? – spytałam swobodnie, nasypując kawę do kubka. – Nie dosłyszałam, co mówiłaś. Mogłabyś powtórzyć?

– Myślałam, że ona... – zaczęła, lecz nie dokończyła, ponieważ woda w czajniku zaczęła wrzeć.

Wyłączyłam go.

– Przepraszam, kochanie?

– Myślałam, że ona może... – szepnęła. A przynajmniej wydawało mi się, że szepnęła.

Wyszłam zza mojego biurka.

– Myślałaś, że ktoś może co? – spytałam.

Ale kiedy tylko zaczęłam iść w jej stronę, wyglądało, jakby w niej też coś się przełączyło. Zupełnie jakby zatrzasnęły się okiennice – tak nagła i radykalna była zmiana. Jakby mentalnie uciekła przede mną, w najdalszy zakątek swojego umysłu.

Postanowiłam nie naciskać. Na razie po prostu zastanowię się nad tym. Zanotuję wszystko, kiedy wypiję kawę, a potem pomyślę, co to mogło znaczyć. To był przełom – wielki przełom – i na początek wystarczy. A kiedy kilka sekund później wpadł Gavin – którego jak zwykle rozpierała energia – mój umysł zaczął pracować na wyższych obrotach. Naprawdę muszę powiedzieć jego rodzicom o lekach, odnotowałam w pamięci.

Pora zakasać rękawy, Casey, pomyślałam, gdy tuż za nim pojawiła się cała reszta. Niech się zacznie dzisiejsze szaleństwo.

Rozdział 9

Kiedy w następny poniedziałek szykowałam się do pracy, było już jasne, że nadchodzi zima. Zaczął się październik i nie tylko rano dłużej było ciemno, ale i temperatura szybko spadała. Trzęsąc się z zimna w sypialni po szybkim, z konieczności, prysznicu, zanotowałam w myślach, żeby poprosić Mike'a o zresetowanie regulatora ogrzewania i gorącej wody. Prysznic był szybki z powodu braku ciepłej wody, a nie czasu; dzięki zaplanowanemu spotkaniu z lekarzem wyjątkowo nie musiałam się spieszyć – mój kolega Jim Dawson miał mnie zastąpić na porannych lekcjach.

Chociaż stanowiska moje i Jima nazywały się tak samo, mieliśmy zupełnie inny zakres obowiązków. Wówczas żadne z nas o tym nie wiedziało, ale początkowo do obsadzenia było tylko jedno stanowisko, więc właściwie zaczynaliśmy jako rywale. Jednak kiedy oboje przedstawiliśmy prezentacje na temat tego, jak można poprawiać zachowanie i rozwijać wrażliwość emocjonalną dzieci, władze szkoły najwyraźniej zmieniły zdanie. Widząc sens skorzystania z naszych całkiem odmiennych pomysłów i podejścia, postanowiono stworzyć dwa stanowiska i, chociaż było to spore obciążenie dla budżetu, zatrudnić nas oboje, przydzielając nam zadania zgodnie z tym, jak my sobie je wyobrażaliśmy. Oddano nam też do dyspozycji asystentów dydaktycznych i personel wspierający nauczanie.

I oto, co zrobiliśmy: podzieliliśmy obowiązki odpowiednio do naszych skłonności i umiejętności – ja prowadziłam Jednostkę, zaś Jim był bardziej „wędrownym" pedagogiem: często można było go spotkać przemierzającego szlaki szkolnych korytarzy w poszukiwaniu jakiegoś zbłąkanego lub wagarującego dziecka. Zwykle jednak pracował w klasach, wzywany w miarę potrzeb. Jeśli któryś z nauczycieli miał problem z wyjątkowo niesfornym uczniem, zwracał się właśnie do Jima, by obmyślić sprytny plan zapanowania nad chaosem.

Tego ranka jednak Jim miał zapanować nad ewentualnym chaosem, jaki mógłby powstać w mojej małej grupce – przy sprawnej pomocy Kelly. Ja powinnam tylko przygotować poranne zajęcia i choć wiedziałam, że nie muszę organizować wszystkiego do najdrobniejszego szczegółu, mój perfekcjonizm nie pozwolił mi tego nie zrobić.

I wyglądało na to, że nie tylko ja pospieszyłam się tego dnia z przyjściem do szkoły. Kiedy minęłam portiernię, pierwszymi osobami, jakie zobaczyłam, byli Henry i mały Ben siedzący spokojnie na dwóch spośród czarnych siedzisk przeznaczonych dla gości i rodziców.

– Dzień dobry, chłopcy – powiedziałam, przyglądając się im z zaciekawieniem. – Jest jeszcze stanowczo za wcześnie, żebyście zdążyli wpakować się w jakieś kłopoty. A więc czyżbyście czekali na mnie?

Obaj poderwali się, a Henry uśmiechnął się do mnie szeroko.

– Właśnie tak – odparł. – Prawda, Ben?

Ben przytaknął.

– Żeby pani powiedzieć, że będziemy mieć oko na wszystko. No, dopóki pani nie wróci po obiedzie... bo wróci pani, prawda?

Byłam niemal pewna, że była to najdłuższa wypowiedź, jaką dotąd usłyszałam z ust Bena. Co było bardzo miłe. Ja sama do tej pory nie miałam z nim większych trudności, ale bez wątpienia poprzedzała go opinia chłopca sprawiającego problemy.

Ucieszyłam się też, widząc, że między nimi dwoma wyraźnie zadzierzgnęła się jakaś więź i postanowiłam sprawdzić, czy chodzą do szkoły tą samą drogą, ponieważ nie po raz pierwszy wydawało mi się, że przyszli razem.

– Tak, wrócę – zapewniłam go. – I bardzo wam dziękuję za pomoc. Dobrze jest wiedzieć, że mam kogoś, kto zadba, żeby wszystko szło gładko.

– I będziemy też pilnować Imogeny, proszę pani – dodał Henry. – A ja nie będę się wdawał w żadne kłótnie z Shoną. To tak na wszelki wypadek, gdyby się pani nad tym zastanawiała.

– Hm, to też dobrze wiedzieć, Henry – powiedziałam, starając się nie roześmiać, po czym pogłaskałam po głowie najpierw wyższego, potem niższego z chłopców. – Teraz mogę iść na spotkanie i o nic się nie martwić, prawda? Dziękuję wam obu – zerknęłam na wielki zegar na ścianie. – Ale jeśli się nie mylę, zaraz będzie dzwonek, więc jeśli zamierzacie być moimi tajnymi pomocnikami, to lepiej już zmykajcie. Nie będziecie mogli mi pomóc, jeżeli pan Dawson odeśle was za spóźnienie, prawda?

Popędzili, a ja skierowałam się do pokoju nauczycielskiego na kawę. Miałam jeszcze dwadzieścia minut i zamierzałam je wykorzystać.

W pokoju nauczycielskim panował ruch i gwar, jak zawsze o tej porze dnia. Wszyscy krzątali się, zbierając papiery, robiąc ostatnie notatki, zaznaczając coś w książkach – krótko mówiąc, starali się zdążyć zrobić jak najwięcej w jak najkrótszym czasie, zanim rozlegnie się znienawidzony dzwonek. I nieważne, z jak wielką pasją podchodziliśmy do swojej pracy – kiedy rytm dnia podlega tyranii dzwonka, każdy reaguje jak pies Pawłowa; jego dźwięk oznacza: „Już pora! Lepiej bądź gotów!"

Kilka chwil później pokój opustoszał jak za dotknięciem czarodziejskiej różdżki, a ja zostałam sama, z kubkiem parującej kawy i w optymistycznym nastroju. Drobiazgi wprawiały mnie w dobry humor, tak jak dzisiaj – wystarczyła życzliwość Bena i Henry'ego, żeby dzień zaczął się dobrze.

Mimo ich dobrze udokumentowanej skłonności do rozrabiania i wybuchów agresji, miałam słabość do tych dwóch chłopców. Zapewne była to specyfika mojej pracy – umiejętność odkrycia dobrej strony w trudnym dziecku jest w niej bardzo ważna – ale mimo wszystko podobało mi się, że czuję to, co robię.

Obaj chłopcy mieli nieuporządkowane życie i ogromne problemy z poczuciem własnej wartości, a ja byłam szczególnie zadowolona, widząc, że Ben – którego dopiero zaczynałam poznawać – wykazuje potencjał nawiązywania bardziej produktywnych relacji z rówieśnikami.

Próbowałam sobie wyobrazić, jak to jest być nim. Według dokumentów to jego narodziny doprowadziły do śmierci matki. Zaniedbała wizyty w klinice położniczej i cierpiała na niezdiagnozowany stan przedrzucawkowy, który – niestety – został wykryty zbyt późno i spowodował jej śmierć. Tak więc jej nowonarodzone dziecko zabrał do domu wstrząśnięty i zrozpaczony ojciec, który nie miał pojęcia, jak się zabrać za jego wychowanie.

Nie mając w pobliżu żadnych krewnych, tata Bena nie miał wyboru i nie mógł znikąd oczekiwać wsparcia. Z tego, co mówił mi Gary Clark, w ostatnich latach zaczął też pić, a kiedy był pijany, regularnie wypominał swojemu przerażonemu, oszołomionemu synowi, że gdyby nie on, jego matka wciąż by żyła.

Cóż za ciężar dla dziecka. Nic dziwnego, że biedny Ben cały czas chodził wściekły.

Jednak kiedy szłam z pokoju nauczycielskiego do gabinetu Gary'ego, myślałam przede wszystkim o Imogenie. Imogenie, która w piątek zaczęła do mnie coś mówić – a instynkt podpowiadał mi, że było to coś ważnego. Dlatego nie mogłam się doczekać, kiedy usłyszę, co ów specjalista będzie miał do powiedzenia i jaką strategię zaproponuje, żeby skłonić ją do mówienia.

Pan Gregory był doświadczonym terapeutą zajmującym się problemami mowy i języka, szczególnie zainteresowanym mutyzmem wybiórczym. Z przyjemnością przekonałam się, że wcale nie jest bardzo przerażający. To głupie i sama siebie za to karciłam, ale zawsze byłam trochę onieśmielona, kiedy miałam do czynienia z poważnymi profesjonalistami. Wierzyłam w moje umiejętności, ciężko pracowałam i wiedziałam, że jestem wystarczająco dobra, by zajmować swoje stanowisko – ale po prostu nie potrafiłam nie myśleć o tym, że nie mam odpowiednich dokumentów, by to udowodnić. Nie żeby ktoś mi to wypominał – koledzy zawsze darzyli mnie szacunkiem – ale co jakiś czas odzywał się w mojej głowie głos podszeptujący, że powinnam uważać się za szczęściarę, mogąc zaliczyć się do tego grona, mimo że Mike wciąż powtarzał mi, żebym nie była głupia.

Tymczasem zupełnie nie było się czego bać i natychmiast poczułam się swobodnie. Był to przemiły mężczyzna około sześćdziesiątki, a ja szybko zdałam sobie sprawę, że spotkanie nie będzie przebiegać w tak oficjalnej atmosferze, jak sądziłam.

– Proszę to odłożyć – powiedział ze śmiechem, widząc, jak Gary i ja wyjmujemy długopisy i notesy. – Nie przyszedłem wygłaszać wykładu, tylko porozmawiać o tym, co już wiemy o tej dziewczynce, i przekonać się, czy mogę zaproponować jakieś rozwiązania, żeby skłonić ją do mówienia. Oczywiście – dodał – to, czy tak się stanie, a tym bardziej kiedy, zależy w znacznej mierze od tego, czemu postanowiła milczeć.

– A więc to jest tak, że dziecko postanawia przestać mówić? – spytałam.

Pan Gregory gestem odpowiedział „tak i nie".

– Mówienie o tym w tych kategoriach jest znacznym uproszczeniem, ale do pewnego stopnia tak; to bardziej zaburzenie lękowe niż fizyczne, niezależnie od tego, czy świadome, czy nie. Zwykle jest tak, że coś przytrafia się dziecku mającemu nerwowe usposobienie, często dziedziczone po którymś z rodziców.

Zdałam sobie sprawę, że zastanawiam się, o które z rodziców chodzi w tym przypadku. O mamę czy tatę? Dobrze byłoby wiedzieć już choćby tyle.

– Dzieci cierpiące na mutyzm wybiórczy – mówił dalej pan Gregory – mogą mówić normalnie w otoczeniu, w którym czują się swobodnie, na przykład w domu, ale nie są w stanie porozumiewać się w stresujących sytuacjach, czego najbardziej oczywistym przykładem w przypadku większości dzieci jest szkoła. To często zaczyna się w bardzo młodym wieku, zwykle przy pierwszym kontakcie z przedszkolem albo szkołą, i wymaga starannej, konsekwentnej opieki, jeśli nie ma się przerodzić w samospełniające się proroctwo. Niestety, to jedno z tych zaburzeń psychicznych, które same się napędzają, więc ostatnia rzecz, jaką powinno się robić, to czekać, aż problem sam się rozwiąże. Nie można liczyć na to, że z czasem będzie lepiej, bo najpewniej nie będzie. Ale jest też inny rodzaj mutyzmu wybiórczego, wywoływany przez konkretne stresujące wydarzenie lub nagłą traumę. Ten rodzaj jest o tyle inny, że zazwyczaj następuje bardziej świadome zaniechanie mówienia. Dzieci postanawiają przestać mówić, starając się w ten sposób wycofać z sytuacji, której nie potrafią znieść. Również w tym przypadku, jeśli pozostawi się dziecko samemu sobie, rokowania są złe i zaburzenie to może się przerodzić w poprzedni rodzaj, ze wszystkimi negatywnymi konsekwencjami.

Pan Gregory przerwał, żeby zaczerpnąć tchu, i uśmiechnął się.

– Czy to ma dla państwa jakikolwiek sens?

Gary skinął głową, a ja powstrzymałam chęć sięgnięcia po notes. Bardzo chciałam wszystko to sobie zapisać.

– Jak najbardziej – przytaknął Gary. – I przypuszczam, że pierwsze, co powinniśmy zrobić, to ustalić, jak w tym schemacie mieści się Imogena. Oczywiście nie milczy od przedszkola, w każdym razie tak wynika z jej dokumentów, a z tego, co usłyszeliśmy od jej dziadków – zerknął na mnie – w domu jest całkowitym przeciwieństwem nieśmiałej, nerwowej dziewczynki.

Przytaknęłam.

– Widziałam to na własne oczy, kiedy byłam u nich w domu. Z tego, co widziałam, Imogena nie jest szczególnie zalęknionym dzieckiem, a raczej trudnym i głęboko nieszczęśliwym.

– A więc słyszała pani, jak mówi? – spytał pan Gregory.

– I tak, i nie. Słyszałam, jak krzyczy, ale nie widziałam jej wtedy. Dziadkowie powiedzieli mi, że jest bardzo głośna i wymagająca, ale kiedy mnie zauważyła, natychmiast przestała mówić.

– W takim razie myślę, że właśnie odpowiedziała pani na pytanie pana Clarka – powiedział pan Gregory. – A z notatek, które mi pani przesłała, wyłania się dość jasny obraz. Mutyzm wybiórczy Imogeny jest najprawdopodobniej posttraumatycznym mechanizmem obronnym. Wobec tego kluczowe znaczenie ma zidentyfikowanie przyczyny, która wywołała taką reakcję. A to jest oczywiście duże wyzwanie, ponieważ jeśli nie znajdziemy sposobu, by do niej dotrzeć, ona sama wam o tym nie powie.

– Właściwie próbowała do mnie mówić – powiedziałam. – A przynajmniej tak mi się wydaje. W zeszły piątek.

Opowiedziałam im obu o tych kilku słowach, które udało się wypowiedzieć Imogenie, i o tym, że rozmyślałam nad nimi przez cały weekend.

– Może chodzi o matkę? – zastanawiał się Gary. – Ciekawie byłoby dowiedzieć się czegoś więcej o całej tej sytuacji, prawda? Co się wtedy wydarzyło? Chyba dość rzadko się zdarza, żeby matka tak zupełnie porzuciła swoje dziecko?

– I w dodatku tak nagle – dodałam.

– Wygląda na to, że odejście matki mogło być przyczyną – powiedział pan Gregory. – Chociaż to się wydarzyło już ładnych parę lat temu, prawda? – Oboje przytaknęliśmy. – Natomiast jej mutyzm zaczął się dość niedawno, to kwestia kilku miesięcy, tak? A co z babcią? Jak tam wygląda sytuacja?

– Trudno powiedzieć – odparłam. – Chociaż wiem, że oboje dziadkowie są na skraju wytrzymałości. Oczywiście jest jeszcze macocha, podobno także zdesperowana; prawdę mówiąc, wydaje się, że to głównie na nią spadały skutki stresu Imogeny. Właśnie dlatego dziewczynka teraz mieszka z dziadkami – ponieważ macocha już nie radziła sobie z jej napadami złości.

– Oczywiście byłoby najlepiej – rzekł Gary – gdyby to sama Imogena powiedziała nam, co jest nie tak, prawda?

– Cóż – powiedział pan Gregory. – Właśnie po to tu jestem. Żeby podsunąć wam rozwiązania, które mogą doprowadzić do tak szczęśliwego zakończenia. A więc, na początek...

Teraz otworzyłam notes.

Półtorej godziny i cztery kubki kawy później Gary i ja czuliśmy się niemal przytłoczeni informacjami. Wyglądało na to, że metod rozwiązania zagadki milczącego dziecka jest co najmniej tyle, ile możliwych przyczyn. I dowiedziałam się czegoś jeszcze – że mnóstwa rozwiązań, o których czytałam w internecie i które wydawały mi się całkiem logiczne, należy absolutnie unikać. Wracając do pokoju nauczycielskiego, uśmiechnęłam się w duchu na myśl, że akurat o tym nie powinnam wspominać Mike'owi. Mój mąż, zupełnie niekompatybilny z wynalazkami epoki cyfrowej, zawsze sceptycznie podchodził do moich poszukiwań w internecie i „faktów", które tam znajdowałam.

– Internet nie jest bogiem, Casey – mawiał często z wyższością. – To, że coś wyczytałaś w cholernym Gogle'u, czy jak to się tam nazywa, nie oznacza, że poznałaś prawdę objawioną.

Jednak pamiętając o tym, postanowiłam wykorzystać godzinę, jaka została mi do lunchu; spędziłam ją w zacisznym zakątku pokoju nauczycielskiego, gdzie miałam do dyspozycji komputer i książki, próbując stworzyć – albo przynajmniej zacząć tworzyć – plan strategii, jaką będziemy mogli zastosować w przypadku Imogeny.

Myślałam, że ona może... co? To było pierwsze pytanie, na które chciałam znaleźć odpowiedź. Może wrócić do domu? Może odesłać mnie do taty? Może mnie porzucić? Instynkt podpowiadał mi, że jeśli się tego dowiem, będę na dobrej drodze do sukcesu.

Rozdział 10

Kiedy wieczorem wróciłam do domu, kipiałam od emocji. W głowie miałam zamęt od wszystkiego, czego się dowiedziałam, i czułam, że jestem bliska przełomu. Wiedziałam, że muszę tylko opracować i zastosować odpowiednią strategię i... bingo! Jeszcze nie wymyśliłam, jaka dokładnie miałaby to być strategia, ale postanowiłam iść za ciosem.

– A więc po podwieczorku – oznajmiłam Mike'owi, kiedy mył ręce przy kuchennym zlewie – zamierzam rozłożyć warsztat na stole w jadalni i dokończyć pisanie planu. Wiem, że mi się uda.

– Co ci się uda?

– Nakłonić Imogenę do mówienia, oczywiście. Nie słuchałeś tego, co mówiłam?

Dopiero niedawno wrócił do domu i wydawał się zmęczony – wcześnie wstał tego dnia. Mimo to naburmuszyłam się, ale on się nie przejął.

– Case, kochanie – powiedział. – Wiesz, jaka powinna być ta twoja „strategia"? Podać jej dawkę czegokolwiek, co masz pod ręką. Byle nie za dużą – dodał, roztropnie odsuwając się poza zasięg mojej ręki. – Inaczej biedny dzieciak nie będzie wiedział, kiedy się zamknąć!

Kieron, który siedział w salonie, rzekomo oglądając telewizję, ryknął śmiechem.

– Dobrze powiedziane, tato! – zawołał.

– Przestańcie – oburzyłam się. – To jest naprawdę ważne!

– Kochanie, wiem, że to ważne – powiedział, już bardziej poważnie, Mike. – I cieszę się, że miałaś dobry dzień. Ale to przynoszenie pracy do domu... Chyba mówiłaś, że będziesz się starała tego nie robić. A w każdym razie nie tak często. Może dla odmiany po prostu usiądziemy i pooglądamy *East Endersów*? Wiesz, tak jak kiedyś. W dawnych czasach.

– Właśnie, mamo – wtrącił się Kieron. – A co z nami? Niedługo to my będziemy zaniedbywanymi dziećmi.

– Och, daj spokój! I nie jesteście już dziećmi. A ja nie robię tego cały czas, prawda? To jest po prostu skomplikowana sprawa i naprawdę chcę ją rozwiązać.

Riley, która także zdążyła wrócić z pracy i właśnie wyjmowała z wolnowaru potrawkę i knedle, parsknęła kpiąco.

– Sprawa do rozwiązania! Mamo, za kogo ty się uważasz? Columbo? Zlituj się!

Odpowiednio skarcona, wzięłam swój talerz z potrawką i zaczęłam jeść. Czułam się upokorzona. Wiedziałam, że tylko się ze mnie nabijali, ale może naprawdę traktowałam swoją rolę zbyt poważnie? A może wcale nie – może właśnie tak powinnam ją traktować, ale jednocześnie trochę rzadziej mówić o tym w domu? Z mieszanymi uczuciami patrzyłam, jak Riley i Kieron śmieją się razem ze swoim tatą z czegoś, co poprzedniego wieczoru oglądali w telewizji. Ja wtedy siedziałam z nosem w papierach i chyba rzeczywiście powinnam zrobić sobie przerwę, ale moja praca była naprawdę dość poważna. I nic nie zrobi się samo. Powinnam nauczyć się lepiej zarządzać swoim czasem. Zostawać w szkole trochę dłużej, żeby po powrocie do domu móc z nimi usiąść i obejrzeć *East Endersów*.

Po podwieczorku tak właśnie zrobiłam.

Później jednak udało mi się znaleźć godzinkę, więc następnego ranka nie mogłam się doczekać, kiedy dotrę do szkoły; miałam tylko nadzieję, że obejdzie się bez dramatu w stylu mydlanej opery. Najważniejsze, czego się dowiedziałam – pośród całego medycznego żargonu – to że cały czas niewłaściwie podchodziłam do problemu i nieświadomie utwierdzałam Imogenę w jej postanowieniu, a mówiąc ściślej, w przekonaniu o niemożności mówienia. Pozwalając się jej wycofać i nie zachęcając do większej interakcji z kolegami i ze mną, dawałam jej zielone światło, by zachowała milczenie.

Oczywiście wydawało mi się to logiczne. Przywykłam do tego, że straumatyzowane i nieśmiałe dziecko należy traktować delikatnie, dać mu czas, żeby przywykło do nowego otoczenia i nieco okrzepło, zanim zacznie wychodzić ze swojej skorupy. Jednak według pana Gregory'ego takie podejście nie przynosi rezultatów. Powinnam sięgnąć po techniki terapii behawioralnej, żeby pokazać Imogenie, że zachowanie milczenia nie jest rozwiązaniem – w każdym razie nie przez tak długi czas. Nie powinnam nagradzać jej za milczenie – w ten sposób tylko utrwalałam to zachowanie –

lecz chwalić za każdą próbę nawiązania komunikacji, trenując jej podświadomość tak, żeby mówienie przestało być źródłem strachu.

Na początek postanowiłam przez kilka dni obserwować jej różne reakcje na próby rozmowy z nią, podejmowane przeze mnie i przez pozostałe osoby z grupy. Inni uczniowie zwykle ją po prostu ignorowali – co było formą izolacji lub odreagowania; pozwalali jej odejść bez słowa, jak często postępuje starsze rodzeństwo z młodszymi dziećmi.

W moim przypadku najczęściej była to improwizacja. Jeśli w klasie kierowałam na nią uwagę pozostałych, zazwyczaj spuszczała głowę i patrzyła w dół, trochę jak małe dziecko kierujące się logiką „jeśli ja cię nie widzę, ty też mnie nie widzisz". I intensywnie się czerwieniła; po części z tego wynikała skuteczność jej strategii, ponieważ nie chcąc dodatkowo stresować i tak już zestresowanego dziecka, dawałam jej spokój.

Teraz jednak nadeszła pora na szorstką miłość. Oczywiście żadnego nagłego zwrotu – uznałam, że to byłoby dla niej zbyt dużym stresem – ale powolna zmiana w kierunku bardziej zdecydowanej strategii. Teraz, kiedy wywołam ją w klasie, nie odpuszczę, dopóki nie doczekam się jakiejś reakcji – jakiejkolwiek, nawet jeśli nie zacznie mówić. Może skinąć albo pokręcić głową, podać coś mnie albo komuś innemu. Najważniejsze było to, żeby stała się bardziej dynamiczną częścią grupy, żeby nie mogła znowu zamknąć się w sobie.

I do czwartku zaczęłam już dostrzegać pewne postępy. Na tyle duże, że gdy nadszedł piątkowy poranek, postanowiłam spróbować czegoś bardziej radykalnego.

Pracowaliśmy wtedy nad emocjami; oczywiście, ten temat powracał dosyć często w czasie zajęć w Jednostce. Poprzedniego dnia dzieci wycinały z papieru wielkie fajerwerki, które zamierzałam wykorzystać na piątkowych zajęciach. W końcu zbliżała się Noc Ognisk. W naszym przypadku chodziło jednak przede wszystkim o empatię wobec Guya Fawkesa. W odróżnieniu od nieszczęsnego spiskowca, empatia jest wieczna.

– A teraz – powiedziałam, przypinając rakietę i biorąc do ręki pisak – chciałabym, żebyście podali mi słowa opisujące negatywne emocje, dobrze? Będę wywoływała was po imieniu, wtedy każde z was krzyknie jedno słowo, a ja zapiszę je na tej wspaniałej rakiecie, gotowej polecieć w kosmos. Wszystko jasne?

Wszyscy przytaknęli.

– Taa – potwierdził Ben. – A co z drzewem?

Poleciłam dzieciom także wyciąć i pomalować duże drzewo oraz stertę jabłek, na których też można było pisać.

– Tym się zajmiemy później – odparłam. – Kiedy pozbędziemy się wszystkich negatywnych emocji, będziemy akcentować pozytywne. Wiecie co znaczy „akcentować"?

– Podkreślać, proszę pani – podpowiedziała cicho Shona.

– Świetnie, Shono – pochwaliłam, odwracając się w stronę rakiety. Ten moment, kiedy się od nich odwracam, miał kluczowe znaczenie.

– A więc – zaczęłam, unosząc pisak – hm... zobaczmy... Ben. Możesz zacząć. Podaj mi jakieś słowo.

– Mmmm... wściekły, proszę pani? – odparł.

– Bardzo dobrze, Ben – powiedziałam. – To słowo w sam raz nadaje się do tego, żeby je wysłać w kosmos –

zapisałam je, nadal odwrócona do ściany. – A więc... Shona. Ty możesz być następna. Poproszę jakieś słowo.

– Samotna, proszę pani.

Zapisałam i to.

– Teraz Henry. Możesz podać mi jakieś słowo, Henry?

– Miałem powiedzieć „wściekły", proszę pani, ale Ben mi je podebrał...

– Wcale nie podebrałem. Po prostu przyszło mi do głowy.

– Taaa, dobrze. W takim razie bójka, proszę pani – prychnął. – Moje słowo to bójka.

Miałam ogromną ochotę odwrócić się, żeby zobaczyć, czy przypadkiem nie doszło między nimi do jakiejś bójki, ale powstrzymałam się.

– Jesteś na dobrym tropie, Henry, ale to musi być słowo, które opisuje, jak się czujesz. Nie co robisz, ale co czujesz. Rozumiesz? Przychodzi ci coś takiego do głowy?

– A wystraszony, proszę pani? – powiedział w końcu.

– Doskonałe słowo, Henry. Dziękuję – dodałam je do rakiety. – A teraz... niech pomyślę. Imogena. Tak, Imogena. Jakie będzie twoje słowo?

Zamarłam z uniesionym pisakiem, wiedząc, że wszystkie oczy, oprócz moich, wpatrują się w Imogenę. Cisza się przedłużała, ale ja nawet nie drgnęłam.

– Czy chodziło pani o mnie? – spytała w końcu Molly. – Bo jeszcze nie ma pani mojego słowa. Już je wymyśliłam. Moje słowo to „zmartwiona".

– Nie, kochanie – odparłam udając, że sprawdzam szereg już zapisanych słów. Byłam pewna, że wszyscy są oszołomieni tym, że się nie odwracam. – To świetne słowo i na pewno je wykorzystamy, ale teraz jest kolej Imogeny. Imogeno, wymyśliłaś już coś?

Cisza była wręcz ogłuszająca. A ja już byłam bliska odpuszczenia, gdy nagle wyraźnie usłyszałam słowo „smutna" wypowiedziane cichutkim głosem, zupełnie nie przypominającym tego, co słyszałam przez drzwi domu jej dziadków.

– To twoje słowo, Imogeno? – spytałam, mając nadzieję, że to ona powiedziała, a nie któryś z chłopców. Ale cisza wskazywała, że to rzeczywiście ona się odezwała.

– Smutna – powiedziała jeszcze raz, odrobinę głośniej.

– Smutna – powtórzyłam. – Doskonałe słowo, Imogeno. Dobra robota.

Szybko dodałam je do listy i w końcu się odwróciłam. Imogena wydawała się spięta – nie przychodziło mi do głowy żadne inne słowo, żeby to opisać – i wyglądała, jakby miała się lada moment rozpłakać. Molly, która siedziała obok niej, wpatrywała się w nią z otwartymi ustami, a pozostałe dzieci patrzyły po sobie, wyraźnie zdumione. Teraz będę musiała wrócić do tematu zajęć, zanim uwaga wszystkich stanie się dla Imogeny nie do zniesienia.

– Dobrze – powiedziałam. – Molly. Możesz mi przypomnieć, jak brzmiało twoje słowo?

– Zmartwiona, proszę pani – odparła i odwróciła się do Imogeny. – Jest trochę podobne do twojego, prawda? Prawda, proszę pani?

Potwierdziłam, że istotnie jest podobne. Podobne, a jednak trochę inne.

– A teraz Gavin. Moja mała żywa błyskawica. Jakie jest twoje słowo?

Wiedziałam, że choć napięcie jeszcze nie opadło, niedługo tak się stanie. Byłam pewna, że Gavin wyskoczy z czymś zwariowanym.

I nie zawiódł mnie.

– Złyśliwy! – zawołał, dla większego efektu boksując powietrze. Wszyscy parsknęli śmiechem.

– Wezmę tylko pierwszą część, Gavin – oznajmiłam, również się uśmiechając. – Nie jestem pewna, czy słowo „złyśliwy" trafiło już do słowników. W końcu na pewno trafi, ale na razie „zły" najzupełniej wystarczy. To zaś oznacza, że możemy zająć się jabłkami – dodałam, podekscytowana przełomem, który udało mi się osiągnąć.

– To było po prostu niesamowite – opowiadałam z entuzjazmem Kelly i Gary'emu w czasie lunchu. – Nie mogłam uwierzyć! To znaczy, wiem, że właśnie dlatego zaprosiliśmy eksperta i obmyślaliśmy strategię, że to działa, ale mimo wszystko... Działało jak w zegarku. Naprawdę nie mogłam uwierzyć – powtórzyłam. – A potem zrobiła to jeszcze raz, kiedy zajmowaliśmy się jabłkami. Powiedziała „miłość".

Kelly przytakiwała energicznie, wyraźnie podniecona nie mniej niż ja, lecz Gary, bardziej doświadczony i mniej skłonny do ekscytacji, tylko się uśmiechał.

– Hm, to rzeczywiście była jedna z rzeczy na naszej liście spraw do załatwienia – przyznał. – Teraz możesz ją wykreślić. Dobra robota, Casey. Miejmy nadzieję, że tak będzie dalej. Powiem o tym innym nauczycielom, bo przypuszczam, że teraz dobrze będzie połączyć siły. Czy uważasz, że warto zadzwonić do dziadków i powiedzieć im, że osiągnęliśmy postęp?

Pokręciłam głową, przywołując się w duchu do porządku. Owszem, to było ekscytujące, ale w szerszym kontekście nie aż tak bardzo. W końcu dwa słowa to jeszcze nie rozmowa.

– Nie – odparłam w końcu. – Wolałabym jeszcze chwilę poczekać. Jestem pewna, że uda nam się osiągnąć więcej, a wtedy będziemy mieli szansę dotrzeć do źródła problemu, prawda? A jeżeli teraz coś powiemy, a oni o tym wspomną, to może ją spłoszyć. Może się poczuć, jakby była zmuszana do mówienia. Nie, jeśli nie macie nic przeciwko temu, wolałabym jeszcze nic im nie mówić. Wypróbujmy jeszcze kilka szatańsko sprytnych trików, które mam w zanadrzu...

Oczywiście miałam je w zanadrzu – pierwsza na liście była redukcja osobowa, którą bardzo chciałam zastosować w nadchodzącym tygodniu. Jak wyjaśniłam Kelly i Gary'emu, miało to na celu danie dziecku drugiej bezpiecznej opcji. Chodzi o to, że kiedy dziecko już się przyzwyczai do rozmowy z jedną osobą w określonych warunkach, wprowadza się drugą osobę – nie po to, żeby je zmuszać do rozmowy z nią, ale jako kogoś, kto jest stale obecny i nie stanowi zagrożenia. Potem trzeba zaaranżować sytuację, w której dziecko nie może uniknąć mówienia, mimo obecności tej drugiej osoby.

– Czy nie właśnie coś takiego stało się dzisiaj rano? – spytała Kelly. – Przecież cała grupa była wtedy w klasie, tak?

– Tak i nie – odparłam. – Owszem, byli, ale mówienie przy nich wszystkich było dla Imogeny naprawdę stresujące. Tu chodzi o to, żeby mogła do mnie mówić w ich obecności, nie stresując się, stąd wprowadzenie scenariusza „dwoje na jedną".

Kelly zmarszczyła brwi.

– To brzmi bardzo technicznie.

– Wiem – odparłam. – Ale mam wszystko w notatkach, więc możesz się nie martwić. Teraz najważniejsze jest to, że w końcu piłka jest w grze, więc kujmy żelazo póki gorące.

Gary nieco się ożywił. Prawdę mówiąc, parsknął śmiechem.

– Nie zapomnij tylko odpowiednio pomieszać metafor – zażartował.

Dopiero po chwili do mnie dotarło. Ale nie przejęłam się. Przynajmniej osiągnęłam postęp.

Rozdział 11

Kolejny tydzień również przynosił postępy. Co było niesamowicie satysfakcjonujące – to wspaniałe uczucie, nauczyć się czegoś, zastosować to w praktyce i na własne oczy zobaczyć, jak działa, a dokładnie tak było w przypadku Imogeny. Nadal kierowałam na nią uwagę, tak jak to robiłam w poprzednim tygodniu, i, niczym za sprawą magii, za każdym razem Imogena odpowiadała. Jakby starała się zdecydować, czy chce uniknąć skupienia na sobie uwagi wszystkich, czy wydobycia z siebie głosu i – przynajmniej w kontrolowanych warunkach, jakie wybraliśmy – lęk przed byciem w centrum uwagi okazywał się silniejszy.

Co więcej, Kelly zmieniła swój plan zajęć tak, żebym mogła zacząć pracować nad teorią redukcji osobowej, co także przynosiło efekty. Widziałam strach na twarzy Imogeny, kiedy prosiłam ją o odpowiedź w obecności Kelly, ale byłam nieugięta.

Zaczęliśmy od małych kroków: najpierw pytanie wymagające odpowiedzi „tak" lub „nie", a na początku tygodnia pozwalałam jej tylko skinąć lub pokręcić głową. Z czasem osiągaliśmy postępy. Do tego stopnia, że na czwartek zaplanowałam następny krok – spróbować z niej wydobyć dłuższą odpowiedź.

W ramach zajęć rozwijających wyrażanie własnego „ja" zajmowaliśmy się sztuką; zadaniem na dziś było malowanie obrazków z użyciem tylko jednej farby w kolorze odzwierciedlającym konkretny nastrój. Najważniejszą częścią było to, że po ukończeniu obrazków dzieci miały rozmawiać o kolorach, jakich użyły – wyjaśnić, jakie emocje symbolizują i dlaczego dokonały właśnie takiego wyboru.

Zaczęłam od Molly, która wybrała smutek. Niebieską farbą namalowała małego, płaczącego chłopca. Potem przyszła kolej na Henry'ego, który namalował statek piratów, używając czarnego koloru; wyjaśnił, że chodziło mu o oddanie złego humoru.

Kiedy więc doszłam do Imogeny, która namalowała czerwoną farbą płonące polano, wiedziała już, co chcę od niej usłyszeć – znacznie więcej niż krótkie „tak" lub „nie".

– Świetnie, Imogeno – pochwaliłam, przypinając jej obrazek do sztalugi. – Chyba się domyślam, jaki nastrój namalowałaś, ale czy mogłabyś powiedzieć wszystkim pozostałym, co to jest?

Uniosła głowę.

– Zagniewana – powiedziała cicho.

– Tak myślałam. – Uśmiechnęłam się. – A dlaczego myślisz, że kolor czerwony przedstawia gniew? Czy dlatego, że kiedy wpadamy w gniew, robi nam się gorąco i czujemy się, jakby krew się w nas gotowała? A może dlatego, że kiedy ludzie się złoszczą, mówią czasem, że krew ich zalewa? Jak sądzisz?

Milczała, ale ponieważ dałam jej temat do przemyślenia, postanowiłam poczekać, aż w końcu wykrztusiła:

– Jedno i drugie, proszę pani.

Natychmiast potem spuściła głowę i zaczerwieniła się.

Uśmiechnęłam się do Kelly. Wszystko szło doskonale. To nie było tylko jedno niewiele znaczące słowo – Imogena brała aktywny udział w lekcji. Co znaczyło, że mogę przejść do następnego etapu strategii: opuścić klasę i pozwolić poprowadzić resztę lekcji Kelly, wiedząc – a w każdym razie wierząc – że w czasie mojej nieobecności Imogena zdobędzie się na mówienie do Kelly.

– Małe kroczki – powiedziałam, wyjmując torbę zza biurka i szykując się do wyjścia. – Ale jednocześnie ogromne skoki. To będzie wielki dzień, jeśli się uda.

– Och, cóż za presja – odparła Kelly. – Będę się czuła fatalnie, jeśli nie skłonię jej do mówienia.

Ale oczywiście udało się jej. Kiedy wróciłam do Jednostki, tuż przed lunchem, po wykorzystaniu półgodzinnej przerwy na kawę z ciasteczkiem, z wyrazu twarzy Kelly odgadłam, że się udało.

Dzieci miały za zadanie opisać swoje obrazki w zeszytach, a Kelly chodziła w tym czasie między nimi, sprawdzając i poprawiając ich prace.

– I kiedy byłam przy stoliku dziewczyn, spojrzałam i powiedziałam „Dobra robota, Imogeno”, a ona mi podziękowała! Jak to mówisz, po prostu mnie zatkało!

– Wspaniale – powiedziałam, kierując się w stronę czajnika, żeby zrobić kawę, kiedy tylko rozlegnie się dzwonek. – W tym tempie jeszcze przed świętami będziemy gawędzić o różnościach. I kto wie, może uda się ją nawet namówić do śpiewania kolęd!

– Spokojnie – ostudziła mój zapał Kelly. – Nie od razu Rzym zbudowano.

Ale wiedziałam, że jest równie dobrej myśli, jak ja. Nie mogłam się doczekać popołudnia.

Wcześniej jednak zdarzyło się coś jeszcze – coś, co mi przypomniało, że problem leży nie tyle w milczeniu Imogeny (choć to było bardzo ważne), ile w tym, co nam powie, kiedy odzyska głos.

Chłopcy popędzili na lunch, jak zwykle, ledwie rozległ się dzwonek, zaś dziewczynki – również jak zwykle – zbierały się wolniej. Shona była z natury spokojną, zorganizowaną i metodyczną dziewczynką, zaś Molly – idąc za jej przykładem, co robiła, odkąd los je ze sobą zetknął – postępowała podobnie jak ona: pakowała do plecaka wszystko, czego mogła potrzebować w ciągu następnej godziny. Imogena jednak nie ruszyła się z miejsca. Widziałyśmy, że Shona podchodzi do niej i zagaduje, zapewne mówiąc, żeby się pospieszyła, ale kiedy Imogena wyjęła małe plastikowe pudełko z drugim śniadaniem, zdałam sobie sprawę, że nigdzie się nie wybiera.

To było coś nowego. Podeszłam do stolika dziewczyn.

– Nie idziesz z nami? – zwróciła się do niej Molly, patrząc na mnie z niepokojem. Niemal widziałam, jak jej umysł pracuje w przyspieszonym tempie. Zastanawiała się, czy zrobiła coś, co mogło ją urazić. Imogena nic nie odpowiedziała.

– W porządku, dziewczynki – powiedziałam, wyczuwając, że Imogena chce, żebym wkroczyła. – Dzisiaj przyniosłaś śniadanie ze sobą? – zwróciłam się do niej. – Więc Shona i Molly już pójdą, dobrze? Możesz zabrać śniadanie do stołówki, jeśli chcesz, ale jeżeli wolisz zostać i zjeść tutaj, to nie ma problemu.

Widziałam, że właśnie na taką odpowiedź liczyła. Może zacznie codziennie przynosić drugie śniadanie – w ten sposób miałaby przynajmniej chwilę odpoczynku od presji, jaką tworzyła konieczność komunikowania się nie tylko w klasie, ale i w czasie przerwy.

– W takim razie zjem tutaj – odparła, potwierdzając to, czego się spodziewałam. Po czym spuściła głowę, jak zwykle, i otworzyła pudełko.

– Dziękuję, dziewczynki – powiedziałam do dwóch pozostałych. – Teraz lepiej już się pospieszcie, bo inaczej spędzicie pół przerwy w kolejce.

Tak też zrobiły, a kiedy Imogena wyjęła zeszyt, podeszłam do siedzącej przy biurku Kelly.

– Masz swoje kanapki? – spytała i uśmiechnęła się, zarzucając torbę na ramię.

– Chciałabym – odparłam. – Ale wiesz, jak jest. Nie da się zabrać wszystkiego.

Zawsze miałam jak najlepsze chęci, jeśli idzie o przynoszenie ze sobą kanapek, żeby zaoszczędzić trochę pieniędzy, ale nigdy nie udało mi się wyjść poza etap dobrych chęci.

– Wiesz co? – powiedziałam. – Gdybyś miała okazję, mogłabyś kupić mi coś z automatu? I jeszcze coś – dodałam, gdy nagle przyszło mi coś do głowy. – Nie spiesz się. Pomyślałam, że być może Imogena nie bez powodu chce dzisiaj tu zostać. Jak sądzisz?

Okazało się, że miałam rację.

Zrobiłam sobie kawę i, podczas gdy Imogena skubała swoją kanapkę, zastanawiałam się, co to może znaczyć. Imogena zawsze szła na lunch z Shoną i Molly. Niezmiennie. Każdego dnia. A teraz ta sprawa z przyniesieniem kanapki – co to może znaczyć? Musiała to z góry zaplanować, oczywiście zakładając, że znaczy to cokolwiek poza niechęcią do szkolnych posiłków. Z drugiej strony, jej babcia mogła chcieć zaoszczędzić, dać jej zdrowy posiłek albo po prostu przełamać rutynę, jednak byłam pewna, że gdyby chodziło o coś takiego, Imogena wiedziałaby, że może zabrać swój lunch i zjeść go w stołówce.

Nie, musiała być jakaś przyczyna. Pozostawało tylko pytanie, jak ja mam się zachować? Zająć się jakąś pracą, wypić kawę, czy siedzieć i czekać, aż się do mnie odezwie? A może podejść do niej i zapytać, czy coś ją trapi?

Zdecydowałam się na to ostatnie. W końcu ona zrobiła już najtrudniejszy krok, prawda? Teraz kolej na mnie.

Nadal nie mogłam zapomnieć o pierwszych słowach, jakie do mnie powiedziała. „Myślałam, że ona..." Co zrobi? Wróci do mnie? Zabierze mnie ze sobą? Będzie się ze mną kontaktować? Byłam pewna, że chodzi o nieobecną matkę Imogeny i że to właśnie ona ponosi odpowiedzialność za traumę dziewczynki. Nic dziwnego, prawda? W końcu podobno już wcześniej dzieci dokuczały jej w szkole, ponieważ – choć może się to wydawać niewiarygodne – osoby o rudych włosach często bywają celem prześladowania. A do tego wszystkiego jej matka tak po prostu odeszła i nie miałam wątpliwości, że to właśnie była kropla, która przepełniła czarę goryczy. Jak dziecko miało sobie poradzić z tak bolesnym odrzuceniem? Przecież to była jej matka. Nic dziwnego, że biedactwo było zdruzgotane.

Ale wkrótce miałam się przekonać, że się myliłam. Podeszłam do puszki z ciasteczkami stojącej obok czajnika i wyjęłam kilka, żeby je zjeść do kawy. Zapewne były trochę zwietrzałe, bo od dawna nie uzupełniałam zapasów, ale pomogą mi przetrwać do powrotu Kelly. Poza tym, nie będzie wyglądało, jakbym prowadziła przesłuchanie, tylko jakbyśmy razem jadły lunch.

Potem podeszłam do niej, usiadłam po drugiej stronie stolika, ugryzłam kawałek ciasteczka i powiedziałam:

– Mmmm, właśnie tego mi było trzeba. Wszystko w porządku, kochanie?

Efekt był natychmiastowy. Imogena starannie odłożyła pół kanapki do pudełka i powiedziała:

– Nie bardzo, proszę pani.

Tak po prostu. Byłam oszołomiona. A jej wielkie oczy wciąż wpatrywały się we mnie.

– Rozumiem – zaczęłam. – I trochę się tego domyślałam. Ten obrazek, który namalowałaś dziś rano... Wszystko czerwone... Czy chodzi o twoją mamę? – dodałam ostrożnie.

Wyglądała na zdezorientowaną. I nic nie powiedziała. Czyżby zamierzała znowu zamilknąć?

– Twój obrazek... – spróbowałam jeszcze raz. – Czy chodziło o odejście twojej mamy? Ja na pewno też czułabym gniew... Powiedziałaś, że przedstawia gniew, pamiętasz?

Ale ona pokręciła głową.

– Tak. To znaczy nie. Chodzi mi o to, że to nie mama.

– Nie?

– Nie. Chyba zawsze wiedziałam, że odejdzie.

Teraz to ja poczułam się zdezorientowana. Czyżbym to wszystko zupełnie źle zrozumiała?

– Więc nie to cię smuci? To że mama i tata się rozstali?

Znowu pokręciła głową. Skrzywiła się i widziałam, że jest bliska płaczu.

– Och, kochanie, nie płacz – wstałam, podeszłam do krzesła, które zwykle zajmowała Shona, tuż obok niej, i usiadłam. – Przepraszam, nie chciałam cię zasmucić. Pomyślałam tylko, że może to wszystko zaczęło się, kiedy twoja mama odeszła. A jeżeli nie... kochanie, musisz mi powiedzieć. Jeśli mi powiesz, być może będę umiała ci pomóc.

– No właśnie. – Jej głos zabrzmiał mocniej niż kiedykolwiek dotąd. – Nie może mi pani pomóc. Nikt nie może mi pomóc! – rozszlochała się, więc objęłam ją i przytuliłam. – To ona! Gerri! Nienawidzi mnie! I ja też jej nienawidzę! A mój tata jest taki głupi! – Przełknęła ślinę. – Uważa ją za ósmy cud świata, a to prawdziwa wiedźma!

Zastanawiałam się nad tym przez chwilę, przytulając ją. Powiedziała wręcz niewiarygodnie dużo i widziałam, że mówiła absolutnie szczerze. A więc babcia miała rację, przynajmniej co do tego; jej wnuczka nienawidziła swojej macochy, co samo w sobie było dość naturalne. Czasami niemal nieuniknione. Za to, że zabrała jej tatę? Odsunęła ją na bok? Za to, że w ogóle była?

– Och, kochanie – powiedziałam w końcu. – Rozumiem, jak bardzo cierpisz. I wiem, jak musi ci być ciężko. Najpierw twoja mama odeszła, a potem tata poznał kogoś nowego; dorośli są okropni, prawda? Wiem, jak może być ci trudno się przystosować do całej tej nowej sytuacji. Do wszystkich zmian. Przywyknąć do nowej, obcej osoby w twoim życiu, zwłaszcza jeżeli nie akceptujesz wyboru swojego taty. Ale wiesz co? Między tobą i tatą nic się nie zmieniło, jestem tego pewna. Zawsze będziesz jego małą córeczką, a on będzie cię kochał, a ty musisz tylko...

– Nie! – krzyknęła Imogena i odepchnęła mnie. – Nie! – powtórzyła, szlochając. – Jest pani taka sama jak moja babcia i mój dziadek! Nikt nigdy mnie nie słucha! Po co mam do kogokolwiek mówić, jeśli i tak nikt mnie nie słucha!

To był zupełnie niespodziewany i szokujący wybuch, ale Imogena najwyraźniej już skończyła. Odwróciła się ode mnie, chwyciła książkę i udawała, że czyta. Widziałam, że udaje, bo oczy miała pełne łez. Tak czy inaczej, zostałam odprawiona.

Ale wiedziałam, że nie mogę się poddawać.

– Przepraszam cię, kochanie – spróbowałam, ale mówiłam już tylko do jej włosów. – Jeśli nie powiesz mi, co się dzieje, to jak mam zrozumieć? Jeśli coś źle zrozumiałam, to musisz mnie poprawić. A ja cię wysłucham, Imogeno, obiecuję.

Ale już się stało. Byłam persona non grata. Imogena postanowiła kompletnie mnie ignorować. Spuszczoną głową, obojętnym wyrazem twarzy, całą postawą „nawet nie próbuj się do mnie zbliżać". Nieprzenikniona tarcza – ale przed czym osłaniała?

Wróciłam do swojego biurka, zabierając ze sobą ostatnie zwietrzałe ciasteczko i modląc się, żeby wszystkiego do końca nie zepsuć. Jeśli idzie o problem mówienia, wróciliśmy do punktu wyjścia. A ja miałam jeszcze co najmniej dwadzieścia minut, żeby zastanowić się, co dalej robić, zanim wróciła Kelly z pytaniem wypisanym na twarzy i kanapką z tuńczykiem oraz czekoladowym batonem.

– Cześć! – rzuciła w powietrze. – Przynoszę dary od bogów stołówki!

Imogena nawet nie uniosła głowy. Ani o milimetr.

Rozdział 12

Przez kilka następnych dni atmosfera była co najmniej napięta. Wprawdzie w klasie Imogena nadal czyniła postępy – odpowiadała na pytania zadawane przeze mnie i Kelly i utrzymywała kontakt z innymi dziećmi z grupy – ale było tak, jakby jej oczy straciły blask. Przestała się uśmiechać, mówiąc do mnie, co tak bardzo mnie cieszyło; teraz sprawiała wrażenie naburmuszonej, nieco nieprzyjaznej, a przede wszystkim znużonej. Wręcz pokonanej, jakby każdy dzień był czymś, przez co musi przebrnąć. A ja czułam się strasznie, jakby to wszystko było z mojej winy.

Wiedziałam, że to nie jest pełny obraz sytuacji i że powinnam przestać się o to obwiniać – problem był skomplikowany, a my jeszcze nie odkryliśmy jego źródła. Poza tym, co prawda nie udało mi się rozwiązać tajemnicy pierwszego zdania wypowiedzianego przez Imogenę: „Myślałam, że ona...", ale to nie znaczy, że nie próbowałam. I chociaż bardzo szybko „ukarała" mnie za to, że poszłam najwyraźniej w niewłaściwym kierunku (choć nadal nie byłam tego do końca pewna), to byłam jeszcze bardziej zdeterminowana, by dotrzeć do sedna tego, co czyniło tak nieznośnym życie tej udręczonej, nieszczęśliwej dziewczynki.

Jednak, mimo najlepszych chęci, nie miałam pojęcia, jak dalej postępować. To jeszcze dobitniej uzmysłowiło mi, jak trudno dotrzeć do źródła problemu, kiedy wywołane przez niego symptomy stanowią aż taką barierę – nie do przezwyciężenia – w komunikacji: Imogena nie mogła nam tego powiedzieć! I nie mogłam o tym porozmawiać z Garym, który w tym tygodniu pracował w jednej z pozostałych szkół, prowadząc szkolenie na temat ochrony dzieci.

Napisałam swój raport i zostawiłam jego kopie w dziale wsparcia dydaktycznego oraz Donowi, wicedyrektorowi szkoły, ale oni byli zawsze bardzo zajęci i mnóstwo problemów wymagało ich uwagi, więc nie liczyłam na jakąkolwiek pomoc z ich strony w ciągu najbliższych dni. Nie, po prostu będę musiała wytrwać, w miarę możliwości utrzymać komunikację z Imogeną i o wszystkim opowiedzieć Gary'emu, kiedy wróci do szkoły w poniedziałek.

Ale nie wzięłam pod uwagę Kierona, który pokazał mi problem z zupełnie innej strony – takiej, którą właściwie powinnam odkryć sama. To było w piątkowy wieczór; wszyscy oprócz Riley, która poszła do kina ze swoim chłopakiem Davidem, siedzieliśmy przy kolacji, a ja zaczęłam dzielić się z Mike'em frustracjami z minionego tygodnia.

Pewnie żałował, że w ogóle mnie o to spytał, ale wyrzucałam z siebie wszystko. W końcu na tym polega małżeństwo, prawda? Na tym, żeby wysłuchać żony, kiedy ma kłopoty w pracy.

– A więc oczywiście wydaje się, jakby to była moja wina – mówiłam – że wróciliśmy do punktu wyjścia. I naprawdę nie jestem pewna, jaki powinien być następny krok.

– Jak to może być twoja wina, mamo? – spytał Kieron. – Przecież ona od miesięcy się nie odzywała, tak? A teraz przemówiła. Więc to już jakiś postęp. Osiągnęłaś to, co zamierzałaś, prawda?

– Ach, gdyby to było takie proste, synu – powiedział Mike z uśmiechem wskazującym, że za moment zacznie się ze mnie nabijać. – Widzisz, nasza mała pani Watson, bez żadnego związku z doktorem Watsonem, a tym bardziej z Sherlockiem Holmesem, nie byłaby zadowolona z prostego, samodzielnego wykonania zadania, po którym mogłaby sama poklepać się po plecach i odpocząć. Nie, nie – mówił dalej ponurym i pełnym namaszczenia tonem – ona jest ponad jakiś tam zakres obowiązków! Żadne zadanie nie jest zbyt wielkie! Żadna tajemnica zbyt tajemnicza. Po prostu rozpościera skrzydła i...

– Och, zamknij się, Mike! – powiedziałam, przyjmując mój najostrzejszy ton, jednocześnie starając się trzepnąć Kierona w ucho za to, że przyłączył się do zabawy. – Jedzcie obaj swoje przeklęte pulpety i uważajcie, żeby się nie udławić!

– Ale mamo, tata jest zabawny, musisz to przyznać.

– Nie aż tak bardzo – zauważyłam, choć nie mogłam powstrzymać uśmiechu. Chyba muszę przyhamować i nie przejmować się tak bardzo. Nie mogę wszystkiego naprawić w ciągu tygodnia; przecież nie jestem Bogiem, na miłość boską. I zaczął się weekend. Chyba powinnam się odprężyć.

– Ale tak poważnie – mówił dalej Kieron, teraz już trochę cedząc przez zęby. – Jeśli myślisz, że przyczyną problemu tej dziewczynki jest żona numer jeden, to czemu nie zapytasz o to żony numer dwa? W końcu, jeśli wierzyć tacie, każda kobieta najbardziej na świecie lubi opowiadać o innych kobietach.

– Nigdy czegoś takiego nie powiedziałem! W każdym razie nie dokładnie tak – zastrzegł się Mike, kiedy zmierzyłam go wzrokiem.

– Prawdę mówiąc, Kieron – zamyśliłam się – to wcale nie jest zły pomysł. – Ona mogłaby trochę rozjaśnić sprawę. I pewnie zrobi to z przyjemnością, ponieważ Imogena przysparzała jej podobno mnóstwo zmartwień. A do tej pory rozmawiałam tylko z dziadkami. Tak, masz rację. To dobry pomysł, żeby zarzucić sieć trochę głębiej.

Kieron zarechotał.

– Zarzucić głębiej sieć? Mamo, jesteś niesamowita!

Kiedy tylko skończyli kolację, zagoniłam ich obu do salonu, a ponieważ tego dnia Kieron nakrywał do stołu, ja zajęłam się sprzątaniem i myciem naczyń. Prawdę mówiąc, wypadała kolej Riley, ale wychodziła do kina, więc zjadła wcześniej, oznajmiając – jak to ona – „Po prostu zostawcie wszystko, a ja się tym zajmę po powrocie".

Oczywiście doskonale wiedziała, że przy moim zamiłowaniu do czystości i porządku prędzej zacznę fruwać, niż zostawię brudne naczynia na stole. Zawsze taka byłam i chyba nigdy się nie zmienię – czasami zastanawiałam się, czy to nie ja jestem źródłem niektórych drobnych dziwactw Kierona. On także nie cierpiał nieporządku, co zapewne miało związek z jego syndromem Aspergera, chociaż po części mogło być odziedziczone. Tak czy inaczej, jako dziecko zawsze pilnował swoich rzeczy i biada każdemu, kto ośmielił się przestawić jego starannie poukładane książki i zabawki. Riley bardzo szybko nauczyła się po mistrzowsku z nim drażnić i płatała mu psikusy tylko po to, żeby móc popatrzeć, jak przez chwilę się wścieka. (Jeśli się zastanowić, był to całkiem dobry powód, ponieważ czasami właśnie na tym polega bycie rodzeństwem.)

Jednak mimo swoich drobnych dziwactw, Kieron był pod wieloma względami stosunkowo nieskomplikowanym dzieckiem i postrzegał świat w czarno-białych barwach. To mu zresztą zostało do dzisiaj. Tam, gdzie ja zmagałam się z jakimś problemem przez kilka dni, on czasami znajdował rozwiązanie wcześniej niż ktokolwiek inny. I miał rację. Udało mi się nakłonić Imogenę do mówienia, co samo w sobie było osiągnięciem, a obecne zawirowanie stanowiło tylko jeden z etapów na tej długiej drodze. I oczywiście powinnam sprawdzić, czy uda mi się porozmawiać z drugą panią Hinchcliffe, pomyślałam, odkładając na miejsce naczynia. Może od tego powinnam była zacząć.

– Doskonałe postępy – stwierdził Gary, kiedy poszłam się z nim spotkać w poniedziałkowy poranek, zostawiając grupę pod opieką Kelly. – Poważnie – dodał. – Nie wiem, ile zdążyłaś przeczytać o mutyzmie wybiórczym wywołanym przez traumę, ale kiedy ja o tym poczytałem, zacząłem się autentycznie martwić, że niczego nie osiągniemy, ponieważ ten typ mutyzmu jako mechanizm obronny z czasem się nasila. A więc tak, to świetna wiadomość. Dobra robota.

Ja też czytałam, ale postanowiłam się nad tym nie zastanawiać. Powiedziałam to Gary'emu.

– I wciąż nie jestem pewna, czy jest się z czego cieszyć – dodałam. – Robię krok naprzód i dwa do tyłu. I nadal uważam, że odejście jej matki stworzyło głęboko zakorzeniony problem. I głównie dlatego tu jestem. Wiem, że oni w tej chwili się nią nie opiekują, ale zastanawiałam się, czy dyrektor wyrazi zgodę na wizytę u ojca i macochy Imogeny. Oczywiście zakładając, że w ogóle zgodzą się ze mną rozmawiać. W końcu wciąż nie mamy jeszcze pełnego obrazu, jeśli idzie o to, dlaczego znalazła się u dziadków. To trochę niejasne, nie sądzisz?

Gary skinął głową.

– Nie widzę powodu, dla którego miałby nie wyrazić zgody – powiedział. – Chociaż może będzie lepiej, gdy inicjatywa wyjdzie ode mnie. Jeśli mają niechętne nastawienie, a wydaje mi się, że może tak być, zważywszy, że dobrowolnie zrezygnowali z opieki nad jedyną córką, niezależnie od tego, jak mogła być „trudna", to moja rola w szkole dodatkowo uwiarygodni tę prośbę.

– Rzeczywiście – zgodziłam się. – W tej chwili Imogenie raczej nie jest dobrze na świecie. Jaki rodzic nie chciałby dostać wsparcia ze szkoły, żeby to zmienić?

– Właśnie – przyznał Gary. – Więc zostaw to mnie. Zakładam, że najbardziej będzie ci odpowiadało któregoś dnia po szkole?

Potwierdziłam i po pospiesznym wypiciu kawy wróciłam do Jednostki. Dzieciaki były w dobrym nastroju, rozmawiały o tym, o jakiej porze wstają w weekendy i w przyjaznej atmosferze zabierały się do pracy, podczas gdy ja uzupełniałam tablice na ścianach dziełami, które ukończyliśmy w piątek. Wszyscy oprócz Imogeny, która nadal odpowiadała monosylabami. Najwyraźniej już wypadłam z łask.

Ale wkrótce nadeszły i dobre wieści, ponieważ wyglądało na to, że Gary'emu udało się bez problemów znaleźć Gerri Hinchcliffe. Babcia Imogeny bardzo chętnie podała numer telefonu syna i synowej, mając nadzieję, że dzięki temu uda się osiągnąć jakiś postęp.

– I jeśli masz czas dzisiaj po szkole – dodał – to możesz tam zajrzeć. Ojca Imogeny nie będzie w domu, ale pomyślałem, że wolałabyś zobaczyć się z Gerri raczej wcześniej niż później. Jeśli nie, to on wróci pod koniec tygodnia. Pracuje gdzieś daleko od domu, czy coś w tym rodzaju.

Skinęłam głową.

– Jest kierowcą autokaru. I masz rację. – Natychmiast przypomniał mi się kamienny wyraz twarzy Imogeny. – Im szybciej, tym lepiej. I prawdę mówiąc, może to nawet lepiej, że spotkam się z nią samą. Myślę, że łatwiej będzie jej mówić otwarcie o tym, jak zachowywała się Imogena, nie wspominając o całej tej sprawie ucieczki pierwszej żony, jeśli mąż nie będzie się temu przysłuchiwał, nie sądzisz?

– Chyba masz rację. Chociaż powiedziała, że nie będzie mieć dużo czasu. Zdaje się, że musi zabrać kota do weterynarza. Ale zapewniłem ją, że chodzi ci tylko o krótką pogawędkę. W każdym razie, Sherlocku, zajrzyj do mnie jutro i opowiedz, jak ci poszło.

Ech. I on też? Może powinnam kupić czapkę z klapkami na uszy i zacząć palić fajkę?

Mimo całego entuzjazmu, z jakim myślałam o wizycie u ojca i macochy Imogeny, kiedy pod koniec dnia nacisnęłam przycisk dzwonka, zaczęły mnie ogarniać wątpliwości. Przede wszystkim byłam nieco podstępna. Owszem, miałam pełne prawo – podobnie jak każdy inny z nauczycieli – rozmawiać z rodzicami lub opiekunami sprawiających trudności uczniów, nie pytając ich o zgodę, ponieważ wszystkie chwyty są dozwolone, jeśli w grę wchodzi dobro dziecka. Ale w tym przypadku miałam przeczucie, że gdybym zaczęła rozmowę z Imogeną, mogłabym jeszcze bardziej zaognić sytuację. W końcu nazwała swoją macochę „wiedźmą", więc na pewno nie byłaby zachwycona pomysłem mojej rozmowy z nią.

To przynajmniej umiałam sobie wytłumaczyć. Macochy generalnie mają złą prasę, zarówno w bajkach, jak i w prawdziwym życiu; gdyby wierzyć we wszystko, co słyszymy od dzieciaków rzuconych w sam środek rozwodowych kłótni, to można by pomyśleć, że sama obecność macochy z niemal stuprocentową pewnością zamienia je w diabły wcielone. Jednak w przypadku Imogeny nic nie wskazywało, by tak właśnie było – wynikało to całkiem jasno ze słów jej dziadków.

Inne moje wątpliwości były bardziej dokuczliwe i trudniejsze do odrzucenia. Jaki właściwie mam plan? O co zapytam, kiedy już tam będę? Bardzo cienka granica dzieli delikatne sondowanie w celu uzyskania pełniejszego obrazu od wtrącania się – z braku lepszego określenia – w czyjeś życie. Możliwe, że sprawa odejścia jej poprzedniczki jest ostatnią rzeczą, o jakiej będzie chciała rozmawiać. I jakie mam podstawy zakładać, że w ogóle wie coś na ten temat?

Och, nie ma się nad czym zastanawiać, pomyślałam, wsiadając do samochodu i wyjmując atlas. Jestem już umówiona, a ona na mnie czeka. I na pewno dowiem się czegoś ciekawego, mogę się założyć...

Młodsi Hinchcliffe'owie mieszkali w małym szeregowcu na nowym osiedlu, około pół godziny jazdy od szkoły. Ogród przed domem był zadbany, lecz dość nijaki – prostokątny trawnik, betonowa ścieżka i tyle – a we wszystkich oknach założono kojarzące się z biurem wertikale, rozsunięte na tyle, by wpuszczać światło, a jednocześnie zapewnić prywatność.

Frontowe drzwi otworzyła szczupła, trzydziestokilkuletnia blondynka, z perłowymi kolczykami w uszach, wyrazem lekkiego zaniepokojenia na twarzy i ogromnym białym kotem na rękach.

– Jak miło panią poznać, pani Watson – zaszczebiotała z entuzjazmem, wskazując drzwi w głębi domu. – Ale mam nadzieję, że kolega powiedział pani, że mam trochę napięty plan dnia? Za pół godziny muszę jechać z Flynnem do weterynarza.

– Tak, powiedział – zapewniłam, idąc z nią do ciepłego, wykończonego drewnem salonu. – Mam nadzieję, że to nic poważnego?

– Nie, nie, to tylko szczepienie – wtuliła twarz w puszysty kark kota. Miał długie i bardzo bujne futro. – Flynn i Grace, o ta – wskazała ruchem głowy drugiego gigantycznego kota, który spał, zwinięty w kłębek, przed płonącym kominkiem – to koty wystawowe. Zdobyły chyba wszystkie możliwe nagrody – dodała z dumą. – Oczywiście jeździmy z nimi po całym kraju... Właściwie to głównie ja, ponieważ Graham tak często jest w pracy... A one mają skłonność do łapania kataru, czego można się spodziewać, skoro spotykają się z innymi kotami. Więc ostrożności nigdy za wiele.

– Też tak uważam – przyznałam i usiadłam na sofie, którą mi wskazała, sama siadając na brzegu fotela naprzeciwko. – I przypuszczam, że jako rasowe koty są bardziej delikatne.

– Właśnie – powiedziała. – Osłabiony system immunologiczny to największy problem.

Na co miałam ochotę odpowiedzieć, że to wszystko przez hodowlę wsobną, ale uznałam, że mogłoby to nie zostać dobrze przyjęte. Gerri traktowała wystawy kotów tak samo poważnie jak ja moje analizy – i to nie było przypuszczenie; dowodów miałam aż nadto, wszędzie dookoła. Przede wszystkim niecały metr ode mnie stała gablotka pełna fotografii, rozetek, oprawionych w ramki certyfikatów oraz pucharów i innych trofeów, większych i mniejszych. Poza tym wszystko, na co spojrzałam, lśniło, jakby było regularnie polerowane, podobnie jak kilka fotografii w ramkach na półce poniżej – na pierwszy rzut oka z ich ślubu.

– A więc – powiedziała pani Hinchcliffe z ożywieniem – jak mogłabym pani pomóc, pani Watson? Z tego, co mówił pani kolega, z Im nadal są problemy. Wciąż nie chce z nikim rozmawiać?

Skinęłam głową.

– Właściwie nie. Słowo czy dwa od czasu do czasu, ale niestety, nie udało się nam osiągnąć tyle, ile byśmy chcieli.

– Jaka szkoda – powiedziała pani Hinchcliffe, potrząsając ze smutkiem głową, a jednocześnie energicznie głaszcząc kota, którego trzymała na kolanach. – Wszyscy mieliśmy nadzieję, że zmiana szkoły pomoże – westchnęła ciężko. – Ale najwyraźniej nie.

– Właśnie dlatego tu jestem – kontynuowałam. – Pomyślałam, że może pani będzie umiała rzucić trochę więcej światła na przyczyny. Bardzo chcielibyśmy dotrzeć do źródła tego wszystkiego...

– Ojej – powiedziała. – W takim razie chyba trafiła pani do niewłaściwej osoby. Jak już mówiłam pani koledze, nie jestem pewna, co mogłabym dodać, ponieważ, jeśli idzie o sprawy dyscypliny, Graham i ja zdecydowaliśmy, że będzie lepiej, żebym trzymała się od tego z dala. – Zmarszczyła brwi. – To długa historia, ale, niestety, aż nazbyt dobrze znana. Tak źle i tak niedobrze... Na pewno już się pani spotykała z czymś podobnym.

– Hm, tak, oczywiście – przyznałam. – Ale tu nie chodzi o dyscyplinę, pani Hinchcliffe. Pod tym względem Imogena zupełnie nie sprawia problemów. To...

– Och, proszę mi mówić Gerri – powiedziała. – Kiedy słyszę „pani Hinchcliffe", czuję się tak staro!

– Przepraszam... A więc, Gerri, jak mówiłam, tu nie chodzi o dyscyplinę. Imogena zawsze zachowuje się co najmniej poprawnie. I nie jest tak, że nie ma żadnych postępów. Po prostu specjalista, z którym się spotkaliśmy, żeby usłyszeć więcej o mutyzmie wybiórczym, powiedział nam, że jeśli uda się ustalić możliwe przyczyny milczenia Imogeny, będzie nam o wiele łatwiej jej pomóc.

– Mutyzm wybiórczy... więc tak to się nazywa?

– Właśnie tak.

– Nie wiedziałam – zauważyła. – Chociaż to oczywiście ma sens. I z przyjemnością pomogę, jak tylko będę umiała, pani Watson. Proszę mi wierzyć, to dziecko sprawiało mi bez końca wszelkie możliwe problemy, ale ja jestem na tyle inteligentna, żeby się domyślić, że przyczyną wszystkiego jest jej matka... Ona po prostu nie może nie żywić do mnie urazy, prawda? Bo nie jestem i nigdy nie będę nią – westchnęła. – A zatem, w czym dokładnie mogę pomóc?

W tym momencie kot, Flynn, zerwał się z jej kolan, a Gerri wstała i zaczęła czyścić ubranie z sierści.

– To jedyny minus – rzuciła, patrząc czule na miauczącego zwierzaka. – O co chodzi, Flynnie? Czego potrzebujesz? – spytała, zdejmując kłaczki ze swoich (moim zdaniem, raczej niepraktycznych w tych okolicznościach) czarnych spodni.

Ponieważ nie zanosiło się na to, by kot miał odpowiedzieć, mogłam tylko siedzieć i powstrzymywać uśmiech.

– Przepraszam – powiedziała, biorąc kota znowu na ręce. – Nawet nie zaproponowałam pani nic do picia. Czym mogę panią poczęstować?

– Dziękuję – pokręciłam głową. – A właściwie nie miałabym nic przeciwko szklance wody – dodałam po namyśle.

– Oczywiście – odparła radośnie. – Zniknę na sekundę.

Skorzystałam z jej nieobecności, żeby dokładniej przyjrzeć się gablotce, która okazała się rzeczywiście pełna nagród i dyplomów. Mnie jednak bardziej interesowały fotografie ze ślubu. Uwielbiałam oglądać ślubne fotografie, a te wyglądały bardzo egzotycznie. Ślub odbywał się gdzieś na plaży, w tle widać było mnóstwo wysokich palm i kwitnących egzotycznych zarośli, a panna młoda miała kwiaty hibiskusa w bukiecie i wplecione we włosy. Zaskoczyło mnie, jak łatwo rozpoznałam ojca Imogeny. Miał takie same rude włosy – chociaż krótko ostrzyżone – i ładne, szeroko rozstawione niebieskie oczy.

– Piękna, prawda? – spytała Gerri, wchodząc do salonu. – Ta po prawej. To Grace, kiedy zdobyła pierwszą nagrodę na ostatniej wystawie. Za dwa tygodnie będzie startować trzeci raz... Prawdziwa mała supermodelka!

Podała mi wodę, a mnie wcale nie rozbawiło jej przypuszczenie, że byłam pochłonięta podziwianiem wystawowych kotów.

– Tak, rzeczywiście – przyznałam jej jednak rację. – Musi pani być bardzo dumna. A wracając...

– Tak, tak – potwierdziła. – Jak wszędzie jednak, na wystawach ważne jest szczęście. Ale – dodała, wyraźnie wchodząc na swój ulubiony temat – szczęście to nie wszystko. Trzeba też mnóstwa przygotowań. Czasem bardzo niewiele dzieli srebro od złota, jak może pani sobie wyobrazić. A ja jestem w tym naprawdę dobra – zakończyła i uśmiechnęła się, patrząc z dumą na gablotkę. – Ważne są wszystkie najdrobniejsze detale. No, ale – klasnęła w dłonie. – Czas ucieka. Proszę zaczynać.

A więc zaczęłam.

– Hm, naprawdę chodzi tylko o to, żeby opowiedziała mi pani trochę więcej o kontekście. Oczywiście tyle, ile pani może...

– O mamie Imogeny? Cóż, mogę powiedzieć chyba tylko tyle, że ona w ogóle nie była matką. W każdym razie, na ile mogę się zorientować – dodała, potrząsając głową. – I matka Grahama na pewno już pani mówiła, on harował od świtu do nocy, ale jej nigdy nie było dosyć. Nie, przykro to mówić, ale kiedy tylko na horyzoncie pojawił się facet z grubszym portfelem, poleciała za nim w jednej chwili. Wiem, że Graham przyjął to z ulgą, ale Im... może sobie pani wyobrazić. Ona porzuciła to biedne dziecko i... to naprawdę przykre... Myślę, że Im obwinia o to swojego ojca; na pewno odgrywała się na nim, a potem, kiedy ja się pojawiłam... może pani sobie to wyobrazić, prawda? Kiedy się zeszliśmy, z nią było jeszcze gorzej. Próbowałam wszystkiego, to oczywiste, ale nigdy nie udało mi się do niej dotrzeć i... cóż – rozłożyła ręce. – Co można poradzić? Wymyśliła sobie, że jestem jej wrogiem i tyle.

– I właśnie wtedy przeprowadziła się do dziadków?

Grace, drugi z kotów, wstała ze swojego miejsca przy ogniu, podeszła i ocierała mi się o nogi.

– O, lubi panią – rozpromieniła się Gerri. – A jest bardzo wybredna. Ma pani koty, pani Watson?

– W tej chwili nie – uśmiechnęłam się. – Właśnie przechodzimy okres wolny od zwierzaków. Szczerze mówiąc, moje nastolatki absorbują mnie wystarczająco! A więc Imogena chciała odejść? – spytałam, starając się wrócić do tematu. – Wyprowadzić się i zamieszkać u rodziców pani męża?

– Nie jestem do końca pewna – odparła. – To był pomysł Grahama... wie pani, żebyśmy mogli wszyscy odetchnąć. To było dla niego bardzo trudne, z jednej strony chciał być lojalny wobec niej, ale z drugiej widział, jak mnie traktowała – spojrzała mi prosto w oczy. – Było naprawdę ciężko, pani Watson. – Głos zadrżał jej z emocji. – To, co o mnie mówiła, jak kłamała... Ale oczywiście trzeba zacisnąć zęby i cierpliwie to znosić, prawda? Co innego można zrobić w mojej sytuacji? I myślę, że Graham... – zawiesiła głos, a ja zaczęłam się zastanawiać, czy się rozpłacze. Była wyraźnie wzburzona.

– Widział, jaki ból to pani sprawiało? – spytałam. – Na pewno tak. A z tego, co słyszałam od jego rodziców, sporo pani przeszła...

– Co nie znaczy, że ja kiedykolwiek tego chciałam – powiedziała. – To znaczy, żeby Im nas opuściła. Wręcz przeciwnie. Chciałam tylko jej pomóc. Ale ostatecznie chyba wszyscy sądziliśmy, że... cóż, że potrzebowała więcej przestrzeni. I że może pobyt tam dobrze jej zrobi. I naturalnie wtedy już zaczęła się cała ta sprawa z jej milczeniem, co także martwiło Grahama, który uważał, że ją stracił, że ją zawiódł... – Spojrzała na mnie. Odniosłam wrażenie, że zaczęła brać się w garść. – Teraz wszyscy mamy zamęt w głowach... Co właściwie możemy zrobić? – Wstała i zaczęła znowu czyścić ubranie, robiła to tak automatycznie, że chyba nawet nie zdawała sobie z tego sprawy. – Gdyby tylko... A niech to! Ale do tego nie dojdzie, prawda? W każdym razie...

– Tak, oczywiście – powiedziałam, rozglądając się, gdzie mogłabym odstawić szklankę.

Wzięła ją ode mnie i westchnęła.

– Obawiam się, że nie bardzo pomogłam, prawda?

– Ależ pomogła pani – odparłam. Nie, nie pomogła pani, pomyślałam. Nie bardzo.

Ale z drugiej strony nie bardzo mogła pomóc. Imogena najwyraźniej była do niej wrogo nastawiona. Nic niezwykłego. Może problem polegał na tym, że Imogena nie przepadała za kotami? Na pewno Gerri była nieco postrzelona. Ale cokolwiek działo się w tej rodzinie, żegnając się z nią i wychodząc, miałam nieodparte wrażenie, że zostałam wciągnięta w jakąś dziwaczną grę.

Rozdział 13

Co jest nie tak z Gerri Hinchcliffe? To pytanie nie dawało mi spokoju. Była nienagannie miła, nienagannie uprzejma, nienagannie... jaka? Nienagannie poprawna. Tak, to chyba najlepsze określenie. Poprawna, schludna i czysta – trochę jak żony ze Stepford – i choć użalała się nad sobą wystarczająco, by zacząć lekko irytować, to nie na tyle, żeby mieć powód do użycia tego przeciwko niej. W końcu nawet nie była „tą drugą kobietą". Nie „ukradła" ojca Imogeny jej matce. Po prostu pojawiła się w już niefortunnej sytuacji rodzinnej. Matka Imogeny porzuciła męża znacznie wcześniej.

Oczywiście nie można wykluczyć, że od dawna miała z nim potajemny romans, ale nawet gdyby tak było, to przecież nie do mnie należy osądzanie życia uczuciowego ojca Imogeny, prawda? Moje zadanie było bardzo konkretne, chociaż jednocześnie dość ogólnikowe: pomagać dzieciom odnaleźć się w nowych okolicznościach, jakiekolwiek by one nie były. A dzieci w takiej samej sytuacji jak Imogena jest przecież wiele.

Och, ale co jest nie tak z Gerri Hinchcliffe? Zabrałam to pytanie do domu i zastanawiałam się nad nim przez cały wieczór, aż w końcu zapadłam w niespokojny sen; to budziłam się, to zasypiałam, dręczona przez na wpół świadome sny o złych macochach, wiedźmach i innych fantastycznych stworach besztających mnie za wyrażanie opinii o nich.

Była już prawie czwarta nad ranem, kiedy w końcu na to wpadłam. Obudziłam się po raz trzeci albo czwarty i odwróciłam, jak miałam w zwyczaju, żeby zobaczyć, która jest godzina i zastanowić się, czy mam jeszcze jakiekolwiek szanse zasnąć, zanim zadzwoni budzik.

Jarzący się czerwono wyświetlacz pokazywał 3.57, a jego blask przy okazji oświetlał coś jeszcze. Rzecz tak samo znajomą, jak wszystko inne w sypialni – podwójną ramkę na fotografie, którą ustawiłam tam kilka lat temu. Po lewej stronie Kieron, po prawej Riley, szczerzący się w nieśmiałych uśmiechach, jak zwykle na szkolnych zdjęciach.

Kupiłam tę ramkę wiele lat temu – sama wybrałam zdjęcia – żeby zabrać ze sobą, wyjeżdżając na szkolenie, kiedy pracowałam z trudną młodzieżą. Tamten tygodniowy wyjazd był dla mnie naprawdę wielką sprawą, ponieważ pierwszy raz od ich urodzenia miałam na tak długo rozstać się z dziećmi.

Patrzyłam teraz, w ciemności, na twarze moich dzieci i właśnie wtedy przyszło mi to do głowy. Właśnie o to chodzi z Gerri Hinchcliffe. O to, że w jej domu – w domu, który dzieliła z ojcem Imogeny – nie widziałam ani jednego zdjęcia samej Imogeny.

Świetne pomysły przychodzące do głowy o czwartej nad ranem nie zawsze wydają się równie dobre w świetle dnia, ale kiedy pędziłam z domu do szkoły w ponury jesienny poranek, wydawało mi się, że akurat ten nie jest pozbawiony sensu.

Oczywiście, byłam tylko w salonie, więc nie mogłam powiedzieć nic o reszcie domu, ale to był salon aż pękający w szwach od pamiątek. I regał pełen trofeów z frontu rasowych kotów. Trudno byłoby go nazwać skromnie wyposażonym. Nie potrafiłam sobie przypomnieć wszystkich szczegółów, ale zapamiętałam ogólne wrażenie pokoju, w którym każdy bibelot miał jakieś znaczenie. Do tego jeszcze fotografie ze ślubu – i to właśnie one przyszły mi do głowy, ponieważ na ani jednej z nich, a było ich co najmniej sześć na półce, nie zobaczyłam Imogeny. Czy ona w ogóle tam była? Bardzo chciałam się tego dowiedzieć.

Ponieważ zostało jeszcze dziesięć minut do dzwonka na pierwszą lekcję, poszłam do pokoju nauczycielskiego, zrobiłam sobie kawę i zaszyłam się w sąsiednim pokoju, gdzie oprócz kilku komputerów były dwa telefony, z których można było spokojnie porozmawiać; z jednego z nich rozmawiałam z babcią Imogeny.

I tak zamierzałam do niej zadzwonić, choćby po to, żeby podziękować za umożliwienie mi rozmowy z jej synem i synową, i powiedzieć, że widziałam się z Gerri. Miała to być drobna uprzejmość i okazja do rozwijania dobrych stosunków, ale teraz miałam ważniejszy powód, żeby się z nią skontaktować; chciałam poznać odpowiedź na moje jeszcze niewypowiedziane pytanie.

– Dzień dobry – powiedziała i w tajemniczy sposób udało się jej w tych dwóch słowach zawrzeć informację o tym, jak ciężkie brzemię dźwiga na barkach. – Jak się sprawuje Imogena w szkole w tym tygodniu?

Opowiedziałam jej o postępach, jakie udało się nam osiągnąć i z przykrością usłyszałam, że nasze drobne zwycięstwa nie poszły w parze z jakąkolwiek zmianą jej sytuacji emocjonalnej w domu. Starałam się zmienić temat, ponieważ byłam już głęboko przekonana, że nic się nie zmieni, dopóki nie odkryjemy przyczyny mutyzmu Imogeny. Wiedziałam też, że nie przekonuje mnie wyjaśnienie z dokuczaniem w szkole, tym bardziej, że w mojej głowie zakiełkował już nowy pomysł, nawet jeśli dotąd nie udało mi się znaleźć jego potwierdzenia.

Przez minutę, lub dwie rozmawiałyśmy o Gerri i jej wystawowych kotach i znowu słyszałam wyłącznie pochwały. Postanowiłam więc spróbować ostrożnie wejść na temat braku fotografii, w pełni świadoma, jak są ulokowane jej sympatie.

– Och, zapomniałam zapytać o jeszcze jedno – zaczęłam jak gdyby nigdy nic, wiedząc, że ten grunt może być grząski. – Chodzi o ślub pani syna. Widziałam zdjęcia. Są urocze... Czy Imogena też tam była? Zobaczyłam tylko kilka zdjęć, ale ani śladu Imogeny, więc zastanawiałam się...

– Nie, nie było jej – odparła pani Hinchcliffe spokojnie. – To nie było możliwe, bo przecież brali ślub za granicą i tak dalej... Graham znalazł świetną okazję przez jednego ze swoich znajomych operatorów i byłoby głupotą nie skorzystać. My się nią zajęliśmy. Z pieniędzmi było krucho, a poza tym nie urządzali żadnego wielkiego wesela. Nic dziwnego, w takiej sytuacji...

– Oczywiście – przyznałam. – Tak, oczywiście.

Odkładając słuchawkę, miałam przeczucie, że jestem na tropie. Jasne, to nie było nic wielkiego. Mnóstwo ludzi tak postępuje, biorąc ślub po raz drugi. Cicha, kameralna impreza, żadnej pompy ani uroczystości. Więc dlaczego coś mi w tym wszystkim nie pasowało? Może Imogena wcale nie chciała tam być? Najwyraźniej nie miała ochoty mieć macochy. A już na pewno nie tej macochy, co usłyszałam z jej własnych ust. Odpowiadało jej to, jak było wcześniej – tylko ona i tata. Była jego księżniczką, a teraz mogła się poczuć odsunięta. Może nawet urządziła awanturę, żeby tam nie być?

To był dość dobrze mi znany scenariusz – takie niezauważalne „wtopienie" się w rodzinę, co wymaga taktu i wrażliwości, żeby dziecko – w tym przypadku Imogena – nie poczuło się odrzucone. I może wszyscy starali się, jak mogli, żeby tak się nie stało – na pewno byli przekonani, że się starali – ale czy tak było?

Choć sama siebie próbowałam przekonywać, nie mogłam uwolnić się od myśli, że dowody zaczynają wskazywać na coś zupełnie innego. I tym bardziej frustrowało mnie to, że Imogena nie mogła – a mówiąc dokładniej, teraz nawet nie chciała – ze mną rozmawiać.

Wróciłam do Jednostki, bardzo dotkliwie odczuwając tę frustrację. Po prostu musiałam skłonić ją, żeby się otworzyła.

Jednak Imogena nie była jedynym dzieckiem pod moją opieką i chociaż przedpołudnie minęło we względnym spokoju i harmonii, kiedy rozległ się dzwonek na lunch, było już dla mnie całkiem jasne, że ten szczęśliwy stan nie potrwa długo, ponieważ Gavin nie wziął swojej tabletki w południe.

ADHD jest schorzeniem dokuczliwym dla wszystkich, ale w przypadku Gavina dość dobrze udawało się dotąd panować nad sytuacją, ponieważ on sam był na tyle odpowiedzialny, by robić to, co powinien, to znaczy zażywać poranną pigułkę przy śniadaniu, drugą zaś przynosić do szkoły i zostawiać w gabinecie medycznym, żeby ją wziąć natychmiast po dzwonku na lunch.

Ja nie byłam zaangażowana w ten układ. Od samego początku to Gavin brał na siebie odpowiedzialność, co było jednym z elementów strategii ustalonej, kiedy został skierowany do Jednostki. W ten sposób mógł też udowodnić, że potrafi w odpowiedzialny sposób radzić sobie z własnymi problemami.

Ale nikt nie miał wątpliwości, że zażywanie ritalinu nie jest panaceum. Przez lata zetknęłam się kilkakrotnie z dziećmi zażywającymi ritalin, zarówno osobiście, jak i w tym, co czytałam. O ile bez tego leku ich świat był w pewny sensie „wybuchowy", niczym wykres pracy serca z nieustannymi gwałtownymi wzlotami i upadkami, to po jego zażyciu stawał się bardziej wyrównany, spokojniejszy, niejako przytępiony. Dlatego nierzadko się zdarzało, że dzieciaki „zapominały" swoich tabletek albo udawały tylko, że je zażyły – tylko po to, żeby móc „odczuwać".

Ani przez chwilę nie przypuszczałam, że Gavin celowo zapomniał przynieść pigułkę, choćby dlatego, że to on sam mi o tym powiedział. Owszem, to było z jego strony rozważne, ponieważ tak czy inaczej informacja dotarłaby do mnie, ale jego wyjaśnienie – bardzo skomplikowana historia z udziałem płaczącego rodzeństwa i martwej złotej rybki – zostało podane w taki sposób, że zabrzmiało wiarygodnie.

I było już za późno, żeby cokolwiek z tym zrobić. Wiedziałam, że mama Gavina pracuje, więc raczej nie mogła nam dostarczyć leku – musiałaby wyjść z pracy, wrócić do domu, potem dotrzeć do szkoły, a wtedy i tak byłoby już za późno.

– No cóż – zwróciłam się do Gavina. – Będziesz miał popołudnie w klimacie zen.

– Co to jest zen? – zainteresował się.

– To religia – odparłam. – Chodzi o to, żeby siedzieć spokojnie i być pogrążonym w poważnych myślach.

Wzięłam go za ręce i złożyłam jak do modlitwy.

– Mniej więcej coś w tym stylu. Jutro będę pamiętał o mojej pigułce. Jutro będę pamiętał o mojej pigułce... – zaintonowałam.

Roześmiał się natychmiast, ale już w chwili, gdy wróciliśmy do klasy, widziałam, że niewiele nam wyjdzie z medytacji na siedząco. Prawdę mówiąc, zapowiadało się na istny koszmar. Co prawda Gavin nie chodził jeszcze po ścianach, ale zachowywał się jak króliczek Duracella i bardzo szybko zaczął wszystkim działać na nerwy. Gdyby Kelly była w pobliżu, poprosiłabym ją, żeby zabrała go i dała mu jakieś zajęcie, ale ponieważ akurat dwoje asystentów się rozchorowało, musiała być w innej klasie. Nie pozostało mi więc nic innego, jak starać się łagodzić kryzys, to znaczy minimalizować jego wpływ na resztę grupy. To jednak okazało się niełatwe.

Po południu mieliśmy zaplanowane indywidualne rozmowy o przestrzeni życiowej, a ponieważ z Imogeną nie mogłam porozmawiać o niczym, wysłałam ją do cichego kącika. Teraz starałam się rozmawiać z Shoną, co stanowiło spore wyzwanie. Choć regularnie powtarzałam, że całkiem poważnie proszę, żeby pracowali w ciszy, przekraczało to możliwości Gavina.

– Proszę pani! – zawołała Molly po raz piąty w ciągu pięciu minut. – Gavin znowu kopie moje krzesło.

– A mnie zabrał temperówkę, proszę pani – naburmuszył się Henry. – Gavin, ty czubie! Oddawaj!

– Proszę pani, Henry powiedział „czubek" – wtrącił się Ben. – Proszę mu coś powiedzieć!

– Wcale nie, kłamczuchu! – krzyknął Henry. – Powiedziałem „ty czubie"!

– To to samo, prawda, proszę pani? Czub to to samo co czubek, tak?

– Chłopcy! – powiedziałam ostro. – Dość dziecinnych kłótni! I nie chcę tutaj słyszeć żadnego z tych słów. A ty, Gavin, proszę, przestań kopać krzesło Molly, już. I skoro pożyczyłeś temperówkę od Henry'ego, to proszę, oddaj ją.

Oczywiście Gavin, bez ritalinu, nie mógł jej tak po prostu oddać. O nie, rzucił nią w Henry'ego, trafiając prosto w głowę.

– Au, ty debilu! – krzyknął Henry. – Widziała pani? Rzucił we mnie!

– Proszę pani – wtrącił się znowu Ben. – Henry powiedział, że Gavin to debil!

I wszystko zaczęło się od nowa.

Wymieniłam pełne irytacji spojrzenia z biedną, smutną Shoną, po czym zostawiłam ją przy moim biurku, sama zaś wstałam, żeby rozwiązać problem.

– No, dobrze – powiedziałam. – Molly, proponuję, żebyś usiadła na miejscu Shony. Tam Gavin nie będzie mógł cię kopać. Ben i Henry, skupcie się na swojej pracy i przestańcie się w końcu sprzeczać. Nie jesteście już w szkole podstawowej! A jeśli idzie o ciebie, Gavin, chciałabym, żebyś wyjął zeszyt i...

– Zapomniałem go zabrać, proszę pani – odparł bębniąc dwoma ołówkami w krawędź biurka.

Przykryłam je dłonią.

– W takim razie chciałabym, żebyś poszedł do kącika z książkami i wybrał sobie jedną. Kiedy już wybierzesz... i proszę, nie zaczepiaj Imogeny, kiedy tam będziesz... Przynieś ją do mnie. Po cichu. I zabierz krzesło. Kiedy skończę to, co robię z Shoną, poczytamy razem, ty i ja.

Gavin wstał, odsunął z hukiem krzesło i podciągnął spodnie.

– Czy on będzie miał karę, proszę pani? – spytał, celując oskarżycielsko palcem w Henry'ego. – Bo nazwał mnie czubem, a teraz jeszcze debilem.

Ja także wycelowałam w niego palcem.

– Gavin, do książek. I to już – powiedziałam tonem niedopuszczającym dyskusji, więc nie próbował dyskutować. Posłał tylko ponure spojrzenie Henry'emu i poszedł.

Ale jeśli sądziłam, że udało mi się opanować sytuację, choćby na krótko, to byłam w błędzie. Ledwie zdążyłam wrócić do biurka i rozmowy z Shoną, gdy ciszę rozdarł przenikliwy krzyk.

I niespodzianka – krzyk dobiegał z kącika z książkami.

– No, naprawdę – zaczęłam, podchodząc, żeby sprawdzić, co się dzieje za regałem. – Miałeś zrobić jedną prostą rzecz, Gavin, i nie mogłeś nawet tego... Na miłość boską! – krzyknęłam. – Przestań natychmiast!

Gdybym nie zobaczyła tego na własne oczy, pewnie bym nie uwierzyła – Gavin i Imogena dosłownie bili się w kąciku z książkami. Nie miałam pojęcia, od czego się zaczęło, ale wiedziałam, że muszę jak najszybciej to zakończyć, ponieważ tłukli się w najlepsze. A zanim w końcu wkroczyłam, Gavinowi udało się wyrwać Imogenie z rąk książkę, o co zapewne cały czas mu chodziło.

Dobrze, pomyślałam, łapiąc Gavina. Przynajmniej nie będę musiała ich fizycznie rozdzielać. Gavin był większy i silniejszy niż Imogena – tylko o pół cala niższy ode mnie. Ale pod względem zaciekłości to ona miała przewagę. I najwyraźniej nie przejmowała się tym, że stanęłam w jej obronie, ponieważ ledwie złapałam Gavina za rękę, żeby go odciągnąć, rzuciła się na niego, próbując mu wyrwać książkę, którą on machał jej przed oczami.

– Oddawaj ją, pieprzony gnoju – ryknęła – albo cię walnę w ryj!

Niemal dało się usłyszeć, jak pozostała grupka wstrzymała oddech, a ja, wytrącona z równowagi przez jej niespodziewany atak, potknęłam się i puściłam rękę Gavina.

– Aha, tylko spróbuj, rudzielcu – zawołał, machając otwartą książką ponad jej głową, po czym przemknął obok mnie i za stolik chłopców, gdzie Ben i Henry wymieniali już porozumiewawcze uśmiechy, zadowoleni z nieoczekiwanego widowiska.

– Gavin! – warknęłam, idąc za nim. – Oddaj mi to natychmiast!

– To moja książka! – wrzasnęła Imogena, przeciskając się obok mnie, żeby go dopaść. – Zabiję cię, pieprzony debilu, słyszysz? To moje!

Gavin był szybki i jeszcze raz się jej wymknął, po czym – najwyraźniej nie dość zadowolony (z przyczyn nie do końca jasnych dla mnie i zapewne dla niego też) z zamieszania, jakie udało mu się dotąd wywołać – wyrwał pełną garść kartek i cisnął w jej stronę.

To było głupie, jak z kreskówki, a jednocześnie śmiertelnie poważne. Nie mógłby zrobić nic lepszego, jeśli chciał doprowadzić Imogenę do furii. Widziałam, jak zmienia się wyraz jej twarzy, gdy patrzyła na powoli opadające na podłogę kartki. Obróciła się na pięcie, chwyciła klamkę i z wyciem wybiegła z klasy.

Spojrzałam na Gavina, który zamarł z wyrazem niedowierzania na twarzy. Tak. Straciłam kontrolę nad sytuacją, pomyślałam.

Ale niech będą dzięki niebiosom za ludzi mających idealne wyczucie czasu.

– Czy wszystko w porządku, pani Watson? – rozległo się nagle. To był Gary. – Właśnie widziałem Imogenę...

– O, pan Clark – jęknęłam z ulgą, ciężko zdyszana. Nie miałam pojęcia, jakie bóstwo zesłało go w odpowiednim czasie i miejscu, ale zmówiłam pospiesznie dziękczynną modlitwę. – Tak. Czy mógłby pan pójść za nią?

– Oczywiście – odparł, wznosząc w górę kciuki. – Proszę się nie martwić. Zabiorę ją do mojego biura. Ach, i przyślę panią Vickers.

I już go nie było.

– Wow, co za głos! – zauważył Henry.

Rozdział 14

No, dobrze, pora się uspokoić – oznajmiłam, starając się przekrzyczeć zgiełk. Przepychanki były na porządku dziennym, ale barwny popis wokalny Imogeny to było coś zupełnie nowego, a kiedy napięcie już opadło, każdy miał coś do powiedzenia – choćby to, jak skwapliwie zauważył Henry, że spokojna Imogena znała aż trzy brzydkie słowa.

Ściśle mówiąc, wszyscy oprócz Gavina, który siedział na swoim krześle oklapły, z miną skazańca – albo kogoś, komu po nagłym skoku adrenaliny przyszła refleksja: „Oj, chyba posunąłem się trochę za daleko". Ale przynajmniej – pomyślałam, z nieoczekiwanym przypływem współczucia – na jakiś czas się uciszył.

Klasnęłam dwa razy, żeby zwrócić ich uwagę na to, co miałam do powiedzenia.

– Uspokójcie się, wracajcie na miejsca i bądźcie cicho, dobrze?

– A co z Imogeną, proszę pani? – spytała, wyraźnie zatroskana, Molly.

– Pójdę i sprawdzę, co się dzieje z Imogeną, kiedy tylko przyjdzie tu pani Vickers – zapewniłam. – A tymczasem chciałabym, żeby każdy z was wybrał sobie jakąś książkę. Ale pojedynczo, proszę. Henry, ty pierwszy. A potem poczytacie w ciszy, dobrze?

Kelly dotarła szybciej, niż zdążyli powybierać książki, ja zaś tymczasem zdążyłam zebrać kartki, które wyrwał Gavin z książki Imogeny, a także samą książkę, która leżała grzbietem do góry na środku klasy niczym wyrzut sumienia. Już wcześniej, po ilustracji na okładce, poznałam, że była to ta sama książka, którą Imogena czytała w domu – Jacqueline Wilson o bliźniaczkach, które straciły matkę. Książka, która musiała być dla niej bardzo ważna, sądząc po reakcji na zachowanie Gavina. Zerknęłam na niego dyskretnie. Dlaczego? – pomyślałam. Dlaczego to zrobił? Tylko po to, żeby się z nią podrażnić? Żeby sprowokować właśnie taką reakcję? Cóż, jeśli tak, to niewątpliwie mu się udało.

– Czy Gary'emu udało się ją znaleźć? – spytałam Kelly, chowając do torby książkę i wyrwane kartki.

Skinęła głową.

– Podobno była przy dystrybutorze z wodą. Teraz jest razem z nim.

– Dobrze, pójdę tam. Zostawię cię na chwilę z nimi. Gavinem zajmę się później, a na razie mam nadzieję, że kiedy już się uspokoi, będzie gotowa powiedzieć coś więcej. Nigdy nie widziałam jej w takim stanie. Była po prostu wściekła. I bardzo... jak to ująć? Ekspresyjna.

Uśmiechnęłam się.

– Ale przypuszczam, że oni ci wszystko opowiedzą.

Kelly mrugnęła porozumiewawczo do Henry'ego.

– Nie wątpię w to.

Dotarłam do gabinetu Gary'ego tuż przed dzwonkiem na popołudniową przerwę; zastałam szeroko otwarte drzwi i Imogenę siedzącą przy wielkim biurku, które zajmowało całą przeciwległą ścianę. Stały na nim dwa komputery, a ona siedziała przy jednym z nich, powoli i rytmicznie stukając w klawisze.

Sam Gary stał z tyłu i nieco z boku, a kiedy mnie zauważył, położył palec na ustach i gestem zaprosił do środka. Zsunęłam torbę z ramienia i odłożyłam jak najciszej. Cokolwiek robiła, była bardzo skupiona, ponieważ w żaden sposób nie dała po sobie poznać, że zdawała sobie sprawę z obecności Gary'ego, a tym bardziej z mojego wejścia. Wciąż wyglądała na zdenerwowaną – była zarumieniona, w czasie bójki powysuwały jej się kosmyki włosów z warkoczy – ale zupełnie nie zwracała uwagi na to, co się działo dookoła niej.

Gary nic nie powiedział, tylko wskazał klawiaturę, której przyglądał się z wielką uwagą. Wyraźnie starał się odgadnąć, co pisze Imogena, a ja dopiero po chwili uświadomiłam sobie coś, co wydało mi się najbardziej zaskakujące – monitor nie był w ogóle włączony. Co ona pisze? – spytał tylko ruchem warg, kiedy już dotarło do mnie, co się dzieje, a Imogena nie przestawała uderzać w klawisze. Ja też przyglądałam się jej uważnie, aż w końcu zauważyłam coś, co Gary z pewnością także dostrzegł – że Imogena raz po raz powtarza to samo zdanie.

Nagle Gary cofnął się nieco – tylko na tyle, żeby nie usłyszała, kiedy szepnął:

– Chyba już wiem.

Sięgnął po kawałek papieru, podczas gdy ja nie odrywałam wzroku od jej palców śmigających po klawiszach.

Używała tylko dwóch palców i pisała na tyle powoli, że nadążałam za jej ruchami, więc kiedy Gary podał mi kartkę, na której zapisał, co udało mu się odgadnąć, ja już wiedziałam, co na niej zobaczę.

„Myślałam, że ona mnie podpali".

Wydawało mi się, jakby te słowa chciały na mnie wyskoczyć z kartki. Nareszcie. Rozwiązanie zagadki – co próbowała mi wtedy powiedzieć. I, jeśli mieliśmy rację – a oboje nadal ją obserwowaliśmy, żeby mieć pewność – to znaczy, że moje pomysły były zupełnie nietrafione. Podpalić ją? Kiedy? I właściwie dlaczego? A przede wszystkim – pomyślałam – kto?

Poczułam, że Gary dotknął mojego ramienia.

– Muszę iść na spotkanie – powiedział cicho, choć nie na tyle cicho, żeby Imogena nie mogła go usłyszeć – w końcu wiedzieliśmy już, co chcieliśmy wiedzieć. – Mogę was zostawić?

– Oczywiście – odparłam, odsuwając krzesło obok Imogeny. – Idź. Zobaczymy się później. Imogeno, kochanie – zaczęłam, kładąc kartkę obok klawiatury – Spójrz, proszę. Pan Clark to napisał, widzisz? To, co ty pisałaś. To było właśnie to, prawda? Udało się nam odczytać.

Na moment zerknęła na kartkę, po czym wróciła do klawiatury. Po chwili spojrzała znowu i tym razem jej palce znieruchomiały. Opuściła dłonie na kolana i złożyła je.

Po nieznacznych ruchach ramion domyśliłam się, że płacze, więc objęłam ją i przytuliłam. Nie odsunęła się, co wzięłam za dobry znak.

– Kochanie – powiedziałam. – Proszę, powiedz, jak mogę ci pomóc. Kto zamierzał cię podpalić?

Już miałam dodać „Czy to była twoja mama", ale w ostatniej chwili ugryzłam się w język. Teraz instynkt podpowiadał mi, że nie tak brzmi odpowiedź. Zamiast tego spytałam:

– Imogeno, czy to była Gerri?

Nagle oklapła, zupełnie jak przekłuty balonik; jakby zapadła się w sobie. A potem wyprostowała się i otarła łzy z oczu. W końcu skinęła głową.

– Tak, to Gerri – potwierdziła.

– Skrzywdziła cię? Oparzyła? Co się stało? Możesz mi opowiedzieć?

Pokręciła głową.

– Nie, proszę pani – powiedziała. – Tak naprawdę mnie nie podpaliła, ale powiedziała, że to zrobi. Myślałam, że to zrobi... – Wzdrygnęła się i znowu łzy popłynęły jej po policzkach. Przytuliłam ją mocniej i próbowałam pocieszyć, gładząc po głowie.

– Kiedy to było? – pytałam. – Co powiedziała, że tak pomyślałaś? Gdybyś mogła powiedzieć mi coś więcej...

Ale ona znowu pokręciła głową.

– Nie może pani nic zrobić. Nikt nie może. Chciałam tylko to powiedzieć. Ja nie kłamię, proszę pani. Wcale nie! – zakończyła, znowu zdenerwowana.

– Wiem – zapewniłam ją. – Wszyscy wiemy, Imogeno.

– Gavin nie wie – odparła, a w jej głosie pojawił się ton, który słyszałam tylko dwukrotnie.

– Gavin?

– To on kłamie, proszę pani!

– Ćśś – uspokajałam ją. – Co Gavin ci powiedział, Imogeno? Powiedział, że kłamiesz? Czy dlatego tak się zdenerwowałaś?

Skinęła głową, energicznie ocierając oczy.

– Powiedział, że tylko udawałam. Ale ja wcale nie udawałam, proszę pani!

– Co udawałaś, Imogeno?

– Że nie mogę mówić. Żeby pani bardziej mnie lubiła. I pani Vickers. Żeby zwrócić na siebie uwagę. Ale to nieprawda! On jest głupi! Wcale nie chcę, żeby ktoś na mnie zwracał uwagę! Chcę, żeby wszyscy zostawili mnie w spokoju! – powiedziała, wzdychając ciężko. – Oni nie wiedzą... Oni po prostu nie wiedzą, proszę pani. Skąd mają wiedzieć? – Spojrzała na mnie. – Czasami to jest tak, jak... jak wtedy, kiedy nie można czegoś przełknąć. Ja sama nie mogę zrozumieć, jak to działa.

Przyglądałam się jej uważnie, jednocześnie usilnie starając się wymyślić, jak to rozegrać. Czy powinnam wrócić do Gerri? Zadać więcej pytań? Spróbować skłonić ją do mówienia? Dotrzeć do sedna tego, co między nimi zaszło? Coś podpowiadało mi, żeby tego nie robić. Że powinnam poczekać.

– Wiesz, jak jest z Gavinem – powiedziałam. – Wiesz, że czasem bywa nadmiernie pobudzony. Wiesz, że czasem zaczyna grać wszystkim na nerwach swoimi krzykami, nieustannym gadaniem i bieganiem po klasie. Widzisz, z nim jest trochę jak z tym, co przed chwilą mi opisałaś, tylko że na odwrót. Nie można usprawiedliwić zarzucania komuś kłamstwa... to oczywiste... ale, podobnie jak ty, Gavin czasami nie może się powstrzymać od... hm, bycia – uśmiechnęłam się do niej – odrobinę za bardzo Gavinowatym. Trochę podobnie jak ty musisz się starać, żeby zacząć mówić. Rozumiesz, o co mi chodzi?

Imogena przytaknęła, a ja widziałam, że moje słowa do niej dotarły.

– A dzisiaj... no cóż, dzisiaj był takim trochę hiper-Gavinem. Wtedy się frustruje i, podobnie jak czasami ty, zaczyna szaleć. A ponieważ wy dwoje nie możecie ze sobą porozmawiać, on nie wie, jak jest ci trudno. Może dlatego powiedział to, co powiedział i...

– I zabrał mi książkę, proszę pani.

– I dlatego zabrał ci książkę. Może w ten sposób chciał cię zmusić, żebyś coś do niego powiedziała. Nie sądzisz, że mogło o to chodzić?

Skinęła głową.

– Ale potem ją podarł, proszę pani! – I na samo wspomnienie oczy znowu jej zawilgotniały. Ile to dziecko musiało płakać? Jak często wciąż płacze? Mogłabym przysiąc, że zbyt często.

– Poczekaj chwilę – powiedziałam.

Wstałam, wzięłam swoją torbę i otworzyłam ją, wracając do biurka.

– Zobacz – powiedziałam, wyjmując kartki wyrwane z jej książki. – Ocalone! I książka też, popatrz – dodałam, podając jej. – A wiesz, co możemy zrobić, choćby teraz? Możemy pożyczyć taśmę klejącą od pana Clarka i wszystko naprawić. Co ty na to? A potem możemy wrócić do klasy, jeszcze przed dzwonkiem, i usiądziemy sobie razem, ty, ja i Gavin, i porozmawiamy o tym, jak ważne jest, żebyśmy się lepiej poznali.

Imogena skinęła głową i zaczęła układać wyrwane kartki we właściwej kolejności, zaś ja podeszłam do biurka Gary'ego i znalazłam rolkę taśmy.

– Wiesz co, Imogeno? Mam jeszcze lepsze wieści. Zachowaj to dla siebie... Niech to zostanie między tobą, mną i Gavinem, dobrze? Mam jeszcze schowaną paczkę czekoladowych ciasteczek.

I mnóstwo rzeczy do przemyślenia.

Gavin, jak mogłam się spodziewać, czekał na wyrok śmierci, do wykonania natychmiast i bez procesu. W każdym razie tak można było pomyśleć, patrząc na wyraz jego twarzy, kiedy wraz z Imogeną wróciłyśmy do Jednostki. Kelly pilnowała, żeby spokojnie wychodzili na przerwę, ale widząc nas, zatrzymała go w ostatniej chwili.

– Nie tak szybko, drogi panie – powiedziałam, kierując go z powrotem do klasy. – Myślę, że ty, Imogena i ja musimy sobie najpierw pogawędzić. Zdążysz iść na przerwę. – Dobrze wiedziałam, jak bardzo potrzebował przerwy, choćby po to, żeby dać ujście rozpierającej go energii. – Ale najpierw musimy usiąść i wyjaśnić sobie parę rzeczy.

Gavin opadł bezwładnie na krzesło i oparł dłonie na blacie, jakby przygotowywał się do wyjątkowo podstępnego policyjnego przesłuchania.

– Przepraszam, proszę pani. Naprawdę mi przykro. Przysięgam na Boga, proszę pani, że mi przykro. Przysięgam na życie mojej mamy. I jeśli pani chce, to przysięgnę na życie mojego małego kuzyna. Widzi pani, jak mi jest przykro? Widzisz, Imogeno?

Bardzo starałam się nie parsknąć śmiechem i byłam bardzo z siebie dumna, kiedy udało mi się opanować. Wzięłam się w garść na tyle, żeby wygłosić krótkie, ale poważne kazanie o tym, jak ważne jest, żeby dostrzec punkt widzenia innych ludzi. Było to oczywiście skierowane głównie do Gavina, ale uznałam, że nie zaszkodzi włączyć również Imogeny; nie była wprawdzie w żadnym stopniu zakałą klasy, ale jako dziecko introwertyczne – po części z konieczności – powinna zrozumieć, że Gavin także zmaga się ze swoimi problemami.

Ale najważniejsza sprawa, pomyślałam, wręczając im po ciastku i wysyłając na przerwę, to ustalić, z jakimi dokładnie problemami zmaga się sama Imogena. Ponieważ na myśl, że dorosła osoba mogła grozić jej podpaleniem, zaczynało się we mnie gotować.

Rozdział 15

Dopiero następnego ranka mogłam się spotkać z Garym i opowiedzieć mu o mojej rozmowie z Imogeną. Miałam nadzieję, że uda mi się go złapać w czasie ostatniej lekcji, ale – jakby specjalnie po to, żeby przypomnieć mi, że mam więcej niż jedno dziecko pod opieką, a może też po to, żeby coś się działo – Henry i Ben pokłócili się niemal natychmiast po powrocie z przerwy, podobno o najnowszy skład drużyny Manchester United.

Jak zwykle, w zaciekłej bójce na pięści, do której musiało dojść ze względów honorowych, wcale nie chodziło o piłkę nożną, lecz o to, że żaden z nich – ani Henry, ani Ben – nie chciał ustąpić pola. Nie zdawali sobie sprawy (a właściwie zdawali – wtedy, kiedy się nie kłócili), jak wiele ich łączy. Chociaż Ben był jedynakiem wychowywanym przez pijącego ojca, a Henry najmłodszym z piątki, pod opieką wiecznie nerwowej matki, obaj przynosili ze sobą do szkoły te same problemy. Obaj tłumili w sobie gniew i nie mogli tego wyrazić w domu; Ben, ponieważ musiał uważać na wybuchy taty, a Henry, od początku uznany za „najsłabszego w miocie", w ogóle nie miał prawa wyrażać swojego zdania.

W nocy nie mogłam spać. Leżałam i martwiłam się o dzieci takie jak Ben i Henry, zastanawiając się, co – o ile cokolwiek – mogę zrobić, żeby poprawić ich sytuację. Nie mogłam znaleźć nowej matki Benowi ani sprawić, żeby jego ojciec przestał pić, podobnie jak nie mogłam wyczarować dla biednego, stłamszonego Henry'ego ojca, który przywołałby do porządku dręczących go braci. Wszystko, co byłam w stanie zrobić – i zawsze uważałam, że to jedna z najważniejszych życiowych mądrości, jakie posiadłam – to zmienić ich spojrzenie na samych siebie, co z kolei mogło wpłynąć na zmianę ich interakcji ze światem.

Mówiąc najkrócej, polegało to na rozwijaniu szacunku do samego siebie i budowaniu relacji w grupie, chociaż na krótszą metę również na gaszeniu nieuniknionych punktów zapalnych, które musiały powstawać w przypadku konfliktów między takimi chłopcami. Na szczęście w tym przypadku spięcie było krótkotrwałe i łatwe do załagodzenia dzięki zastosowaniu weryfikacji kilku faktów, pomocy mojego poczciwego komputera i jeszcze jednej porcji czekoladowych ciasteczek.

Jednak po tym wszystkim uznałam, że jest już za późno na wizytę u Gary'ego; nie chciałam go zatrzymywać, wiedząc, że ma milion dodatkowych obowiązków, i doszłam do wniosku, że mogę poczekać do następnego poranka.

Oczywiście wczesnego poranka. Miałam poczucie spełniania misji, więc postarałam się dotrzeć do szkoły pół godziny wcześniej niż zwykle, żeby zdążyć porozmawiać z Garym przed dzwonkiem. Wiedziałam, że później najpewniej nie będę miała okazji, a poza tym zdawałam sobie sprawę, że nie powinnam na dłużej opuszczać klasy. Po sprawie Gavina i Imogeny, a potem Bena i Henry'ego, kto wie, co jeszcze mogło się zdarzyć? Czy teraz Molly i Shona rzucą się na siebie z pięściami?

Na szczęście Gary był u siebie i w nastroju do rozmowy, a nawet zrobił mi kawę, podczas gdy ja usadowiłam się na najwygodniejszym z wygodnych krzeseł przy jego biurku.

– A więc – zaczął, siadając na swoim miejscu – jakieś nowiny w związku z wczorajszą tajemniczą wiadomością?

– Jeśli sięgniesz pamięcią w przeszłość, przypomnisz sobie, że poszłam odwiedzić jej macochę, prawda? Okazuje się, że te dwie sprawy są ze sobą powiązane.

– Oczywiście. Zła macocha. Zapomniałem, że już tam byłaś. I co z tego wyszło? Dowiedziałaś się czegoś ciekawego?

– Tak się składa – skarciłam go wzrokiem – że wcale nie będzie ci się to wydawało zabawne, kiedy usłyszysz, co wydarzyło się wczoraj, po twoim wyjściu.

Opowiedziałam Gary'emu, co usłyszałam od Imogeny, dodając, że to potwierdza coś, co już wcześniej zaczynałam podejrzewać – że to nie matka, ale macocha jest kluczową postacią i być może tutaj kryje się źródło, które starałam się znaleźć.

– Ale podpalić ją? – skrzywi się Gary. – To brzmi dość drastycznie, nie sądzisz? Lekki przypadek amatorskiego dramatyzmu?

Pokręciłam głową.

– Nie zapominaj, że Imogena powiedziała, że ona tego nie zrobiła, a tylko ją straszyła. Co samo w sobie jest dostatecznie przerażające. Żałuję, że nie udało mi się wydobyć z niej więcej, wiesz: dlaczego, po co i kiedy to się zdarzyło. Ale wszystko do siebie pasuje. Wiem, że nie powinnam pochopnie wyciągać wniosków, ale nie chcę też ignorować tego, co podpowiada mi przeczucie po spotkaniu z nią. Owszem, według jej własnych słów jest przejęta, znerwicowana i chce jak najlepiej dla Imogeny, bla, bla, bla... ale ja tego po prostu nie kupuję. Coś z nią jest bardzo nie tak.

– Myślisz, że grała?

Wzruszyłam ramionami.

– Nie wiem. Raczej nie sprawiała wrażenia fałszywej. Ale to, że Imogeny nie ma na żadnych zdjęciach... Jeśli to była z jej strony jakaś sprytna gra, to dla lepszego efektu powinna porozkładać kilka fotografii, nie sądzisz? Ale najwyraźniej nie jest aż tak sprytna. Sama nie wiem – powtórzyłam. – To było dziwne. Całe to spotkanie było dziwne.

– Dowiedziałaś się czegoś? Czegoś o przeszłości naszego milczącego dziecka?

– Raczej nie. Według Gerri było dokładnie tak, jak powiedziała nam pani Hinchcliffe. Że kochana mamusia była „łasą na pieniądze dziwką", nie miała czasu dla męża ani córki i odjechała w siną dal z pierwszym facetem, który miał więcej do zaoferowania. A potem, kiedy na horyzoncie pojawiła się Gerri, to był podręcznikowy scenariusz: rozpuszczona jedynaczka, przyzwyczajona do tego, że ma tatę tylko dla siebie, i niezadowolona, kiedy ów tata znalazł sobie nową miłość. Tak to w każdym razie przedstawiła.

– Hmmm – zamyślił się Gary. – Trochę niewspółmierna reakcja, nie sądzisz? Niezadowolenie to jedno, ale mutyzm w jej wieku? Jeśli dobrze zrozumiałem Gregory'ego, powinniśmy się spodziewać jakiegoś naprawdę traumatycznego wydarzenia.

– I tu wracamy do tego, co Imogena powiedziała o groźbie podpalenia. I masz rację; po tym, co zdążyłam przeczytać, i po obserwacji Imogeny, jestem przekonana, że powinniśmy iść dalej. Przynajmniej porozmawiać z jej ojcem. On w tym wszystkim jest trochę jak Szkarłatny Kwiat, prawda?

– Przebrany za wycieraczkę, jeśli wierzyć temu, co o nim mówią.

– Ale zgadzasz się ze mną?

Gary skinął głową.

– Zgadzam się. Ale Mike'a nie będzie do końca semestru, więc musimy trochę poczekać.

Zapomniałam, że dyrektor miał wrócić dopiero po feriach. Załatwiał jakieś sprawy związane z budżetem – zawsze trzeba było załatwiać jakieś sprawy związane z budżetem.

– W takim razie może porozmawiamy o naszych wątpliwościach z Donem?

Gary znowu przytaknął.

– Tak, możemy porozmawiać. Ale nie sądzę, żeby to cokolwiek zmieniło. To w końcu nie jest sprawa życia i śmierci. Imogena jest bezpieczna u swoich dziadków, więc nie mamy sytuacji zagrożenia. Ja raczej poczekałbym na Mike'a, żeby z nim porozmawiać, opracować przemyślany plan działania, zamiast robić coś, co mogłoby spłoszyć tę twoją złą macochę. Poza tym, szczerze mówiąc, w ten sposób ty będziesz miała szansę wydobyć więcej informacji od

Imogeny, a to na pewno nie zaszkodzi, prawda? Przecież jeśli zamierzamy oskarżyć macochę o stosowanie przemocy, to będziemy musieli zawiadomić służby socjalne, policję i cały ten kram. Musimy mieć czym poprzeć nasze zarzuty.

Jednym łykiem dopił swoją kawę. Ten facet miał chyba usta z azbestu. Biorąc pod uwagę sytuację, nie było to pozbawione sensu.

Mimo poczucia, że mam Gary'ego po swojej stronie, wróciłam do klasy nieco rozczarowana. Oczywiście miał rację: Imogena była bezpieczna u dziadków, a poza tym może było to częścią jakiegoś większego planu. Im dłużej o tym myślałam, tym bardziej wydawało mi się prawdopodobne, że Gerri, na pozór tak miła i troskliwa, chciała usunąć z drogi córkę swojego męża.

Nie można się pozbyć złych myśli i niepokojących odkryć, kiedy już raz przyszły do głowy. I wydawało mi się tym ważniejsze, żeby postarać się nakłonić Imogenę do dalszych zwierzeń – ponieważ jeśli oskarżenie było nieuzasadnione, to szybko wyjdzie na jaw, a miałam coraz silniejsze przeczucie, że powiedziała mi absolutną prawdę. Sam fakt, jak trudno przyszło jej podzielić się ze mną tym, czym się podzieliła, dodawał wiarygodności jej słowom.

Ale jak nakłonić ją do mówienia? Do mówienia tak naprawdę? Na tym polegał problem. Zastanawiałam się nad tym, kiedy otwierałam drzwi do mojego pokoju. Powitał mnie lodowaty podmuch. Spojrzałam w górę – ktoś zostawił otwarte jedno z górnych okien. Najprawdopodobniej woźny, z nieznanych mi powodów. Trzeba było jednak je zamknąć, ponieważ pogoda robiła się zdecydowanie zimowa, więc weszłam na stolik i zatrzasnęłam je. W tej samej chwili usłyszałam dobrze znany szelest papieru. Odwróciłam się i zobaczyłam, że rysunek rakiety, który dzieci wykonały kilka tygodni wcześniej, spadł na podłogę, zapewne zrzucony przez powiew wiatru. Zeszłam i podniosłam obrazek, a kiedy go przypinałam z powrotem do tablicy, przeczytałam wypisane na nim słowa – wszystkie złe słowa, które „wysłaliśmy" w kosmos. Wszystkie złe słowa, których nie chcieliśmy nigdy więcej słyszeć. Właśnie wtedy przyszło mi coś do głowy. Moje sekretne pudełko – czemu nie pomyślałam o tym wcześniej?

Podekscytowana podeszłam do biurka i kucnęłam, zaczynając przetrząsać górną półkę – gdzie ostatnio je widziałam. I rzeczywiście tam było – w końcu moje zamiłowanie do porządku graniczyło z obsesją – miejscami trochę podrapane, ale jeszcze doskonale mogło posłużyć jako skrzynka na listy.

Zresztą właśnie tym było – kartonowym cylindrem pomalowanym na czerwono, z wyciętą z boku szczeliną, przez którą można było wsuwać tajne wiadomości. To było jedno z pierwszych narzędzi, jakich używałam, kiedy zaczęłam pracować w Jednostce. Wówczas, za każdym razem, kiedy dołączało do nas nowe dziecko, sięgałam po pudełko, podobnie jak po każdych feriach. Mówiłam dzieciom, że wprawdzie nie jest ładnie wyjawiać sekrety, ale czasami nie mamy wyboru. Tłumaczyłam też, że czasami możemy poczuć się lepiej, kiedy podzielimy się sekretem, nawet jeżeli jest to coś naprawdę strasznego. Na koniec proponowałam, żeby – jeżeli zechcą – podzielili się swoimi sekretami, zapisując je i wrzucając, anonimowo, do mojego pudełka.

Układ był prosty. Ja miałam przeczytać wiadomości i, zależnie od tego, czego chcieli, podjąć jakieś działanie albo po prostu zachować ich tajemnice dla siebie. Mieli też możliwość podpisania się imieniem albo, gdyby woleli powiedzieć mi coś osobiście, wyrazić chęć porozmawiania, w zaufaniu, w cztery oczy.

Minęło już sporo czasu, odkąd ostatnio użyłam tego pudełka. Czasem tak się zdarza. Życie pędzi naprzód, pojawiają się nowe pomysły i strategie; od dawna nawet o nim nie pomyślałam. Teraz zaś pomyślałam – i przypomniałam sobie o jeszcze jednym jego aspekcie: bywało też tak, że znajdowałam w nim nie tyle ważne sekrety, ile raczej nieistotną paplaninę – rzeczy takie jak *Jordan palił w toalecie* albo *Słyszałem, jak pan Moore powiedział „cholera" po zebraniu.*

Ale dzisiaj zamierzałam wrócić na chwilę do mojego pudełka, ponieważ dziecku, które ma problem z wypowiedzeniem swoich sekretów, łatwiej powinno przyjść ich napisanie, prawda? A jeżeli nie? Przecież może uznać, że już i tak za dużo mi powiedziała... Ale w końcu nic nie stracę.

Natychmiast wyjaśniłam dzieciakom, o co mi chodzi; powiedziałam, że ponieważ wkrótce rozstaniemy się na ferie, to jest świetna okazja, żeby podzielić się wszystkim, co może ich martwić, zamiast rozpamiętywać to przez wszystkie wolne dni. Starałam się ani przez chwilę nie zatrzymywać wzroku na Imogenie; po prostu poprosiłam, żeby przygotowali kartki i długopisy, wyjaśniłam zasady tym, którzy ich nie znali (czyli większości), i oznajmiłam, że kiedy oni będą pisać, ja poszukam materiałów na poranne zajęcia, podczas których zamierzaliśmy wyjść przed szkołę w poszukiwaniu skarbów przyrody: liści, gałązek, szyszek i wszelkich innych ciekawych rzeczy, z których moglibyśmy przygotować jesienną dekorację klasy.

Dzieciaki lubiły takie zajęcia, a dzień doskonale się do tego nadawał – było chłodno, ale słonecznie, a moje nowiny wprawiły wszystkich w dobry humor, zapowiadając mniej stresujący dzień niż wczoraj. Ucieszyłam się też, ponieważ wydawało mi się, że wszyscy mają ochotę coś napisać – również Imogena. Podobnie jak pozostali, siedziała z pochyloną głową i pisała z zacięciem, tak dużo, że kiedy nadeszła pora wrzucić kartki do pudełka, ona zrobiła to jako ostatnia. Udałam, że nie zwracam uwagi, kiedy wrzucała swoją kartkę, złożoną w ciasny, intrygujący kwadrat. Czy to jest właśnie to, czego potrzebujemy? Nie mogłam się doczekać, kiedy zacznę czytać.

Najpierw jednak mieliśmy wyjść przed szkołę i pobaraszkować po okolicy. Każde z dzieci dostało plastikową torbę i zaczęliśmy poszukiwanie skarbów. Oprócz szyszek, żołędzi i gałązek pełnych jagód, udało nam się zebrać mnóstwo kasztanów z wielkiego kasztanowca rosnącego po drugiej stronie boiska. Gromadziłam łupy przez jakąś godzinę, a kiedy uznałam, że mamy już dosyć, zaskoczyłam wszystkich, wołając:

– Walka na liście!

Po czym obsypałam Henry'ego i Molly, zajętych oglądaniem skorupki jajka, którą znaleźli, garścią suchych liści.

Jak się spodziewałam, w kilka sekund rozpętała się wojna. Dzieciaki z zapamiętaniem obrzucały liśćmi mnie i siebie nawzajem. Trochę się zawstydziłam, kiedy woźny przeszedł obok nas i cmoknął z niezadowoleniem; postanowiłam zapewnić go, że wszystko posprzątamy. I, jak zwykle, ściągnęliśmy na siebie kilka pełnych dezaprobaty spojrzeń z okien najbliższych klas, gdy hałas, jaki robiliśmy, zwrócił uwagę kilku nauczycieli.

– A teraz posłuchajcie, wszyscy! – powiedziałam w końcu, starając się złapać oddech. – Wracamy na gorącą czekoladę i pianki!

Czasami wydawało mi się, że dezaprobata jest nieodłączną częścią mojej pracy. Wiem, że moje metody niejeden raz były tematem gorących dyskusji, ponieważ niektórzy nauczyciele twierdzili, że przekazuję dzieciom nieodpowiedni komunikat. Zachowuj się grzecznie w szkole – mówili – a twoją nagrodą będzie praca. Ale jeśli będziesz się zachowywał jak palant, będziesz zwalniany z normalnych lekcji i świetnie się bawił. Większość kolegów rozumiała sens mojej pracy – znali te dzieciaki i ich problemy, ale zdawałam sobie sprawę, że niektórzy właśnie tak myślą. I, prawdę mówiąc, nie mogliby się bardziej mylić.

Owszem, nagrody odgrywały ważną rolę w tym, co robiłam, ale to było bardzo ważne, ponieważ chodziło o zmianę oczekiwań. Większość dzieci, które do mnie odsyłano – zwłaszcza te, które miały trudną sytuację rodzinną lub problemy z zachowaniem – nie radziła sobie w normalnych klasach wystarczająco dobrze, by mieć szansę dostać jakąkolwiek pochwałę, a w swoim własnym środowisku także nie mogła liczyć na nagrody. Dla wielu z nich trafienie do Jednostki stanowiło rzadką okazję przebywania w otoczeniu, w którym mogli się zrelaksować i przez chwilę nie oczekiwać tylko najgorszego. Tutaj były chwalone nawet za najdrobniejsze osiągnięcia – nie po to, żeby wbijać je w dumę (w wielu z nich dosłownie stłamszono poczucie własnej wartości), ale żeby przywrócić im wiarę w siebie i w to, że one również mogą zasłużyć na pochwały i nagrody. Chodziło o przerwanie błędnego koła, w którym czuły się bezużyteczne, dostosowywały się do najniższych oczekiwań i były karane, co utwierdzało w nich niską samoocenę.

Chodziło także o dobrą zabawę i nie zamierzałam z tego powodu okazywać skruchy. Może pewnego dnia przygotuję poważny wykład o tym, dlaczego w przypadku dzieci takich jak te dobra zabawa ma znaczenie. Ale może nie teraz. Teraz miałam pilniejsze sprawy i kiedy rozległ się dzwonek na przerwę, nie mogłam się doczekać, kiedy zostanę sama i będę mogła się zająć czytaniem.

I nie byłam rozczarowana.

Pierwszy list był intrygujący.

Mam iść do doktora, bo moja mama myśli, że jestem czubkiem. Ale proszę nie muwić innym, dobrze?

Gavin

Uśmiechnęłam się i odłożyłam kartkę na bok. Mimo całego swojego ekscentryzmu, Gavin z całą pewnością nie był „czubkiem". Czy jego mama uważała inaczej? Nie sądziłam, żeby tak było. Ale najwyraźniej został skierowany do specjalisty. Zastanawiałam się dlaczego.

Dałam klapsa mojemu małemu kuzynowi i jest mi z tym źle.

Ten list był niepodpisany, ale domyśliłam się, że autorką była Shona. Pisała starannymi drukowanymi literami, zapewne starając się ukryć charakter pisma, ale pomyślałam, że warto będzie poruszyć temat w jakiś bardziej zawoalowany sposób, żeby miała okazję się wygadać.

Robert nazwał mnie ponurą pokraką – Molly.

Biedna Molly. Wprawdzie od jakiegoś czasu zaczęła być nieco bardziej pewna siebie, ale wciąż przyciągała dręczycieli niczym świeca ćmy. Zanotowałam w pamięci, żeby zaaranżować kolejną rozmowę o tym, jak się bronić przed prześladowcami.

Następny list, po który sięgnęłam, niewątpliwie wyszedł spod ręki Imogeny – pamiętałam, jak starannie składała kartkę. Instynktownie odłożyłam go na bok, żeby najpierw przeczytać dwie pozostałe wiadomości.

Następna kartka była pusta; dziwne, ponieważ widziałam, że wszyscy coś pisali. Zapamiętałam, żeby zastanowić się nad tym później. A kolejna mnie zaskoczyła; i wywołała uśmiech:

Podoba mi się Imogena.

Oho, pomyślałam, próbując odgadnąć, kto mógł to napisać. List Gavina już czytałam, a więc Ben albo Henry, zatem logika podpowiadała, że Ben. Może miał do niej słabość, mimo że, jako nieco młodszy, zawsze brał przykład z Henry'ego i nabijał się z niej. Tak już często bywa z chłopcami. Dokuczanie obiektowi uczuć jest jednym z najpewniejszych sposobów zwrócenia na siebie jego uwagi. Uśmiechnęłam się do siebie i odłożyłam kartkę na stosik.

W końcu przyszła pora na list Imogeny; kusiło mnie, żeby sięgnąć po niego na samym początku. Czy w końcu zebrała się na odwagę, by wyjawić nieco więcej? Rozkładałam kartkę A4, bojąc się liczyć na zbyt wiele, ale niemal natychmiast zauważyłam długi, starannie napisany list.

Gerri zamykała mnie w moim pokoju, kiedy jeździła na wystawy kotów.
Gerri powiedziała tacie, że zmoczyłam łóżko, kiedy nie pozwoliła mi iść do toalety. Zamknęła mnie w pokoju.
Gerri powiedziała, że mama nas zostawiła, bo jestem brzydka jak tata i mam rude włosy.
Gerri nie dawała mi nic do jedzenia, kiedy tata był w pracy, i powiedziała, że mnie zbije, jeśli mu powiem.
Gerri ciągnęła mnie za włosy i powiedziała, że je obetnie, kiedy będę spała.
Gerri płakała przed moją babcią i powiedziała, że chciałam ją zepchnąć ze schodów, bo jej nienawidzę, a babcia jej uwierzyła.
Gerri powiedziała tacie, że ukradłam jej pieniądze z portmonetki i że specjalnie wypuściłam z domu jej koty.
Myślałam, że mnie podpali.

Odłożyłam kartkę na biurko, a pozostałe listy włożyłam do pudełka, które schowałam na półkę pod biurkiem. Wzięłam list Imogeny i moją torbę, wyszłam z klasy, zamykając za sobą drzwi i popędziłam do pokoju nauczycielskiego, żeby poszukać Kelly. Chciałam ją poprosić, żeby po przerwie przejęła obronę fortu, a ja w tym czasie znajdę Gary'ego.

Miałam wszystko, czego potrzebowałam. Dyrektor musi to potraktować poważnie.

Rozdział 16

Mówi się, że w polityce tydzień to bardzo długi czas. Chodzi o to, że ogromnie dużo może się wydarzyć w ciągu kilku dni, tak zmienną sprawą jest polityka. Tydzień to także bardzo długi czas, kiedy poznałeś naprawdę szokujące tajemnice i absolutnie nic nie możesz z tym zrobić.

Gary przyznał mi oczywiście rację, że oskarżenia przedstawione przez Imogenę są wstrząsające, ale ponieważ zbliżał się koniec semestru, a dyrektor wciąż był nieobecny, uważał, że powinniśmy poczekać na jego powrót.

– Nic się nie zmieniło – powiedział. – Sprawa jest poważna, zakładając, że to prawda...

– Gary, zaufaj mi. Wierzę jej całkowicie.

– Ufam twojej ocenie, nie martw się. Ale i tak musimy to przepuścić przez Mike'a. Musimy przestrzegać procedur i załatwić pewne sprawy tutaj, zanim zwrócimy się do służb społecznych, a ponieważ na razie Imogena jest bezpieczna u dziadków, po prostu cieszmy się feriami i przyjmijmy, że to będzie naszym priorytetem natychmiast po powrocie, dobrze?

To musiało mi wystarczyć, ponieważ i tak nie mogłam nic więcej zrobić. Ale, choć rozumiałam jego argumenty i w znacznej części się z nimi zgadzałam, jakaś część mnie nie chciała ustąpić. Przez całe ferie nie mogłam przestać o tym myśleć, a snucie się po pustym domu – kiedy Mike i Riley byli w pracy, a Kieron w college'u – nie pomagało mi ani trochę.

A może samą wizytą zaalarmowałam Gerri? Może się przestraszyła – samo w sobie nie byłoby to złe, jeśli miałaby skosztować swojego własnego lekarstwa, ale jeżeli zaczęła się odgrywać na Imogenie? Może znowu zaczęła jej grozić najróżniejszymi strasznymi karami, gdyby powiedziała służbom socjalnym o tym, co napisała mi w liście? A jeżeli otworzyłam puszkę Pandory? Jeżeli z tego powodu stało się coś złego?

Nie muszę chyba dodawać, że w następny poniedziałek byłam w szkole najwcześniej, jak się dało, i prawie pobiegłam do biura Gary'ego, żeby sprawdzić, czy nie ma jakichś nowin.

– Nowiny? – roześmiał się. – Casey, oszalałaś? Ledwie zdążyłem zdjąć kurtkę!

Ale tylko drażnił się ze mną, ponieważ był w szkole już od pół godziny, zostawił nawet wiadomość na biurku dyrektora, prosząc go o pilną rozmowę w sprawie dotyczącej bezpieczeństwa jednego z dzieci.

To mnie odrobinę uspokoiło, chociaż jestem realistką i zdawałam sobie sprawę, ile spraw do załatwienia będzie czekało na Mike'a Moore'a po powrocie, i że pod jego opieką jest ponad tysiąc dzieci, a nie tylko jedno. Dlatego będziemy musieli poczekać na swoją kolej, chociaż miałam nadzieję, że nie przyjdzie nam czekać w niepewności zbyt długo, bo skoro jedno z dzieci było maltretowane, i to zupełnie niedawno, to sprawa była naprawdę pilna, według wszelkich możliwych standardów.

– Okej, Gary – powiedziałam. – Ale zawiadomisz mnie natychmiast, kiedy czegoś się dowiesz? Poproszę Kelly, żeby była w pogotowiu, więc będę mogła od razu przyjść.

Gary parsknął swoim charakterystycznym tubalnym śmiechem. Może umiejętność zachowania kamiennego spokoju była niezbędna przy takiej pracy, jaką on wykonywał.

– Nie martw się, Casey. Wiem, czego ci trzeba – zapewnił. – Wyślę gołębia pocztowego, kiedy tylko dostanę jakąś informację.

Wszystkie dzieci były niczym wstrząśnięte butelki z colą, jak zawsze po wszelkich wolnych dniach. Właściwie było to najzupełniej normalne, ponieważ każdy starał się przekazać każdemu jakieś ważne nowiny, które były oczywiście znacznie pilniejsze niż tak nudne rzeczy jak zachowanie spokoju; zresztą dla co najmniej dwójki z moich dzieci i tak zawsze było to ogromnym wyzwaniem.

Postanowiłam więc wprowadzić ich łagodnie.

– Macie dziesięć minut na pogawędkę – powiedziałam. – A potem zaczniemy, dobrze?

Ja w tym czasie przygotowałam się do naszej pierwszej lekcji, która miała być poświęcona w większości poezji.

O tej porze roku poezja była niemal na porządku dziennym. Spróbujcie zamknąć niektóre z tych dzieciaków z kartką, długopisem i poleceniem „napisania wiersza", a wprawicie je w takie przerażenie, jakbyście zamierzali popełnić zbrodnię wojenną. Ale jeśli dostaną odpowiedni temat – zwłaszcza taki, który będzie się wiązał z obrazowymi i barwnymi skojarzeniami – to przy odpowiednio delikatnym nacisku wydobędziecie z nich najbardziej zaskakujące kombinacje słów.

Niedawno mieliśmy Halloween – niosące oczywiście mnóstwo obrazowych i barwnych skojarzeń – a ponieważ koniec semestru przypadał piątego listopada, organizowano pokazy fajerwerków. Każdy mógł więc znaleźć coś dla siebie: duchy, upiory i pobrzękujące łańcuchy albo pirotechnika, wybuchy i płomienie.

Zaczęłam rozdawać zeszyty, długopisy i kolorowe kredki, kiedy zauważyłam, że Imogena usiadła w odległym końcu stołu, podczas gdy pozostała piątka skupiła się po stronie chłopców. Zastanawiałam się, co u niej nowego. Cokolwiek to było, najwyraźniej nie miała ochoty się tym dzielić. Oczywiście nie spodziewałam się, że będzie dużo mówić, ale przypuszczałam, że będzie się trzymała blisko Shony i szła za jej przykładem.

– Imogeno, kochanie – powiedziałam cicho, nie chcąc zwracać na nią uwagi, żeby dodatkowo jej nie zestresować. – Czemu nie dołączysz do reszty? Jak mówiłam, macie jeszcze chwilę, zanim zaczniemy.

Siedziała z pochyloną głową i nosem w książce, jak zwykle, ale nagle spojrzała na mnie, a widok jej twarzy wstrząsnął mną. Była blada i napuchnięta; wiedziałam, że musiała długo płakać. Zamiast odpowiedzi pokręciła głową i wróciła do czytania.

Pochyliłam się nad nią.

– Wszystko w porządku, kochanie? – spytałam szeptem. Pokręciła głową, ale znowu nic nie powiedziała. Nie odezwała się nawet jednym słowem, chociaż ostatnio w klasie zdobywała się już na to. Boże, pomyślałam, czyżby wróciła do mutyzmu? Dzieci często cofają się pod wieloma względami, kiedy spędzają jakiś czas poza szkołą – czy w tym przypadku też tak było? I dlaczego? Czy wystarczył po prostu tydzień spędzony w domu? Obawa przed powrotem po feriach? Czy może coś bardziej złowieszczego?

Kucnęłam przy niej.

– Imogeno – szepnęłam. – Przejdę od razu do sedna, dobrze? Czy znowu przestałaś mówić?

Patrzyłam na nią i czekałam; nie miała dokąd uciec i w końcu uniosła głowę i spojrzała mi w oczy. Skinęła głową, a w tej samej chwili za mną otworzyły się drzwi. To była Kelly. Widząc ją, Imogena natychmiast skuliła się i spuściła głowę.

Niech to diabli, pomyślałam, wstając. Duży krok wstecz. I może to nie tylko z powodu nowego semestru; może Imogena miała czas na rozmyślanie. Może martwiła się, że wyjawiła zbyt dużo w swoim liście i teraz będzie miała problemy. Ale cokolwiek to było, nie miałam sposobu, żeby się tego teraz dowiedzieć. Podeszłam do Kelly, która jednak nie powinna się spóźniać; poza tym, był już najwyższy czas zaczynać.

– A więc do dzieła – powiedziałam, kiedy już dzieciaki wróciły na swoje miejsca. – Z tego, co słyszałam, wszyscy będziecie mieli mnóstwo rzeczy do opisania dziś rano. Ale to nie ma być opowiadanie. Dzisiaj chcę dostać dwa wiersze...

Jak należało oczekiwać, odpowiedział mi jęk chłopców – to była chyba ich odruchowa reakcja – ale przywykłam już do tego, więc nie przejęłam się i mówiłam dalej.

– Pierwszy ma być wiersz o Halloween. Cokolwiek na ten temat; czy wam się podobało, co was przestraszyło, czy byliście jakoś przebrani. Drugi będzie o Nocy Guya Fawkesa. Wiem, że jest dopiero przed nami, ale może w weekend widzieliście fajerwerki albo paliliście ogniska? Robiliście kukłę albo...

Urwałam w pół zdania. Imogena, która dotąd siedziała spokojnie ze spuszczoną głową, nagle zerwała się z krzesła, przewracając je z łoskotem, i pędem wybiegła z klasy.

Wszystkie dzieciaki patrzyły z otwartymi utami, podobnie jak ja.

– Imogeno? – zawołałam. Ale za późno; już zniknęła. – Posłuchajcie wszyscy – odezwałam się, uprzedzając falę pytań i komentarzy. – Wiecie, co macie robić. Jeśli nie będziecie czegoś pewni, spytajcie panią Vickers. Ja tymczasem pójdę znaleźć Imogenę.

Wyszłam z klasy, przypuszczając, że czeka mnie przeszukiwanie korytarzy, ale Imogena wcale nie uciekła daleko. Siedziała ze skrzyżowanymi nogami na podłodze, oparta plecami o ścianę, tuż obok drzwi. Kucnęłam przy niej i położyłam jej rękę na ramieniu.

– Kochanie, co się stało? – spytałam łagodnie, widząc łzy płynące po jej twarzy. – Widzę, że coś się dzieje, ale jeżeli mi nie powiesz co, nie będę mogła ci pomóc, prawda? No dalej, spróbuj – zachęciłam ją, osiągając jednak tylko tyle, że bardziej się rozpłakała. Oczywiście odruchowo chciałam ją przytulić, ale się powstrzymałam. Nie mogłam jej dawać możliwości ucieczki, ale powinnam się starać utrzymać ją poza strefą bezpieczeństwa. Dlatego odsunęłam się nieco, wstałam i wyciągnęłam do niej rękę.

– Chodź, kochanie – powiedziałam. – Chodźmy porozmawiać w jakimś spokojnym miejscu. Gdzieś, gdzie będziesz mogła mi powiedzieć, co się dzieje.

Chwilę to trwało, ale w końcu podała mi rękę, a ja pomogłam jej wstać.

– Dzielna dziewczynka. – Ruszyłyśmy korytarzem. – Zobaczmy, czy biuro pana Clarka jest wolne.

Na szczęście było. Może Gary właśnie rozmawiał z dyrektorem? Może nie, ale – tak czy inaczej – wiedziałam, że nie będzie miał nic przeciwko temu, żebyśmy zaszyły się w jego biurze. Na parapecie stało pudełko chusteczek, więc natychmiast chwyciłam ich pełną garść.

– Proszę, kochanie. – Podałam je Imogenie. – Wydmuchaj nos, wytrzyj oczy i powiedz mi, co cię tak zdenerwowało, dobrze?

Posłusznie wzięła chusteczki i wydmuchała nos, ale przypominało to próby załatania przeciekającej tamy. Nie przestawała płakać i przypuszczałam, że nie przestanie, dopóki nie zrzuci z serca tego ogromnego ciężaru, który najwyraźniej ją przytłaczał. No i oczywiście najtrudniejsza będzie sprawa mówienia.

– Imogeno. – Usiadłam naprzeciwko niej. – Wiem, że to będzie trudne, skoro doszłaś do tego momentu, ale, uwierz mi, najtrudniejszy jest początek. Jeśli uda ci się powiedzieć kilka pierwszych słów, reszta będzie już łatwiejsza, więc zacznijmy i miejmy tę najtrudniejszą część za sobą.

Przed końcem semestru wrzuciłaś do pudełka swój sekretny list i wiedziałaś, że go przeczytam. Czy właśnie to cię martwi?

Znowu czekałam, walcząc z pokusą wypełnienia przedłużającej się ciszy, podczas gdy Imogena ocierała łzy z policzków.

– Nie, proszę pani – powiedziała w końcu. – To nie to.

– Brawo – pochwaliłam ją. – Widzisz, już zaczęłaś. A więc dobrze, skoro nie o to chodzi, to czy wydarzyło się coś innego?

Zanim odpowiedziała, zużyła kolejną garść chusteczek.

– To była nasza Noc Ognisk, proszę pani. Babcia i dziadek urządzili imprezę, niespodziankową.

– Imprezę z fajerwerkami? – spytałam.

Przytaknęła.

– Nic mi nie powiedzieli. Zaprosili tatę. I ją.

To zaczynało się robić interesujące. Czyżby starali się budować mosty? Doprowadzić do zgody? Pójść za przykładem szkoły i starać się odzyskać dom dla Imogeny? Cóż za ironia losu.

– Gerri? – spytałam ostrożnie. – Twoją macochę?

Skinęła głową, ale nic nie powiedziała.

– I co się stało, kochanie? – zachęciłam ją do mówienia. – Czy ona coś ci zrobiła? Skrzywdziła cię znowu?

Pokręciła stanowczo głową. A więc byłam na niewłaściwym tropie.

– Chodzi o ogień. I o to, że ona tam była. I to, jak się do mnie uśmiechała. Proszę pani, ona jest straszna. I wiem, dlaczego się do mnie uśmiechała. Żeby mi przypomnieć. Że mnie też może podpalić.

Teraz strach i gniew pomagały jej pokonać problem z mówieniem. A ja powinnam pomóc jej utrzymać ten rytm.

– Imogeno, pamiętasz, jak powiedziałaś mi, że myślałaś, że Gerri zamierza cię podpalić? Czy mogłabyś powiedzieć mi, co dokładnie miałaś na myśli? Co się wtedy stało? Co sprawiło, że tak pomyślałaś?

Kiedy zaczęła mówić, zdałam sobie sprawę, że to, co jej wcześniej powiedziałam, jest prawdą, ponieważ gdy się odezwała, słowa popłynęły niczym powódź.

– Mój tata był wtedy w pracy, we Włoszech – powiedziała. – Wyjechał na dwa tygodnie. A my się kłóciłyśmy, jak zawsze, i ona nie dawała mi nic do jedzenia, a kiedy poszłam do swojego pokoju, ona zamknęła drzwi na klucz... wszystkie pokoje w domu taty mają zamki, z powodu cennych rzeczy...

– Cennych rzeczy?

– Bo tata często pracuje poza domem.

– Ach, rozumiem.

– W każdym razie powiedziała, że mogę tam zostać, dopóki nie przestanę być okropna, a ja powiedziałam, że będę krzyczeć przez okno, żeby sąsiedzi usłyszeli, a ona powiedziała, że powie im, że byłam okropna i niegrzeczna i że krzyczę, żeby zwrócić na siebie uwagę, bo zawsze tak mówi, kiedy ja jej mówię, że powiem, co robi. Więc powiedziałam, że będę kopać w drzwi i wszystko opowiem tacie, ale ona się nie przejęła, aż w końcu... to było kilka godzin... musiałam zasnąć. I nagle się obudziłam, i było zupełnie ciemno, i chyba była już noc. Obudziłam się i byłam mokra, i poczułam dziwny zapach, i w pierwszej chwili pomyślałam, że musiałam się zsiusiać w łóżku. Nigdy mi się to nie zdarzało, odkąd byłam bardzo, naprawdę bardzo mała, ale było i mokro, i ciepło, a potem zobaczyłam, że ona siedzi na moim krześle. To było naprawdę straszne, a kiedy usiadłam, powiedziała, żebym lepiej za bardzo się nie ruszała, bo mogę się zapalić. W pierwszej chwili nie wiedziałam, o co jej chodzi, ale potem mi pokazała. Miała puszkę z benzyną mojego taty... wie pani, taką zieloną, plastikową, jaką można dostać na stacji benzynowej. I miała zapalniczkę. I ciągle ją zapalała, i powiedziała mi, że jestem mokra, bo oblała mnie benzyną taty, i że obudziła mnie, żebym zdążyła się pomodlić, zanim mnie spali.

Nie powiem, że nie mogłam uwierzyć w to, co mi powiedziała, ponieważ wierzyłam, że każde jej słowo jest prawdziwe. A jednak jakaś część mnie nie mogła uwierzyć, że można się posunąć do takiego okrucieństwa wobec dziecka.

W przyszłości szukałabym odpowiedzi na te pytania i znalazłabym je, ale wtedy przychodziło mi do głowy tylko jedno:

– Kochanie – zaczęłam łagodnie. – Czy to się zdarzyło naprawdę? Czy to był tylko jakiś straszny sen?

– Tak, proszę pani! – powiedziała natychmiast. – Chciałam powiedzieć, że ona nie oparzyła mnie naprawdę. I to nawet nie była benzyna. Ona polała mnie tylko wodą. Właśnie dlatego myślałam, że się zsiusiałam, bo woda była ciepła, ale ona powiedziała mi, że to benzyna. I czułam jej zapach. Wylała trochę na chusteczkę, żebym poczuła zapach...

– Tak mi przykro, kochanie – starałam się ją pocieszyć. – Oczywiście, że ci wierzę. Co było potem?

– Byłam przerażona. Ona ciągle zapalała i gasiła zapalniczkę. Błagałam, żeby mnie nie podpalała, a ona zaczęła się śmiać i powiedziała, że jestem żałosna, i powiedziała, żebym ją jeszcze trochę poprosiła. Musiałam mówić „proszę, jestem taka brzydka, ale nie podpalaj mnie, proszę". Kazała mi to mówić jeszcze raz i jeszcze, a w końcu roześmiała się znowu i powiedziała, że to wszystko był tylko żart. A potem powiedziała mi o wodzie i że byłam głupia, skoro w to uwierzyłam, i powiedziała, że jeśli powiem tacie, to naprawdę mnie spali, a teraz tylko chciała mi pokazać, co zrobi, jeśli będzie musiała. Że teraz już wiem, jak łatwo jej to przyjdzie i że powinnam bardzo uważać, żeby jej nie rozgniewać.

Właśnie wtedy przypomniałam sobie coś, o czym prawie zupełnie zdążyłam zapomnieć. Co ta kobieta powiedziała mi wtedy o zdobywaniu tych wszystkich trofeów? Że ważne są detale.

Przytuliłam Imogenę i starałam się ukoić jej łkanie. Nic dziwnego, że milczała po takim wstrząsie, pomyślałam. Musiała być przerażona na śmierć.

Ważne są detale. Jak łatwo jej to przyjdzie. Ona była potworem, a mnie aż odebrało mowę.

Rozdział 17

Ponieważ Kelly miała pod opieką moje dzieci, skorzystałam z wewnętrznego telefonu, żeby zadzwonić do Jima Dawsona, a kiedy czekałam na jego przyjście, zapewniałam Imogenę, że z całą pewnością nie ma żadnych kłopotów. I że to, co zrobiła, było bardzo ważne, a ona bardzo dzielna, a kiedy jej babcia i dziadek się dowiedzą (celowo nie wspominałam o ojcu), zrobią wszystko, żeby była bezpieczna.

To wywołało kolejną falę głośnych szlochów, kiedy wyznała, że babcia zrobiła jej wielką awanturę o to, że uciekła do swojego pokoju i zepsuła przyjęcie, a potem powiedziała, że mają coraz bardziej dosyć mieszkania z nią.

Skrzywiłam się, ale oczywiście tego można się było spodziewać, skoro zła macocha tak skutecznie przedstawiła Imogenę – której najwyraźniej nienawidziła, z sobie tylko znanych, pokrętnych powodów – jako zepsute, wstrętne dziecko, wiecznie sprawiające problemy.

Ale teraz to nad jej głową miały się zacząć zbierać ciemne chmury, a ja – pomyślałam, pędząc szukać Gary'ego Clarka – z rozkoszą zobaczę, jak to się skończy.

Jak miałam nadzieję, Gary rzeczywiście był na spotkaniu z dyrektorem. I liczyłam, że na długiej liście spraw, które niewątpliwie miał do omówienia, znalazła się również rozmowa o tym, jakie działania powinna teraz podjąć szkoła. A kiedy sekretarka potwierdziła, że w gabinecie są tylko oni dwaj, nie zastanawiałam się długo i, mimo wywieszki „Trwa spotkanie", zapukałam energicznie do drzwi.

– Przepraszam, że przeszkadzam – powiedziałam, gdy obaj spojrzeli na mnie zaskoczeni. – Ale zdarzyło się coś nowego w sprawie Imogeny Hinchcliffe.

Gary posłał mi pytające spojrzenie, a Mike wstał, żeby się ze mną przywitać.

– Wejdź, Casey. Jak się masz? Mam nadzieję, że trochę odpoczęłaś. Siadaj i posłuchajmy, jakie przynosisz nowiny. Gary zdążył mi już opowiedzieć o jej wyznaniach na piśmie, ale rozumiem, że ty masz coś nowego?

– Mam – potwierdziłam. – Imogena ze mną rozmawiała. Tak naprawdę rozmawiała – dodałam. – O tej pierwszej rzeczy, którą nam powiedziała – zerknęłam na Gary'ego. – O tym, że myślała, że macocha chce ją spalić. A teraz opisała mi okoliczności i to naprawdę było wstrząsające.

– A mianowicie? – spytał Gary.

A więc opowiedziałam im. Obaj słuchali w milczeniu, tak samo wstrząśnięci jak ja, a kiedy skończyłam, Mike Moore rozłożył ręce.

– Brak mi słów – przyznał. – I wcale nie próbuję być zabawny. Gdzie ona jest teraz?

– W biurze Gary'ego, z Jimem Dawsonem. Nie jest w stanie, w którym powinna zostawać w szkole, ale... cóż, co robimy? Czy naprawdę możemy odesłać ją do domu, do dziadków, jakby nic się nie stało?

– A co ty o tym myślisz? – Mike zwrócił się do Gary'ego. – Jaki, twoim zdaniem, powinien być nasz następny krok?

– Hm – odparł Gary. – Fakt, że Imogena mieszka u dziadków, z jednej strony komplikuje, a z drugiej ułatwia sprawę. Komplikuje, ponieważ interwencja będzie trudniejsza w przypadku dalszego stopnia pokrewieństwa. A ułatwia w tym sensie, że, o ile nam wiadomo, jest tam bezpieczna, więc nie będzie trzeba podejmować nagłej interwencji, zabierać jej i umieszczać w placówce opiekuńczej.

– Zawsze to coś – przyznałam, myśląc o tym, jakim przeżyciem musiałoby być dla Imogeny zabranie jej od dziadków i umieszczenie wśród obcych ludzi. To mogłoby mieć wprost katastrofalny wpływ na jej mutyzm. – A więc co możemy zrobić?

– Kluczem do sprawy jest prawdopodobnie jej ojciec. Jeszcze z nim nie rozmawialiśmy, więc nie wiemy, jaką odgrywał w tym rolę. Na pierwszy rzut oka wydaje się, że wszystko się działo w czasie jego nieobecności i z tego, co mówi sama Imogena, o niczym nie wiedział.

Mike cmoknął ze zniecierpliwieniem, a ja doskonale wiedziałam, nad czym się zastanawia. Jak głupi albo bezwolny musi być ojciec, żeby nie widzieć, co się dzieje pod samym jego nosem. Ale wydawało mi się, że nie powinniśmy go z góry osądzać, nie znając wszystkich faktów. To byłoby niesprawiedliwe.

– Czeka go prawdziwy szok – powiedziałam.

Gary pokręcił głową.

– Niekoniecznie. Oczywiście możliwe, że tak, ale bardzo często zdarzają się przypadki, kiedy jedno z rodziców nie było zaangażowane, ale wiedziało, co się dzieje, niekiedy bardzo dokładnie, lecz z jakiegoś powodu postanowiło to ignorować. Czasem pod przymusem, ze strachu przed zemstą, ale niekiedy po prostu ze względów praktycznych. A poza tym ten facet został sam z córką, ale ma pracę, która wymaga długich i częstych pobytów z dala od domu. Możliwe, że postanowił przymykać oko na to, jak jego żona traktuje córkę, ponieważ potrzebuje, żeby się nią zajmowała w czasie jego nieobecności. Wierzcie mi, ludzie potrafią sobie wmówić najdziwniejsze rzeczy; to tylko kwestia lekkiego przymknięcia oczu i uszu. Nie – powiedział w końcu. – To bardzo skomplikowana sytuacja. I na szczęście nie do nas należy jej rozwiązanie.

Wstał.

– A więc, jeżeli nie masz nic przeciwko temu, pójdę porozmawiać z kilkoma osobami w służbach społecznych. Niech oni zadecydują, co dalej robić. Jak przypuszczam, będą chcieli zawiadomić policję, a tymczasem ty, Casey, powinnaś to wszystko zapisać. Zejdę i zobaczę się z Kelly, żeby mieć pewność, że z twoją grupką jest wszystko w porządku, a potem zadzwonię. Mogę im powiedzieć, że niedługo wyślesz pełny raport e-mailem?

Skinęłam głową.

– A co z Imogeną? Teraz. Chodzi mi o to, że ona cały czas jest w twoim biurze.

– Ach, tak – powiedział. – I chyba nie byłoby dobrze odsyłać ją do Jednostki. Może mogłabyś znaleźć jej jakieś zajęcie do czasu, kiedy ustalimy, co się dzieje? Możemy ją zaprowadzić do działu wsparcia nauczania. Jestem pewien, że Julia Styles z przyjemnością się nią zaopiekuje. Tak, to chyba najlepsze rozwiązanie na tę chwilę, nie sądzisz?

Przytaknęłam i powiedziałam, że poproszę kogoś o zabranie jej torby i książki. Domyślałam się, że pisanie wierszy o ogniach i fajerwerkach to ostatnia rzecz, jaka jest jej potrzebna. Ognisk będzie miała aż za dużo w przewidywalnej przyszłości, a co do fajerwerków – cóż, te miały się dopiero zacząć.

Wprawienie w ruch machiny ochrony dzieci zajęło niecałą godzinę. Tuż przed lunchem, ukończywszy raport, poszłam do biura Gary'ego, żeby go wysłać e-mailem do osoby kontaktowej w służbach socjalnych. A teraz, kiedy już zaczęliśmy, Gary nie zasypiał gruszek w popiele.

– Rozmawiałem już z dziadkami – powiedział, gdy wysłałam raport. – I przedstawiłem im sytuację. Pracownik socjalny także się z nimi skontaktuje. Tymczasem dziadek ma zabrać Imogenę w czasie lunchu, bo nie ma sensu, żeby zostawała w szkole po południu; nie w takim stanie. Najważniejszą sprawą będzie przekonanie jej, że nie będzie miała żadnych kłopotów, i dziadkowie zdają sobie z tego sprawę. Podobnie jak z tego, że nie mogą rozmawiać z synem ani z synową do czasu, gdy służby socjalne i władze zrobią, co do nich należy.

– Co za okropna sytuacja – zauważyłam.

– Oczywiście. Babcia jest zdruzgotana. Nie może się z tym pogodzić, czego można było oczekiwać.

– I musi się czuć strasznie. Na pewno dręczą ją wyrzuty sumienia, że jej nie uwierzyła. Cały ten czas... biedne, biedne dziecko.

– Ale teraz już jest po wszystkim, już będzie dobrze – powiedział z werwą Gary. A ja nie wątpiłam, że dopilnuje, żeby tak właśnie było.

– A więc co będzie dalej? – spytałam. – Co teraz zrobią służby socjalne? Pójdą do nich do domu? Zbadają sprawę? Zaproszą ich do biura i przesłuchają?

Gary spojrzał na mnie i uśmiechnął się znacząco.

– Nie będzie tak miło – powiedział. – To nie tak działa.

– A więc jak?

– Po prostu wyślą policję i aresztują ich.

Wróciłam do Jednostki po lunchu, mając głowę pełną przerażających wizji, ale niewiele do zrobienia – w każdym razie jeśli idzie o Imogenę – i to było zdecydowanie dziwne uczucie. Właśnie tak było w mojej pracy – dzieci przychodziły, ja robiłam, co mogłam, a potem odchodziły – na tym to polegało. I, prawdę mówiąc, wiele wskazywało na to, że to się nie zmieni.

Słowa Gary'ego sprawiły, że to do mnie dotarło. Wizja, którą sobie potem wyobraziłam – z syrenami, odczytywaniem praw i pakowaniem zakutej w kajdanki miłośniczki rasowych kotów do policyjnej furgonetki – była niewątpliwie miła; Gerri stanowczo na to zasłużyła. Ale wśród tego wszystkiego Imogena musiała nadal chodzić do szkoły. Owszem, dziadkowie mogli zatrzymać ją u siebie i nikt nie będzie miał im tego za złe, skoro sytuacja została opanowana i nie ma już bezpośredniego zagrożenia. Jak przypuszczałam, wszyscy się zgodzą, że to będzie dla niej najlepsze – szczególnie ze względu na jej mutyzm – żeby nie robić wokół sprawy wielkiego zamieszania, zwłaszcza jeżeli się okaże (a wciąż głęboko w to wierzyłam), że jej ojciec był niewinny.

A jednak odczuwałam pustkę w detektywistycznym regionie mojego mózgu. Dalsze śledztwo nie było już moją sprawą. Teraz wszystkim zajęli się profesjonaliści. I jakby po to, żeby mi o tym przypomnieć, kiedy wróciłam do klasy po lunchu, zobaczyłam kolekcję szyszek, co od razu skojarzyło mi się ze świętami, a także z Shoną, która siedziała obok Molly, ale wpatrywała się w przestrzeń.

Musiałam natychmiast zmienić temat rozmyślań, ponieważ miałam pod opieką szóstkę dzieci, a przynajmniej dla jednego z nich nadchodzące święta będą niewiarygodnie trudne. Zdawałam sobie sprawę, jak dużo czasu poświęcano w szkole Bożemu Narodzeniu – nie tylko samym świętom w kontekście duchowego rozwoju dzieci, lecz także bardziej praktycznym sprawom, takim jak planowanie związanych z nimi uroczystości, przygotowywanie kartek świątecznych i dekoracji, czy śpiewanie kolęd w miejscowym kościele, w związku z czym zaczął mi kiełkować w głowie pewien pomysł.

Dla Shony wszystko to było oczywiście udręką. A ja pamiętałam, że jej „sekret” wskazywał na trudne okoliczności, które tylko czas mógł poprawić.

To podsunęło mi inny pomysł. Ponieważ Kelly – jak zawsze pełna energii – nie wiedziała, jak długo mnie nie będzie, przygotowała już wszystko do popołudniowych zajęć, które miały być poświęcone matematyce i fizyce.

Ponieważ Shona radziła sobie z matematyką przyzwoicie, lokując się bezpiecznie powyżej przeciętnej, postanowiłam zabrać ją z pierwszej części popołudnia i porozmawiać w cztery oczy, jeżeli tylko będzie miała na to ochotę. W ten sposób miałabym też okazję poruszyć sprawę jej sekretnego listu, chociaż pamiętałam, że zależało jej na zachowaniu anonimowości, więc będę musiała postępować z wyczuciem.

Kiedy już omówiliśmy sprawę tego, gdzie jest Imogena i co się z nią dzieje (co dało się łatwo zrzucić na karb problemów żołądkowych), zamieniłam szybko dwa słowa z Kelly, a potem podeszłam porozmawiać z Shoną, która była nie tylko dobra z matematyki, ale miała też imponujący talent artystyczny, co okazało się teraz bardzo przydatne.

– Potrzebuję ochotnika – wyjaśniłam – żeby pomógł mi przygotować dekorację na ścianę przy głównej portierni. Pomyślałam sobie: kto jest najlepszy we wszystkich artystycznych rzeczach w naszej grupie, jeśli nie w całej szkole? I zgadnijcie, czyje imię przyszło mi natychmiast do głowy?

Shona uśmiechnęła się z zadowoleniem, co samo w sobie było miłe.

– A więc chcesz mi pomóc? – spytałam.

– Z przyjemnością, proszę pani – odparła.

– Dobrze. Weź ze sobą kurtkę, bo przy wejściu jest chłodno, i chodźmy stworzyć coś pięknego!

Eksponowanie dzieł stworzonych przez dzieci jest bardzo ważnym elementem pracy każdego nauczyciela, a wprawdzie sama nie będąc, ściśle mówiąc, nauczycielem –

moje stanowisko nosiło dość groźnie brzmiącą nazwę „menedżera do spraw zachowania" – byłam na liście osób zobowiązanych do dekorowania gablot na korytarzach szkolnych i jedną z nich miałam się zająć do końca tygodnia.

Wybrałam już temat dekoracji i nawet częściowo ją przygotowałam: odwieczna klasyka utrzymana w jesiennych barwach. Zachomikowałam wcześniej mnóstwo różnych rzeczy – głównie obrazki, ale „gwoździem programu" miały być wiersze, które dzieciaki napisały tego dnia rano; zamierzałam poprosić, żeby je ładnie przepisały i ozdobiły brzegi kartek tak, jak im podpowie fantazja. Na razie jednak trzeba było przygotować tło i przypuszczałam, że Shona będzie miała masę pomysłów, jak to zrobić, żeby ładnie wyglądało. Zabrałyśmy moje wielkie pudełko ze skarbami i już wkrótce byłyśmy całkowicie pochłonięte dobieraniem bordiur, materiałów i kolorów.

– Jak sobie radzisz, kochanie? – spytałam w końcu. – Widujesz się jeszcze ze swoją terapeutką?

Skinęła głową.

– Tak. Jest bardzo miła. Czasami chodzimy na spacery. To jest przyjemne...

Zamilkła nagle, a ja postanowiłam się nie odzywać. Dopiero po chwili, starając się przymocować szczególnie uparty kawałek bordiury, powiedziałam:

– Przypuszczam, że musi być miło móc się oderwać od czasu do czasu. Wiesz, od kuzynów... mieć trochę przestrzeni dla siebie.

– Właśnie tak powiedziała. – Podała mi zszywacz. – Nie przywykłam jeszcze do tego... że tak dużo ludzi jest wokół mnie cały czas... do tego zgiełku.

– W tym maluchy zwykle bywają najlepsze, prawda?

Przytaknęła.

– I cały czas chcą, żebym się z nimi bawiła. A ja się staram... chcę pomagać, bo wiem, że ciocia jest zawsze bardzo zajęta...

– Ale czasami masz ochotę krzyknąć „idźcie sobie"?

Jej uśmiech potwierdził, że trafiłam w sedno.

– Wiem, co to znaczy – powiedziałam. – A ponieważ zbliżają się ferie, będziesz musiała zebrać siły, prawda?

– Już zebrałam – odparła po chwili namysłu. – Będę tęsknić za szkołą. Wie pani, za koleżankami i za tym, żeby mieć się czym zająć.

– Ale przecież będziesz mogła się widywać z niektórymi w czasie ferii? Iść na zakupy, spotkać się, żeby pogadać i tak dalej...

– Tak myślę – powiedziała. – Ale to jest bardziej czas dla rodziny, prawda?

Zawahałam się, wyczuwając, że nie chce się zagłębiać w ten temat.

– I na mnóstwo nudnych gier planszowych. I na sałatki z indyka – uśmiechnęłam się do niej. – Chociaż na takie sytuacje mam plan awaryjny. Zawsze w pewnym momencie muszę przyjść tutaj, więc między świętami i Nowym Rokiem mam oficjalny „dzień pracy". Przychodzę tutaj, kiedy jest pusto i cicho, i porządkuję klasę. Zdejmuję stare dekoracje, szukam natchnienia, przygotowuję tła do nowych. Dzięki temu, kiedy semestr się zaczyna, jestem gotowa do akcji; wszystkie ściany czekają na nowe dzieła. A przy tym mam kilka godzin ciszy i spokoju. To działa fantastycznie.

Nie wiem, czy podpowiedział mi to wyraz jej twarzy, czy nagłe olśnienie, ale nieoczekiwanie wpadł mi do głowy pewien pomysł.

– I wiesz co? Zawsze przydałaby mi się pomoc, zwłaszcza że jestem niewysoka. A więc może zróbmy tak: o ile dyrektor się zgodzi, zadzwonię do twojej cioci i spytam, czy któregoś dnia nie mogłabyś przyjść i mi pomóc.

Jej mina wystarczyłaby za całą odpowiedź.

– Mogłabym?

– Nie widzę powodu, żeby nie – odparłam. – Jeśli tylko masz ochotę.

– Och, bardzo, proszę pani!

– W takim razie mnie też się ten pomysł podoba. I dostaniesz zapłatę w gorącej czekoladzie i różowych i białych piankach. Co ty na to?

Jej śmiech sprawił, że przez całą resztę dnia było mi ciepło na sercu.

Rozdział 18

Kiedy obudziłam się nazajutrz, wciąż jeszcze miałam zamęt w głowie. Nie dawało mi spokoju wszystko to, o czym myślałam, zasypiając: co się stanie ze złą macochą, że muszę porozmawiać z dyrektorem i ciocią Shony, czy powinnam zaryzykować i spytać, czy moja grupa może wystąpić z koncertem kolęd, czy powinnam porozmawiać z mamą Gavina i dowiedzieć się, dlaczego uważa go za „czubka"... Tu przypomniałam sobie coś, co powiedział Dan pod koniec pierwszego roku mojej pracy w szkole, kiedy narzekałam, że ciągle gubię klucze i jestem rozkojarzona.

– To się nazywa końcosemestroza – stwierdził, kiwając z powagą głową. – Choroba zawodowa. Nie bez powodu nauczyciele muszą mieć rok szkolny podzielony na semestry. Z czasem jest im coraz trudniej przełączać się i oczyszczać umysł. Złapałaś to?

– Właśnie. To jak coś w rodzaju wypalenia – przytaknęłam.

– Ale na szczęście ta dolegliwość mija. Wszyscy tak mają. Wystarczy kilka tygodni przerwy i będziesz gotowa na nowy rok. Zobaczysz.

Rzeczywiście zobaczyłam, a z czasem nauczyłam się dostosowywać do szkolnego rytmu. W tej chwili jednak został jeszcze miesiąc do końca semestru i po wszystkich ostatnich dramatycznych wydarzeniach – zwłaszcza związanych z Imogeną – miałam ogromną nadzieję, że upłynie on bez żadnych incydentów. Marzyłam o spokojnym i radosnym okresie przedświątecznym, więc czym prędzej wysłałam wiadomość do elfów na biegunie północnym, licząc na to, że Święty Mikołaj będzie na tyle miły, by spełnić moją prośbę.

Przetarłam twarz dłońmi i siedziałam jeszcze przez chwilę na łóżku, nasłuchując dobiegających z parteru dziwnie kojących odgłosów Kierona, który tłukł się z garnkami, zapewne robiąc coś związanego ze śniadaniem, i Riley pokrzykującej jak zwykle coś w stylu „szykuję się do pracy, więc lepiej zejdźcie mi wszyscy z drogi". Taka pora roku: ciemne poranki i jeszcze ciemniejsze wieczory, ale z radosną perspektywą świąt na horyzoncie, chociaż pracownicy sklepów zapewne widzą to nieco inaczej. Oni mają pełne ręce roboty.

W końcu wstałam z łóżka i rozsunęłam zasłony, nawet jeśli tylko po to, żeby wyjrzeć w aksamitną ciemność za oknem. Biedny Mike dawno wyszedł do pracy; pewnie już od godziny był na miejscu. Praca na zmiany była szczególnie uciążliwa o tej porze roku. Zerknęłam na zegarek przy łóżku. Oho, ja także powinnam się pospieszyć – w szkole czeka mnie rano ważne spotkanie, a przedtem naprawdę powinnam się ogarnąć. Wciąż jeszcze myślałam o Shonie – nie byłam pewna, czy powinna wrócić do normalnej klasy przed świętami – ale priorytetem na dziś była Imogena i to, co miało się wydarzyć w jej sprawie.

Przede wszystkim intrygowało mnie, czego się dowiemy. Oczywiście docierały do nas strzępy informacji, ale były irytująco niejasne. Na przykład to, że w śledztwie wyszły na jaw „interesujące" rzeczy z przeszłości, że mówi się o zastosowaniu różnych nowych środków – ale mogliśmy się tylko domyślać, co to oznacza w praktyce.

Czego się dowiedzieli? I o kim? Przypuszczałam, że o Gerri, ale co z ojcem Imogeny? Czy naprawdę był aż tak naiwny, że dopuścił, by tak straszne rzeczy działy się pod samym jego nosem? Przez wzgląd na Imogenę miałam nadzieję, że tak właśnie było.

– Tak – padła stanowcza odpowiedź kilka godzin później.

Zebranie było liczniejsze, niż się spodziewałam. Na tyle, że musieliśmy przejść do sali konferencyjnej biblioteki, zwykle zarezerwowanej na szkolenia, kiedy okazało się, że nie mieścimy się w jednym z mniejszych biur.

Oprócz Gary'ego i mnie, przyszedł Jim Dawson (moje alter ego), Julia Styles (nasza SENCO, czyli koordynator do spraw specjalnych potrzeb), a także Don (zastępujący dyrektora, który był na zebraniu dotyczącym finansów), dwoje pracowników socjalnych – wysoki mężczyzna nazwiskiem Simon Swift, który został przydzielony do rodziny Imogeny, oraz praktykantka Helen Croft, która miała przy nim zdobywać doświadczenie.

Głównym celem spotkania było poinformowanie nas o rozwoju sytuacji. Dlatego przez pierwsze dwadzieścia minut słuchaliśmy, co się działo od momentu otwarcia sprawy przez służby socjalne po tym, jak Imogena otworzyła się przede mną, a Gary ich o tym poinformował.

Cała zamieniłam się w słuch, ponieważ uczyłam się w takim samym stopniu jak praktykantka ze służb socjalnych. Miałam już wcześniej do czynienia z tą instytucją, zarówno w mojej obecnej pracy, jak i wcześniej, gdy pracowałam z młodzieżą, lecz teraz po raz pierwszy znalazłam się w samym centrum procesu, który mógł mieć tak ogromny wpływ na życie rodzinne dziecka; czułam, że to ogromna odpowiedzialność.

Nie, Imogena nie miała zostać zabrana z domu – już nic jej nie groziło, ponieważ mieszkała u dziadków – ale emocjonalna trauma, którą przeżyła i której skutki nadal jeszcze odczuwała, trwałaby do dzisiaj, gdyby dziewczynka nie zebrała się na odwagę i nie powiedziała mi, co się wtedy wydarzyło.

Interwencja oczywiście była konieczna – i dość dramatyczna, sądząc z opisów. Pracownicy socjalni wybrali odpowiedni moment, kiedy Gerri i Graham Hinchcliffe'owie oboje byli w domu, i poszli tam w towarzystwie policjanta, który zrobił dokładnie tak, jak przewidział Gary – aresztował oboje pod zarzutem napaści i rozmyślnego zaniedbania.

– I szczęśliwie, przypuszczam, że w tym przypadku można to tak określić, okazało się, że Gerri Hinchcliffe była już wcześniej skazana – mówił Simon Swift – i to za podobne przestępstwo. To był kluczowy dowód. I na szczęście, bo to znacznie uprościło papierkową robotę, nawet nie próbowała się niczego wypierać. Prawdę mówiąc, roześmiała się – zerknął na Gary'ego, któremu już najwyraźniej zdążył to opowiedzieć. – Powiedziała... niech sprawdzę, czy dobrze zapamiętałem... tak, powiedziała, że „to była tylko p***na woda. K***wa, jak mogłam ją skrzywdzić p***ną wodą? Nie możecie mi nic zrobić za to, że ona jest naiwną idiotką!" – chrząknął i uśmiechnął się. – Urocze, prawda? Ale na szczęście możemy jej coś za to zrobić.

– A więc Imogena wszystko wam opowiedziała? – spytałam. Bardzo się o to martwiłam. Że kiedy przyjdzie co do czego i będzie musiała mówić do zupełnie obcych ludzi – do tego w bardzo onieśmielających okolicznościach, mimo że policja stara się „przytulnie" urządzać takie miejsca – po prostu zatnie się i nie będzie w stanie wykrztusić ani słowa. Ale najwyraźniej martwiłam się niepotrzebnie.

– O, tak – potwierdził Simon. – To znacznie ułatwiło sprawę. Gerri Hinchcliffe wyszła za kaucją, ale ojca Imogeny wypuszczono prawie do razu, bez stawiania zarzutów, i mógł ją zapewnić, że nie będzie miał żadnych kłopotów. On naprawdę nie miał o niczym pojęcia, to było oczywiste już od pierwszej chwili. A jego żona bardzo starannie zacierała za sobą ślady. W każdym razie podobno jeszcze tego samego dnia poprosił ją, żeby opuściła jego dom. Myślę, że już zdążyła to zrobić, razem ze swoimi kotami.

Nie miałam wątpliwości, że zabrała też wszystkie medale i trofea. Pokręciłam głową.

– Nie mogę uwierzyć w takie okrucieństwo – powiedziałam. – To znaczy, oczywiście, mogę. Widzę to każdego dnia, wszędzie dookoła. Ale traktować w taki sposób bezbronne dziecko i jeszcze się z tego śmiać? Rozmawiając ze służbami socjalnymi? To wprost nie do wiary, nie sądzicie? I jeszcze to, jak udało się jej wszystkich oszukać... Nie mogę uwierzyć, że tak przekonująco okłamywała wszystkich. Właśnie to mnie tak naprawdę porusza. Chodzi o to, że od babci słyszałam same pochwały na temat Gerri!

– Już nie – sprostował Gary. – Biedna kobieta naprawdę ciężko to przeżyła, możesz sobie wyobrazić. Podobnie jak dziadek. Ponieważ ona całkowicie owinęła ich sobie wokół palca, podobnie jak ich syna. Zresztą dzięki temu jego nieświadomość wydaje się chyba trochę bardziej prawdopodobna.

Simon przytaknął.

– I obawiam się, że to wcale nie jest coś niezwykłego. Gdybym dostawał funta za każdy przypadek, kiedy winna strona robiła coś podobnego całkowicie poza zasięgiem radarów, tak że nikt o niczym nie wiedział, byłbym dzisiaj bogatym człowiekiem, wierzcie mi. Ale mamy do czynienia z osobą z bardzo poważnymi problemami emocjonalnymi. Ta kobieta ma narcystyczną osobowość. Została porzucona przez własną matkę w bardzo młodym wieku i wychowywała się, przechodząc z jednego domu dziecka do drugiego. I chociaż na pozór jest czarująca i dobrze sobie radzi w życiu, słowo „empatia" jest jej najzupełniej obce; dręczenie i wykorzystywanie ludzi jest dla niej codziennością. Jestem pewien, że wszyscy wiemy, jak to działa... – Rozejrzał się po sali; miał rację. Wszyscy dokładnie wiedzieliśmy, o czym mówi. – Tacy ludzie często są charyzmatyczni i mają otwarty umysł, prawda? Na pewno nie noszą plakietki z napisem „Unikaj mnie za wszelką cenę!"

I była bardzo przebiegła. Ojciec Imogeny, porzucony przez żonę i zraniony, był dla niej łatwym celem. Czy złowiła go, kiedy była samotnie na jednej z jego wycieczek?

– Co z nią teraz będzie? – spytałam, jeszcze mniej skłonna jej wybaczyć. Chociaż, biorąc pod uwagę jej przeszłość, powinnam wykazać więcej zrozumienia, jednak wciąż nie potrafiłam zapomnieć o tym, co zrobiła Imogenie.

– Postawiono jej zarzuty i będzie sądzona za okrucieństwo i zaniedbywanie dziecka. I jeżeli nawet nie uświadomi sobie swoich błędów, to przynajmniej możemy mieć nadzieję, że to zniechęci ją do wchodzenia w związki z mężczyznami, którzy mają dzieci. Oczywiście będziemy was zawiadamiać o rozwoju sytuacji, ale jeśli idzie o Imogenę, ten okres już jest zakończony i będziemy wraz z rodziną pracować nad tym, żeby na powrót uporządkować jej życie. I mamy nadzieję, że to korzystnie wpłynie także na jej terapię dotyczącą mutyzmu.

Właśnie miałam zapytać, czy jest coś, co powinnam robić – albo czego powinnam unikać – pracując z Imogeną, kiedy zebranie zostało przerwane przez pukanie do drzwi.

To było bardzo delikatne pukanie – natychmiast dało się rozpoznać, że puka dziecko, a nie dorosły – i gdyby ktoś wówczas mówił, moglibyśmy go w ogóle nie usłyszeć.

Don, który siedział najbliżej drzwi, poszedł zobaczyć, kto puka; kiedy zauważyłam, że patrzy w dół (nie widziałam, kto stał przed drzwiami), wiedziałam, że przeczucie mnie nie myliło. Rozpoznałam też głos. To była Shona.

Don zaprosił ją do środka.

– Przysłała mnie pani Vickers – powiedziała nerwowo, przyglądając się obcym ludziom zebranym w sali. – Zastanawiała się, czy pani Watson mogłaby przyjść do Jednostki... – Zerknęła na mnie i znowu na Dona. – Chodzi o Bena, a on...

– Co się stało, Shono? – zaczęłam. Ale Jim już wstał z miejsca.

– Nie, nie, proszę zostawić to mnie, pani Watson – powiedział, biorąc marynarkę z oparcia krzesła. – Proszę zostać. To pani będzie pracować z Imogeną, więc więcej sensu ma, żebym to ja poszedł i zajął się sprawą... o cokolwiek może chodzić. Co on takiego zrobił, Shono?

Shona spojrzała na niego niepewnie, a potem znowu zerknęła na mnie.

– To on i Henry – wyjaśniła. – Pobili się, a teraz Ben siedzi zamknięty w szafie. Tej przy kranie... ale pani Vickers powiedziała...

– Zamknięty? – spytał Gary. – Przez kogo?

Shona pokręciła głową.

– Nie wiem – odparła. – Pani Vickers mi tego nie powiedziała. Tylko tyle, że chciałaby, żeby pani Watson przyszła. – Znowu na mnie spojrzała.

Jim podszedł do drzwi, a ja stanęłam przed dylematem. Wiedziałam, że Jim sobie poradzi – wiedziałam, że poradzi sobie z każdą sytuacją (często lepiej niż ja) – ale miałam nieodparte wrażenie, że Kelly chciała, żebym to właśnie ja przyszła i zajęła się tą sprawą. A znając już o wiele lepiej Bena, przypuszczałam, że wiem też dlaczego. Ale mówienie o tym w tym towarzystwie byłoby wysoce niestosowne, więc ugryzłam się w język.

Lecz Gary musiał dostrzec coś w moim lub Shony wyrazie twarzy i domyślił się, że to ja muszę tam pójść.

– Nie, nie, dziękuję, ale myślę, że będzie najlepiej, jeśli pan tu zostanie, panie Dawson – powiedział stanowczo. – Musimy jeszcze porozmawiać o Joshu Harrisonie, pamięta pan? – Skinął mi głową. – Proszę iść, pani Watson. I tak już właściwie skończyliśmy, jak sądzę. A w przyszłym tygodniu spotykamy się znowu, żeby opracować plan dalszego postępowania z Imogeną, prawda, panie Swift?

Spojrzał pytająco na starszego pracownika socjalnego, a ten przytaknął.

– Tak – potwierdził. – Czekamy tylko na raport logopedy.

Nie potrzebowałam dalszej zachęty. Wstałam, złapałam torbę, pożegnałam się i wyszłam razem z Shoną.

– A więc – spytałam, gdy pędziłyśmy korytarzem – co się dzieje?

Wyglądało na to, że działo się sporo. Shona niewiele mogła mi powiedzieć. Tylko tyle, że Henry i Ben zaczęli się bić i nagle zrobiło się bardzo „krzykliwie", wic pani Vickers przerwała ich bójkę i kazała im się wzajemnie przeprosić, ale potem Henry coś zrobił i Ben zaatakował go nożyczkami, a teraz jest zamknięty w szafie obok kranu.

To znaczy tej, która stała na korytarzu, tuż przy mojej klasie. Tej, która miała szufladę, a w niej klucz otwierający samą szafę. Pozostawało pytanie – kto ją zamknął i kto miał teraz klucz?

– Och, sam Ben – wyjaśniła Kelly, kiedy już posadziłyśmy dzieciaki nad zeszytami i wyszłyśmy za drzwi, żeby omówić sytuację, słysząc jednocześnie, co się dzieje w klasie. – Nikt go tam nie zamknął. Sam to zrobił. Mały nicpoń musiał się przemknąć i zabrać klucz, kiedy byłam odwrócona tyłem. Wypadł z klasy jak strzała i tylko dlatego, że stałam blisko drzwi, pobiegłam za nim i zdążyłam zobaczyć, jak wchodzi do środka. Gdyby nie to, mógłby tam siedzieć do skończenia świata, bo to ostatnie miejsce, w którym bym go szukała; przypuszczałabym raczej, że czmychnął ze szkoły. – Spojrzała w głąb korytarza. – Prawdę mówiąc, wciąż jeszcze może tam siedzieć do skończenia świata, ponieważ Ben, jak to Ben, uparł się, że nie wyjdzie – uśmiechnęła się ponuro. – W tej chwili jest trochę jak z zakładnikiem. Odmawia negocjowania warunków wydania papieru kolorowego i plakatówek, dopóki nie zostaną spełnione jego warunki.

– Mianowicie jakie?

– Proste. Że nie zostanie – pokazała palcami cudzysłów – wyrzucony.

Nagle spoważniała.

– Rzucił się na Henry'ego, Casey. Nie zranił go poważnie, o ile dobrze widziałam; nie ma żadnych ran ani nic podobnego, ale rzucił się na niego z nożyczkami. Molly to widziała. No i dobrze wie, że wykorzystał wszystkie swoje szanse. Przypuszczam, że o to w tym wszystkim chodzi.

Zrozumiałam, że miałam rację, przeczuwając, że to jest coś, czym ja powinnam się zająć. Miałam większe szanse na załagodzenie sytuacji – albo przynajmniej zminimalizowanie strat, a w każdym razie na to, że jej jeszcze bardziej nie pogorszę – niż Jim, ponieważ przez cały ten czas, który Ben spędził u nas, nauczyłam się, że nie podporządkowywał się on nauczycielom mężczyznom nawet w połowie tak skwapliwie jak kobietom. Prawdę mówiąc, z jego dokumentów wyłaniał się dość wyraźny wzorzec. Za każdym razem wpadał w szał i jeszcze bardziej pogarszał swoją sytuację. To było niemal instynktowne i, jak przypuszczałam, związane z jego życiem w domu rodzinnym, gdzie najważniejszy mężczyzna – jedyny mężczyzna – najczęściej krzyczał na swoje jedyne dziecko, do tego – jak wynikało z dokumentów – często w stanie alkoholowego upojenia.

Nie żeby Jim miał na niego krzyczeć – nic podobnego. Był jednym z nauczycieli obdarzonych niemal wrodzonym autorytetem i nigdy nie musiał podnosić głosu. Jednak udało mi się nawiązać z Benem taką szczególną nić porozumienia, że to właśnie ja miałam największe szanse nie tylko na wywabienie go z szafy, lecz także na wydobycie wystarczających informacji, by móc ocenić, na ile poważny był ten incydent. Ale przecież nie mogło być aż tak źle, prawda? Owszem, mieliśmy w klasie nożyczki, ale były tępe i miały zaokrąglone końce. Z trudem dało się nimi przeciąć nawet cienki karton. Mimo wszystko były to przygnębiające nowiny i kolejna plama na jego koncie; miałam nadzieję, że jeszcze nie zaprzepaścił swojej ostatniej szansy.

– I przepraszam, że wyciągnęłam cię z zebrania – dodała Kelly. – Ale nie mogłam nigdzie znaleźć woźnego; najpierw wysłałam Shonę do niego... Więc pomyślałam, że lepiej będzie wyciągnąć cię z zebrania, niż wzywać ciężką artylerię. Biorąc pod uwagę jego sytuację i w ogóle...

– Dobrze zrobiłaś – uśmiechnęłam się i przyłożyłam palec do skroni. – Użyłaś zdrowego rozsądku. Daleko zajdziesz, moje dziecko. A więc do dzieła. Jeśli ty utrzymasz posterunek, ja zaatakuję szafę!

Co jest ostatnio ze mną i kluczami? – pomyślałam, kiedy stanęłam przed drzwiami szafy i delikatnie zapukałam. Najpierw Imogena zamknęła mnie wewnątrz, a teraz Ben – na zewnątrz. Czy może powinnam z tego wyciągnąć jakieś wnioski?

– Ben, kochanie – powiedziałam łagodnie, ciesząc się, że jeszcze trwała lekcja i na korytarzu było pusto. – Ben, to ja.

Przyłożyłam ucho do drzwi. Nic. Czy jeszcze w ogóle był w środku? Może czmychnął, kiedy nikogo nie było w pobliżu? Uświadomiłam sobie, że to niemożliwe. Imogena – jak na ironię, nieświadoma, że jest główną bohaterką naszego zebrania – stała przed drzwiami klasy, kiedy tam przyszłam; zapewne Kelly poleciła jej pilnować szafy z Benem w środku.

– Ben – powtórzyłam, tym razem bardziej stanowczo. – To ja. Muszę z tobą porozmawiać. No już, przynajmniej daj mi znać, czy nadal tam jesteś. Jedno puknięcie na tak, dwa na nie... – zawiesiłam głos. – A trzy...

Dwa puknięcia. A więc nie stracił poczucia humoru.

– No dobrze. W takim razie mamy dwa możliwe rozwiązania. Albo ty wyjdziesz, albo ja wejdę do środka. Wszystko mi jedno, które, ale ty musisz wybrać jedno z nich, albo pójdę po woźnego, a to wprawi go w bardzo zły humor.

– Ja tego nie zrobiłem – padła zagadkowa odpowiedź.

– Czego nie zrobiłeś? – spytałam.

– Nie zrobiłem tego, co Henry powiedział, że zrobiłem. On kłamie!

– A Henry powiedział, że co zrobiłeś?

– Powiedział, że go dźgnąłem, a to nieprawda!

– Jeszcze nie rozmawiałam z Henrym, Ben. Chciałam porozmawiać najpierw z tobą. Chcę, żebyś mi opowiedział, co się wydarzyło. Od samego początku.

Zapadło milczenie, ale usłyszałam jakiś stukot i skrobanie.

– Jest pani sama? – spytał w końcu. – Nie przyprowadziła pani nikogo ze sobą, prawda?

Najwyraźniej nie tylko ja oglądałam filmy o policjantach.

– Całkiem sama – zapewniłam. – Chociaż dzwonek zadzwoni za... niech sprawdzę... dwanaście minut. A wtedy nie będę już sama. Cała masa uczniów będzie tędy przechodzić, zastanawiając się, dlaczego mówię do drzwi. A więc? Mam wejść do środka czy wszystko mi opowiesz?

Kolejne stukoty i skrobanie. Najwyraźniej dobrze wykorzystał czas i solidnie się w środku zabarykadował. W końcu, z ulgą, usłyszałam zgrzyt klucza w zamku.

– No, nareszcie – powiedziałam, kiedy drzwi się otworzyły i ukazał się w nich rozczochrany i dość wystraszony jedenastolatek, ze smugami od łez i kredy na twarzy.

Było tam trochę ciasno, zwłaszcza że ostatnio wkładałam do szafy sporo nowych skarbów, ale udało mu się wcisnąć na najniższą półkę, na której leżał stos kolorowych papierów formatu A3. Obok szafę wypełniały, przygotowane do noworocznych gazetek, rulony folii, wstążki, wielkie plastikowe butle farb plakatowych, także używany na co dzień kolorowy papier, plastelina i biały karton. Ładnie pachniało; ten zapach zawsze kojarzył mi się z entuzjazmem i twórczym zapałem. Chociaż wyraźnie przebijała nuta spoconego chłopca.

– A więc co się stało, Ben? – spytałam. – Ale tak szczerze, dobrze? Niczego nie zmyślaj. – Wytrzymałam jego spojrzenie, żeby mieć pewność, że moje słowa do niego dotarły. – No, dalej. Miejmy to już za sobą. Od samego początku.

I wydawało mi się, że Ben chętnie zaczął mówić. Wszystko zaczął Henry (co mogłam przewidzieć – rzadko się zdarzało, żeby ktoś z tych dzieciaków przyznał się, że cokolwiek „zaczął"), zabierając flamaster, którego Ben akurat używał i odłożył tylko na chwilkę, a kiedy sięgnął po niego znowu, okazało się, że Henry już go wziął i jakoś tak się stało, że zostawił ślad na stoliku, a ponieważ był to permanentny marker, a mieliśmy zasady dotyczące używania permanentnych pisaków, obaj chłopcy zaczęli się nawzajem oskarżać o porysowanie stolika i w końcu wszystko wymknęło się spod kontroli, i doszło do bójki, i Kelly musiała interweniować, żeby ich rozdzielić.

Jak się jednak często zdarza, mimo iż chłopcy przeprosili, wciąż mieli wątpliwości co do tego, kto był najbardziej winny i jakoś tak się stało – tu Ben był dziwnie powściągliwy w opisywaniu szczegółów – że bójka rozgorzała na nowo. A ponieważ Ben miał wtedy w ręce nożyczki, wycelował nimi w Henry'ego, ale tylko w odwecie („naprawdę, proszę pani!") po tym, jak Henry dźgnął go świeżo zatemperowanym ołówkiem.

– I tego nikt nie widział! – pożalił się Ben i rozpłakał się. – Nikt tego nie zauważył, a ten ołówek był naprawdę ostry, proszę pani i to bolało! A ja go nie skrzywdziłem. Tylko mu groziłem i... A poza tym to są plastikowe nożyczki! I... i... – szlochał tak, że ledwie mógł mówić. – A teraz on mówi, że to zrobiłem – przełknął ślinę. – I wyrzucą mnie ze szkoły i wyślą mnie do domu dziecka!

Ostatnie słowa ledwie dało się zrozumieć; łzy płynęły mu strumieniami po policzkach, a ja nagle pomyślałam, że w tej maleńkiej świątyni artykułów papierniczych nie ma nic, czego mogłabym użyć jako chusteczki. Mnóstwo bibuły, ale nic, w co mógłby wydmuchać nos.

Ale on zdążył sobie sam z tym problemem poradzić i kiedy ja przetrząsałam kieszenie, po prostu otarł twarz poszarpanym rękawem swetra.

– Kochanie – powiedziałam. – Skąd taki pomysł przyszedł ci do głowy? Kto powiedział, że miałbyś zostać wyrzucony ze szkoły?

– Henry!

– Hm, kiedy ostatnim razem sprawdzałam, na drzwiach gabinetu dyrektora nie było tabliczki z nazwiskiem Henry'ego Davisa. A w ogóle o co chodzi z tym domem dziecka?

To wywołało nową falę szlochu.

– Tak właśnie powiedział!

– Henry?

– Nie, mój tata! Już rozmawiał z tą panią, która łapie dzieci. Powiedział, że jeśli jeszcze raz wpakuję się w jakieś kłopoty w szkole, to zadzwoni do niej i pozbędzie się mnie. Tak powiedział!

– Ben, jestem pewna, że wcale nie miał czegoś takiego na myśli...

– Miał – przełknął głośno ślinę. – Umówił się z nią i w ogóle...

– Jak to umówił się?

– Powiedział, że dzwonił do tej pani i oni powiedzieli, że jeśli będę sprawiał jeszcze jakieś kłopoty, to może zadzwonić na telefon zaufania dla dzieci i zabiorą mnie furgonetką.

– Ben, posłuchaj mnie. Telefon zaufania dla dzieci jest dla dzieci. Dzieci mogą tam zadzwonić, jeżeli mają problemy i chcą z kimś porozmawiać.

– Właśnie tak myślałem, proszę pani – pociągnął głośno nosem. – Ale wcale nie, proszę pani. Jeśli ktoś zadzwoni na telefon zaufania dla dzieci, to oni mogą przyjechać i go zabrać. Wiem, bo widziałem, proszę pani. Naprawdę. W naszym bloku był taki chłopiec... zadzwonił tam i nikt go więcej nie widział. Już nigdy.

Wzięłam głęboki oddech, czując narastającą frustrację i bezsilny gniew. Gniew na dorosłych, którzy uznali za dobry pomysł wkładanie naiwnemu dziecku do głowy takich strasznych bredni.

– Ben – powiedziałam, wstając i kładąc mu ręce na ramionach. – Posłuchaj mnie uważnie, dobrze? Przede wszystkim nikt z telefonu zaufania nie zabiera dzieci. Oni pomagają dzieciom. Pomagają dzieciom, które są w trudnej sytuacji i czasami, tak, czasami to oznacza, że te dzieci muszą opuścić swój dom... ale tylko wtedy, gdy trzeba im zapewnić bezpieczeństwo. A po drugie – dodałam, mając nadzieję, że instynkt mnie nie zawiedzie –

nie przypuszczam, żeby twój tata choćby przez sekundę chciał cię umieścić w domu dziecka. Owszem, straszył cię, mówiąc, że... – Znowu zamilkłam, zdając sobie sprawę, że nie powinnam posuwać się za daleko. W końcu nie do mnie należało ocenianie jego stylu dyscyplinowania syna, a już na pewno nie wobec Bena. – Ale coś takiego się nie zdarzy. I po trzecie – teraz już poczułam, że jestem na pewniejszym gruncie – na pewno nie zostaniesz wyrzucony za to, co wydarzyło się z Henrym.

– Naprawdę, proszę pani? – pociągnął nosem.

– Naprawdę, Ben – powiedziałam z przekonaniem. – Tak, zrobiłeś źle. Obaj źle postąpiliście. Ponieważ nie rozwiązujemy sporów w bójkach, prawda? Ani nie grozimy sobie nożyczkami i ołówkami. I obaj przez resztę tygodnia będziecie przychodzić wcześniej do szkoły, żeby pomagać woźnemu sprzątać liście i śmieci. I obaj przeprosicie: najpierw panią Vickers za przeszkadzanie w lekcji, a potem siebie nawzajem.

Skinął głową. A ja z zadowoleniem zauważyłam, że rękaw jego swetra był bardziej mokry niż jego twarz – bo Ben przestał w końcu płakać.

– A więc – powiedziałam – oto, co zrobimy: pójdziemy do toalety, żebyś mógł umyć twarz, dobrze? Potem wrócimy do klasy i kiedy wszyscy pozostali pójdą na przerwę, ty, ja i Henry rozwiążemy ten problem.

A potem ja zapiszę w pamięci, a może i w notesie (tą myślą nie podzieliłam się z Benem, który tymczasem znowu ocierał oczy), żeby porozmawiać z Garym i zaproponować spotkanie z ojcem Bena. Powinniśmy przynajmniej spróbować przekonać go, że takie podejście do dyscyplinowania jedynego (i pozbawionego matki) dziecka może raczej zaszkodzić, niż pomóc.

Hm, pomyślałam, kiedy rozległ się dzwonek. „Pani łapiąca dzieci". Nic dziwnego, że służby socjalne mają taką złą prasę.

Rozdział 19

Kiedy sytuacja na froncie ochrony dzieci w końcu się ustabilizowała, zapanował spokój; taka przejściowa pora roku. Ekscytacja (i stres) wywołana Nocą Ognisk wydawała się już odległą przeszłością; nastał czas mroczny i nieokreślony, ale jednocześnie nie dość długi, żeby bez pośpiechu przygotować wszystko na Boże Narodzenie.

Byłam ogromne przejęta tym, że nareszcie zaczęło iść ku dobremu w przypadku najtrudniejszej z moich podopiecznych; teraz, gdy Imogena mówiła już niemal całkiem swobodnie, chciałam poznać ją lepiej, ale w tych dniach każda minuta była na wagę złota. Jedno zebranie następowało za drugim i w powietrzu dało się wyczuć zapowiedź zmian. Było to naturalną częścią życia w szkole, a zwłaszcza w Jednostce, niemniej jednak budziło niepokój.

Na jednym z zebrań omawialiśmy ogólnie nasze postępy; na innym zajmowaliśmy się sytuacją Imogeny i przygotowaniami do powrotu Gavina, Henry'ego i Shony do normalnych lekcji, co miało nastąpić po Nowym Roku.

Wszyscy oni byli już gotowi, ale również nieco przerażeni tą perspektywą, a ja doskonale ich rozumiałam. Martwiłam się zwłaszcza o Gavina, który niejeden raz groził (a przynajmniej tak mi powiedział), że przestanie brać swoje lekarstwo, żeby stać się znowu „niegrzecznym" i móc zostać ze mną.

Do tego wszystkiego pod moją opiekę miało trafić nowe dziecko. Czternastoletnia dziewczynka.

– Ale to właściwie nie jest typowy przypadek trudnego dziecka – wyjaśniła Julia Styles, kiedy zajrzała do mnie, żeby uprzedzić o przybyciu nowej uczennicy. – Dziewczynka ma na imię Gemma. O ile nam wiadomo, nie ma z nią żadnych innych problemów poza tym, że niedowidzi. Nie używa laski, ale potrzebuje pomocnej dłoni, dopóki nie poczuje się w okolicy na tyle pewnie, żeby poradzić sobie samodzielnie.

– I naprawdę nie ma nikogo innego, kto mógłby pomóc? – spytałam.

Nie miałam nic przeciwko temu pomysłowi, ale nie byłam pewna, na ile mogę się jej przydać, tym bardziej że podobno była ponadprzeciętnie inteligentna.

– Jeśli trafi do nas, straci sporo lekcji. Chcę powiedzieć, że oczywiście przyjmiemy ją z otwartymi ramionami, ale nie da się zorganizować dla niej specjalnych lekcji. Nie w trakcie roku szkolnego.

– Wiem. To nie jest idealne rozwiązanie – przyznała Julia. – Ale niestety, nie mamy wyboru. A nawet jeśli straci jakieś ważne lekcje, jestem pewna, że uda nam się to nadrobić w nowym roku. Chodzi o to, że zdobyliśmy fundusze na zatrudnienie na pełny etat asystentki specjalnie dla niej, a oprócz tego ma specjalistyczny system komputerowy, ale asystentka może zacząć pracę dopiero w połowie stycznia.

A więc tak. Miałam stracić trójkę i zyskać jedną uczennicę, co znaczy, że moja klasa stanie się bardzo spokojna. Tyle że trójka jeszcze nie odeszła, a Gemma miała przyjść następnego dnia. Pomyślałam, że to dość niefortunny moment na przejście do nowej szkoły. Jednak kiedy przeczytałam notatki, które zostawiła mi Julia, okazało się, że Gemma i jej rodzina dosłownie w tym tygodniu przeprowadzili się do naszej okolicy po latach walki o utrzymanie córki w normalnej szkole.

Tak więc na jakiś czas miało się zrobić bardziej tłoczno. Przez resztę przedpołudnia przeglądałam plan zajęć, starając się wykroić czas na specjalne lekcje dla Gemmy, podczas gdy dzieciaki radośnie (czego nie można było przyjmować za pewnik w przypadku mojej zmiennej w nastrojach grupki) zajmowały się przygotowywaniem kartek i dekoracji świątecznych.

Byłam tak zaabsorbowana, że zanim się zorientowałam, nadeszła pora lunchu, co uświadomiłam sobie dopiero wtedy, gdy Shona stanęła przy moim biurku. Zauważyłam, że zapadła niezwykła cisza i domyśliłam się, że Shona występuje w roli rzeczniczki całej grupy.

– Proszę – powiedziała, kładąc na biurku kartkę, która pachniała żywicą i miejscami wciąż jeszcze była lepka od kleju. – Ja i reszta zrobiliśmy to dla pani, żeby mogła pani zabrać ją do domu – powiedziała, lekko się rumieniąc. – To dlatego, żeby pani podziękować za zajmowanie się nami, i dlatego że będę za panią tęsknić.

– Ja też będę tęsknił! – zawołał Gavin, machając do mnie od stolika chłopców.

Prawdę mówiąc, nie tylko Gavin. Wszystkie dzieci wpatrywały się we mnie. I nagle Henry krzyknął:

– I ja będę tęsknił, proszę pani!

Spojrzałam na to, co Shona położyła mi na biurku i musiałam przełknąć ślinę, bo poczułam, jak coś mnie ściska w gardle. Podczas gdy ja sądziłam, że robią papierowe łańcuchy i inne dekoracje do powieszenia w klasie, oni najwyraźniej spędzili większość czasu, tworząc dzieło, które teraz leżało przede mną. Było to wielkie złote serce wycięte z kartonu, z przyklejonymi precyzyjnie wokół krawędzi starannie narysowanymi i wyciętymi jagodami i liśćmi ostrokrzewu. Pośrodku serca, niczym w kalendarzu adwentowym, znajdowały się małe okienka, z których każde skrywało wiadomość od każdego z dzieci. W takiej sytuacji wszelkie próby powstrzymania łez były skazane na przegraną, więc nawet nie próbowałam.

– Popatrzcie tylko na mnie – pociągnęłam nosem. – Nawet nie mogę przeczytać, co napisaliście!

Jednak udało mi się przeczytać: *Jak za żelkami będę tęsknić za byciem przy Pani* od Shony i *Jest Pani moim ulóbionym nauczycielem* od Bena, ale najbardziej wzruszyło mnie to, co napisała Imogena: *Dziękuję, że pomogła mi Pani odzyskać głos.*

– Och, dzieciaki! No, sami zobaczcie, jak ja teraz wyglądam! – powiedziałam, sięgając do torby po nową paczkę chusteczek. – To jest takie śliczne. Bardzo wam dziękuję. I wiecie co? Byłam ostatnio tak zajęta, że nawet nie zdążyłam pomyśleć o choince, ale teraz czuję się tak świątecznie, że zajmę się wszystkim, kiedy tylko wrócę do domu. A to – dodałam, unosząc w górę kartkę – stanie na honorowym miejscu, pośrodku półki nad kominkiem.

Potem wstałam zza biurka, podeszłam i uścisnęłam każde z nich po kolei, po czym włożyłam prezent między dwa kawałki sztywnego kartonu i wsunęłam do torby, a kiedy rozległ się dzwonek, popędziłam do pokoju nauczycielskiego, gdzie na wszystkich czekały gorące paszteciki, co było równie miłe.

– Wiesz co? – zaczęła Kelly, kiedy opowiedziałam jej o nowej dziewczynce, która dołączy do nas następnego dnia rano. Już rozpierała ją energia. – Wiesz, co powinnaś zrobić? Powinnaś to komuś zlecić, ot co.

– Tak, też o tym pomyślałam i zamierzałam to zrobić, kiedy uda mi się od ciebie wyciągnąć twój rozkład zajęć. – Ja także wzięłam pasztecik.

– Nie, nie mnie – odparła. – Chociaż oczywiście możesz na mnie liczyć. Ale chodziło mi o to, że powinnaś ją oddać pod opiekę któremuś z pozostałych dzieci.

– Któremuś z pozostałych?

– Tak. Wiesz, naprawdę powinnaś wyciągnąć wnioski z tego, czego nauczyłaś się przy Kieronie. – Mrugnęła do mnie porozumiewawczo. – Pamiętasz, jak mówiłaś, że on zawsze znajduje najprostsze rozwiązanie?

Przytaknęłam.

– A więc to jest bardzo proste. Jej asystentka zaczyna pracę w połowie stycznia, tak? A Shona wraca do swojej klasy na początku stycznia, więc do tego czasu możesz wyznaczyć Shonę jej oficjalną opiekunką. Wiesz, żeby ją prowadziła wszędzie, gdzie powinna pójść, żeby była jej oczami, kiedy będzie trzeba. I to nie wszystko. „Och, jaki wspaniały pomysł, Kelly!", „Dzięki, Casey, nie ma o czym mówić". Powinnaś powierzyć te obowiązki Shonie, a Imogenę mianować jej asystentką, a po świętach awansować ją na główną opiekunkę. W ten sposób upieczesz dwa kurczaki na jednym rożnie. Ta-dam! Co ty na to? Świetny pomysł, prawda?

– Ach, ty geniuszu. – Klepnęłam Kelly w plecy, aż parsknęła okruszkami pasztecika. – Masz absolutną rację. To jest świetny pomysł i dodatkowo rozwiązuje problem Imogeny, która mogłaby się poczuć osamotniona po odejściu Shony.

– Oczywiście, że mam rację. Zawsze mam. Ale dziękuję – powiedziała, strząsając okruszki ze spodni. – Ten pasztecik mi smakował.

– Myślałam tylko o twoich biodrach, kochanie. – Mrugnęłam do niej porozumiewawczo. – Zobaczmy... to był twój drugi czy trzeci?

Dzień minął całkiem przyjemnie, chociaż moja rodzina zareagowała mniej entuzjastycznie, kiedy wszyscy po powrocie do domu zostali zagonieni do przygotowywania świątecznych dekoracji.

– Mamo! Wiesz, ja mam jeszcze poza tym jakieś życie – narzekała Riley, zerkając po raz enty na zegarek. Powierzyłam jej złożenie jednej z czterech sztucznych choinek, jakie zgromadziliśmy przez lata – nie wspominając o prawdziwej, po którą wysłałam Mike'a. Teraz pracowicie stabilizował ją w wiadrze. – Obiecałam uroczyście Davidowi, że nie spóźnię się na drinki i tartinki u jego rodziców. I nie patrz tak na mnie! Mówiłam ci przecież!

– Wcale tak nie patrzę. Patrzę na temat „Och, ty i twoje tartinki". To zabrzmiało bardzo snobistycznie. – Rzuciłam jej pudełko. – Jeszcze tylko lampki na tym oknie i jesteś wolna. Boże! Oni przychodzą w drugi dzień świąt. Mam nadzieję, że nie będę musiała z tej okazji jakoś szczególnie się odstawić i robić tartinek...

– Tak, mamo, wiem. „Muszą nas zaakceptować takimi, jakimi jesteśmy". Powtarzałaś mi to pięć razy dziennie!

Wiedziała, że drażnię się z nią tylko dlatego, że tak łatwo dawała się podpuszczać. Ale może trochę przesadziłam, bo tymczasem zrobiło się późno i zdążył jej uciec autobus.

– Nie martw się, córeczko – zaszczebiotał Mike. – Zawiozę cię, to żaden problem!

Rzucił łańcuch lampek, które usiłował rozplątać, a ulga malująca się na jego twarzy świadczyła jednoznacznie, że woli zająć się czymkolwiek, co nie byłoby zamienianiem naszego domu w grotę Świętego Mikołaja.

– Och, po prostu świetnie – rzuciłam i spojrzałam na Kierona, który ze spuszczoną głową wieszał bombki na jednej z choinek. – Ty pewnie też masz jakieś niecierpiące zwłoki sprawy do załatwienia? – spytałam.

Kieron wziął czapkę Mikołaja i założył sobie na głowę.

– Nie lękaj się, mamo – powiedział. – Twój świąteczny elf jest na posterunku. I wiesz co? – dodał półgłosem. – We dwójkę zrobimy to o wiele szybciej i spokojniej. Riley ciągle tylko narzeka – uchylił się przed ciosem – a tata... przepraszam tato... właściwie nic nie robi.

Miał rację. I – kto by się spodziewał? – Mike i Riley nie potrzebowali dalszej zachęty. Zniknęli, zanim ktokolwiek zdążyłby powiedzieć „ho, ho, ho".

Rozdział 20

Okazało się, że nowa dziewczynka jest urocza. I że jest wzorem do naśladowania. Natychmiast znalazła jednoosobowy fanclub w osobie Gavina, który był tak zaintrygowany wszelkimi „co", „jak" i „dlaczego" jej problemów ze wzrokiem, że chodził za nią jak wierny piesek, domagając się komentarzy na temat tego, co widzi, a czego nie, i dopytując, czy ma jakiś dodatkowy zmysł podobny do sonaru.

Od razu polubiła też Shonę – kto by jej nie polubił? – i wykazała się taką delikatnością i cierpliwością wobec Imogeny, na której z kolei ogromne wrażenie wywarło to, jak radzi sobie ze swoją niepełnosprawnością, że pomyślałam, iż może nawet zacząć mówić o swoich problemach z komunikacją, co na pewno dałoby jej zastrzyk pozytywnej energii.

– Ona robi niesamowite postępy – powiedziałam panu Swiftowi na następnym spotkaniu, tydzień przed świętami. – Mówi we wszystkich sytuacjach, w jakich może się znaleźć, będąc w Jednostce i bardzo dobrze dostosowała się do wyraźnie zdefiniowanej roli, w której także musi używać głosu.

Opowiedziałam mu o nowej dziewczynce, Gemmie, a także o tym, jak Imogena jej pomaga i jak to dodaje jej pewności siebie.

– Miło to słyszeć – powiedział pan Swift. – I jesteśmy pewni, że po Nowym Roku będzie mogła wrócić do ojca. A w każdym razie odwiedzać go. Ponieważ został sam i ma taką, a nie inną pracę, w tej chwili nie byłoby dobrze, żeby zamieszkała z nim na stałe. Ale jego rodzice chętnie się nią zaopiekują, kiedy ich syn wyjedzie za granicę, czy gdziekolwiek do pracy, więc po Nowym Roku będziemy mogli przestać się nimi zajmować.

Uśmiechnęłam się. Jeszcze nie miałam okazji poznać ojca Imogeny – co było paradoksalne, biorąc pod uwagę wszystkie okoliczności – ale służby socjalne najwyraźniej gruntownie się nim zajęły. Tak właśnie działają służby – kiedy już wkraczają do akcji, zaglądają dosłownie we wszystkie zakamarki. Ale zanim to nastąpi, wystarcza im świadomość, że podstawowe potrzeby dziecka są zaspokojone. Po to właśnie są – żeby pomagać dzieciom, a nie wyłapywać je. Tak, dobrze było wiedzieć, że Imogena będzie mogła znowu zamieszkać ze swoim tatą, ponieważ nigdy nie chciała się z nim rozstawać, ale mimo całej jego skruchy i wyrzutów sumienia, nie sposób zaprzeczyć, że zostawiał ją pod opieką kobiety, która nie tylko o nią nie dbała, ale po prostu się nad nią znęcała. I bez wątpienia robiłaby to nadal, gdyby sama Imogena nie zareagowała w zupełnie zaskakujący sposób: zamilkła, w rzeczywistości rozpaczliwie wołając o pomoc.

Tak więc wszystkie wieści były pozytywne, ale kiedy wracałam po zebraniu do Jednostki, nie potrafiłam nie myśleć o tym, że w życiu Imogeny wciąż pozostaje ziejąca pustka, o której dotąd nie zdecydowała się mówić: jej matka. Jakie właściwie miejsce zajmowała w tym wszystkim? I czy ktoś rozmawiał z Imogeną o jej odejściu? Doszłam do wniosku, że nie zaszkodzi zadzwonić jeszcze raz do pani Hinchcliffe, żeby przekazać jej najnowsze informacje o tym, co się dzieje w szkole – owszem, Imogena świetnie sobie radziła, ale ważne było, żeby ten proces podtrzymać – a także żeby spróbować dowiedzieć się czegoś więcej o tamtej drugiej pani Hinchcliffe.

I, ku mojemu zadowoleniu, nie miała nic przeciwko temu.

– Tak, oczywiście, moja droga – powiedziała, gdy zatelefonowałam do niej w czasie przerwy na lunch i zapytałam, czy mogłabym ją odwiedzić i opowiedzieć o najnowszych wydarzeniach.

– On nie ma szczęścia do kobiet, prawda? – zauważyła pani Hinchcliffe dwa dni później, nalewając mi herbatę z imbryka w paski. Kuchnia wydawała się teraz znacznie cieplejsza – może wręcz za ciepła – ale to nie była tylko kwestia temperatury; cały dom sprawiał wrażenie bardziej przytulnego. Hinchcliffe'owie nie byli takimi maniakami jak ja i jeszcze nie porozwieszali żadnych świątecznych dekoracji, ale atmosfera była zdecydowanie swobodniejsza i bardziej radosna. Zauważyłam też na lodówce ślady różnych zajęć Imogeny: kalendarz z zaznaczonymi datami i notatkami, a także zaadresowane do niej zaproszenie na urodziny. Było też zdjęcie – Imogena z tatą gdzieś na wsi, w wełnianych czapkach, wygłupiający się przed obiektywem.

I jeszcze autoportret, narysowany starannie i całkiem zręcznie, w którym rozpoznałam jedną z prac wykonanych na naszych zajęciach w szkole.

Ach, lodówki, pomyślałam. Zapewne mogłyby się stać podstawą do bardzo użytecznych badań naukowych. A nawet jeśli nie dla badań naukowych, to przynajmniej dla amatorskiej psychologii, bo w ciągu całego życia widziałam mnóstwo lodówek – a kilka sama miałam – i zawsze wydawały mi się doskonałym wskaźnikiem stanu emocjonalnego rodziny. A w przypadku tej rodziny widać było, że Imogena tu mieszka, że teraz to naprawdę jest jej dom. Dawało się odczuć jej obecność. Nie była już dla swoich, mających jak najlepsze intencje, lecz przemęczonych, dziadków tylko kłopotliwym gościem. Nie, teraz była częścią tego domu. Czułam akceptację i rodzaj spokojnego zadomowienia.

Uśmiechnęłam się w duchu, gdy pani Hinchcliffe otworzyła lodówkę i wyjęła butelkę mleka. Cóż, w każdym razie spokojnego przez jakiś czas. Zakładając, że Imogena nadal będzie dzieliła czas między dom taty i dziadków, następnym etapem będzie burza, jaka rozpęta się, kiedy dadzą o sobie znać jej hormony. Ale przecież mają już za sobą solidną porcję trzaskania drzwiami i krzyków więc przynajmniej nie będą całkowicie zaskoczeni.

Wzięłam swoją filiżankę herbaty i mieszałam ją, podczas gdy pani Hinchcliffe sadowiła się naprzeciwko mnie.

– Nie – powtórzyła. – Biedny Graham zupełnie nie potrafi o siebie zadbać, jeśli idzie o kobiety. Chociaż trzeba przyznać, że ta straszna kobieta nas też owinęła sobie wokół palca. Ale Graham nigdy nie radził sobie z dziewczynami.

– Do trzech razy sztuka? – zażartowałam.

– Trzeci raz? Po moim trupie! – odparła zaskakująco stanowczo. I uśmiechnęła się. – Och, to jego życie. Oczywiście chcemy, żeby był szczęśliwy, ale jeśli przyjdzie mu do głowy sprowadzić kogoś do domu, ja na pewno będę ją bardzo uważnie obserwować. I jego ojciec też – dodała. – A on dobrze o tym wie – roześmiała się.

– Jestem pewna, że dwa razy się zastanowi, zanim to zrobi. On też sporo przeszedł, prawda? To musiał być dla niego prawdziwy szok, kiedy wszystko wyszło na jaw.

Skinęła głową.

– Wiem, że jako jego matka nie jestem obiektywna, ale on zasługuje na coś lepszego. Ale jest za miękki. W tym cały problem. Właśnie dlatego Mick zawsze się na niego złości. Kobiety wchodzą mu na głowę. Jest za bardzo romantyczny.

– Tak było z jego pierwszą żoną? – zaryzykowałam.

– Z nią? – niemal wypluła to słowo. – Nie dość, że wchodziła mu na głowę, to jeszcze na koniec dokopała.

– Co się wtedy stało?

– To samo, co zawsze – parsknęła pani Hinchcliffe. – Wdała się w romans. Kiedy kota nie ma i tak dalej. A on oczywiście był ciągle poza domem. Starał się zarobić, żeby ich utrzymać. A ona tak mu się odpłaciła. Po prostu spakowała manatki i uciekła do Francji z jakimś rozwiedzionym facetem ze swojego biura. Tak ot, zniknęła. Nic nie powiedziała, nie zostawiła żadnego listu. Nic.

– Do Francji?

– Tak, on był w połowie Francuzem, ten facet, w którym się zadurzyła. Dowiedzieliśmy się o tym dopiero kilka tygodni później, a proszę pamiętać, że mała Imogena miała wtedy tylko jedenaście lat... kiedy zadzwoniła do niego i powiedziała, że nie wraca.

– A co z Imogeną?

– No właśnie! Wyobraża sobie pani, żeby matka mogła coś takiego zrobić?

Pokręciłam głową, chociaż – po wszystkim, co widziałam w ciągu ostatnich lat, nie wspominając już o ostatnich miesiącach – niestety mogłam sobie to wyobrazić.

– No właśnie – powtórzyła. – A ona to zrobiła. Doszła do wniosku, że jest jeszcze za młoda (to akurat prawda, ona naprawdę powinna dorosnąć) i oczywiście obwiniała jego o to, że zaszła w ciążę. Tak jest zawsze – pociągnęła nosem. – A potem oświadczyła, że ponieważ nie stać jej na przyjazd, najlepiej będzie zerwać „zupełnie". Zupełnie? Niech pani sama powie, od kiedy to dziecko mogłoby chcieć „zupełnie zerwać" ze swoją matką. Aż serce się krajało. To była po prostu zbrodnia. I jeśli chce pani poznać moje zdanie, to w tym wszystkim było coś jeszcze. Uważam, a Mick przyznaje mi rację, że to ten jej facet postawił taki warunek. Idziesz ze mną sama albo nie idziesz w ogóle, coś w tym stylu. Ale to ona dokonała wyboru i musi z tym żyć. Nasza Imogena świetnie sobie bez niej radzi.

I zapewne miała rację – przynajmniej na razie. Może pewnego dnia matka Imogeny wróci, odszuka swoją córkę i może nawet nawiąże się między nimi jakieś porozumienie, ale tymczasem Imogena miała kochających i życzliwych krewnych – coś, czego rozpaczliwie brakowało wielu dzieciom przechodzącym przez moją Jednostkę.

– Radzi sobie nawet lepiej niż świetnie – powiedziałam. – Prawdę mówiąc, przez ostatnie tygodnie wręcz rozkwitła. Cudownie jest popatrzeć, jak nabiera pewności siebie. A jaka jest w domu? Czy dużo mówiła o Gerri?

Pani Hinchcliffe pokręciła głową.

– Wcale – powiedziała. – Ale według mnie, im mniej będzie to rozpamiętywać, tym lepiej. Chociaż ciągle jeszcze co tydzień chodzi do psycholożki. Więc oczywiście może z nią rozmawiać. Ale z nami, nie. Myślę, że chce po prostu o tym zapomnieć. A Mick mówi... – urwała i spojrzała w stronę holu, za moimi plecami. – O wilku mowa. Oto i on.

Odwróciłam się i zobaczyłam w drzwiach pana Hinchcliffe'a, a tuż za nim Imogenę. W jednej ręce trzymał kilka plastikowych toreb, które postawił na wycieraczce, w drugiej zaś coś, co na pierwszy rzut oka wyglądało jak pęk drewna na opał. Ale to nie było to, lecz jakieś deseczki.

– Chyba nie zamierzasz przywlec tutaj tego wszystkiego! – powiedziała pani Hinchcliffe. – No już, zabieraj to stąd. Na miłość boską, godzinę temu odkurzałam. Nie będziesz mi nanosił trocin na dywan.

Spojrzała na mnie.

– Ci mężczyźni i ich robótki ręczne – powiedziała. – Powinna pani zobaczyć, jak wygląda nasz garaż. Prawdziwe utrapienie.

Roześmiałam się i wstałam od stołu. Powinnam już iść. Imogena zdejmowała jeszcze płaszcz i buty, kiedy poszłam się ubrać. Uśmiechnęła się do mnie.

– O, dzień dobry, proszę pani. Co pani tu robi?

– Wpadłam tylko na chwilę porozmawiać z twoją babcią – odparłam. – Nic wielkiego. Jesteś gotowa na święta?

Imogena uśmiechnęła się szeroko; policzki miała zarumienione od zimna niczym dwa jabłuszka.

– Chyba tak. Pomagam babci. Zrobiłyśmy paszteciki i kiełbaski, i ciasto świąteczne. Jeśli przyjdzie pani znowu przed świętami, będzie pani mogła spróbować.

Dzielna dziewczynka, pomyślałam.

– Założę się, że wszystko jest pyszne – powiedziałam. – Ciasta pieczone razem przez babcie i wnuczki zawsze mają w sobie coś wyjątkowego. Myślę, że to od miłości. Tak w każdym razie mówiła moja babcia. Więc będę o tym pamiętała, jeśli zdarzy mi się tędy przechodzić i przyjdzie mi ochota na jakąś przekąskę. Ale teraz powinnam już iść. Ja też muszę upiec paszteciki. Gdybym tylko mogła skądś wziąć jakąś wnuczkę...

Rozdział 21

Mam nadzieję, że zostawisz trochę dla mnie – zawołał Kieron następnego dnia rano, gdy przekładałam paszteciki z puszki do plastikowego pojemnika, żeby je zabrać do szkoły.

– Może zostawię – powiedziałam. – Jeśli będziesz bardzo, bardzo grzeczny.

– Mamo, ja zawsze jestem grzeczny – odparł, stając przede mną z naręczem tajemniczych kabli i przewodów. Kto wie, co zamierzał dziś robić w college'u? Dla mnie była to czarna magia, ale jemu najwyraźniej bardzo to odpowiadało. – Przypomnij mi jeden przypadek w ciągu ostatnich... niech się zastanowię... sześciu miesięcy. Tak, sześciu miesięcy, kiedy zrobiłem cokolwiek, co cię zdenerwowało.

Uśmiechnęłam się w duchu. Oto cały Kieron. Jego pamięć odnotowywała absolutnie wszystko, w najdrobniejszych szczegółach. Nie można było powiedzieć nic w rodzaju „Pamiętasz, jak pewnego razu...", nie mając stuprocentowej pewności co do wszystkich detali. Zwłaszcza jeżeli chodziło o coś, co mogło go zaniepokoić, jak reprymenda od Mike'a za jakieś drobne wykroczenie – umiał go zacytować słowo w słowo.

– A właściwie o co chodzi z tymi pasztecikami, mamo? – spytała Riley. – Czy ktoś przyniósł ciasto do szkoły i teraz nasza idealna pani domu nie chce być gorsza?

– Bezczelna koza! – powiedziałam. – Wcale nie chodzi o bycie gorszą ani nie staram się zostać idealną panią domu. Jeśli musisz wiedzieć, to na nasze przyjęcie. Dajemy dzisiaj koncert kolęd, a po występie urządzimy małe świąteczne przyjęcie na ostatniej lekcji.

– Ooo, dobrze pamiętam, jak to było – powiedział tęsknie Kieron.

– Mam nadzieję! Dopiero co skończyłeś szkołę – zauważyła Riley.

– Ale to się wydaje tak dawno temu – mówił dalej. – Kiedy było śpiewanie kolęd i paszteciki, i nie trzeba się było martwić niczym oprócz odrobienia lekcji...

– O czym najczęściej zapominałeś... – wtrąciłam.

– Witaj w moim świecie, braciszku – odezwała się Riley. – To się nazywa prawdziwy świat.

Sięgnęła za mnie i wyłowiła pasztecik z puszki.

– Mamo – zaczęła. – Mówiłaś, że ile dzieci masz w tej swojej Jednostce? Wygląda, jakbyś chciała wykarmić pięć tysięcy.

– W tej chwili siedmioro – odparłam. – Ale nie będę karmić tylko ich. Nie sądzę, żeby przyszło mniej niż trzydzieści osób. I wiesz, jak to jest; paszteciki znikną, zanim się obejrzysz.

Szczerze mówiąc, sama sobie byłam winna, bo może rzeczywiście rozdałam nieco za dużo zaproszeń. Ale uważałam, że właśnie tak powinna funkcjonować instytucja taka jak moja. Dzieci przychodziły i odchodziły, ale niezależnie od tego, co działo się z nimi później, powinny odchodzić ze świadomością, że drzwi do Jednostki zawsze stoją przed nimi otworem.

Zadbałam też o to, żeby skontaktować się z rodzicami i opiekunami mojej obecnej trzódki, żeby przyszli na występ swoich dzieci i zostali na przyjęcie po nim. Nie był to standardowy sposób postępowania, ale pan Moore zdążył już trochę przywyknąć do moich metod i przyznawał mi rację, że dobrze będzie rozwijać przyjazne stosunki z rodzicami, którzy często nie mieli łatwego życia ze swoimi dziećmi.

– W każdym razie nie musicie się martwić – powiedziałam do nich obojga, gdy także Kieron złapał kilka pasztecików, wysuwając rękę spod swojego spaghetti z kabli. – Zrobiłam ich chyba z pół miliona, dzięki zapasom mielonego mięsa od cioci Donny, więc na pewno nie zabraknie dla was. W Wigilię objecie się do nieprzytomności.

– Mamo – powiedział Kieron. – Pamiętaj, co mówił Arystoteles.

– Arystoteles? A cóż on miał do powiedzenia na temat pasztecików?

– Nic. Ale mówił, że natura nie znosi próżni. Co znaczy, że jeśli powstaje pustka, to należy ją zapełnić. Ergo – zawsze jest miejsce na pasztecik.

To było kilka pełnych napięcia tygodni i nie wątpiłam, że jeszcze czasem popłyną łzy, ale w końcu doszliśmy do momentu, kiedy byłam w miarę pewna, że nasz mała Jednostka dobrze się spisała. Ponieważ to, co robiliśmy dzisiaj – śpiewając kolędy, całkiem sami, na publicznym występie – było zupełnie nowym doświadczeniem. Ale nie całkiem przypadkowym. Wpadłam na ten pomysł, szukając informacji o mutyzmie wybiórczym. W artykule poświęconym ogólnie problemom z mową przeczytałam, że śpiew często pomaga przezwyciężyć trudności z mówieniem.

To była fascynująca lektura – o tym, jak śpiew może być wykorzystywany w terapii; dzieciom z problemami takimi jak jąkanie łatwiej przychodzi śpiewanie niż mówienie, a dzieci głęboko autystyczne, które często w ogóle nie mówią, z łatwością zapamiętują i śpiewają, jak anioły, całe piosenki. Ale przede wszystkim spodobał mi się pomysł nauczenia moich podopiecznych kolędy, przećwiczenia jej i wystąpienia przed publicznością. Przyszło mi do głowy, że to może im dodać pewności siebie.

Oczywiście odrobinę się bałam, rzucając się na głęboką wodę; biorąc pod uwagę, że moi podopieczni mieli trudności (z różnych powodów) z dostosowaniem się do normalnych lekcji, miałam nadzieję, że nie postawiłam przed nimi zbyt ambitnego zadania, prosząc, żeby nauczyli się na pamięć tekstu kolędy, a tym bardziej – żeby zaśpiewali ją przed pełnym kościołem ludzi. Do tego nie pomagając sobie wygłupami ani złym zachowaniem.

Ale wierzyłam w nich. Wzięłam przykład z działu do spraw dzieci specjalnej troski urządzającego co roku wielki apel z nagrodami dla uczniów, na który była zapraszana cała szkoła.

Nasz występ miał oczywiście znacznie mniejszą skalę, ale stanowił dobrą okazję do rozpoznania terenu. Kto wie? Jeżeli wszystko pójdzie dobrze, może następnym razem urządzimy coś większego? W końcu dzieci, którymi się opiekowaliśmy, miały jeden wspólny problem – przez sam fakt, że zostały do mnie odesłane, czuły się w jakimś sensie gorsze. Nieważne, dlaczego do mnie trafiły – czy były niegrzeczne, czy nieśmiałe, miały problemy czy je sprawiały – wszystkie je łączyło to, że znalazły się poza głównym nurtem, co samo w sobie stanowiło uszczerbek na ich poczuciu własnej godności.

A w ten sposób mogły jej choć trochę odzyskać.

– Żeby tylko nie zjadła ich trema – zauważyła Kelly kilka godzin później, gdy nasza mała grupka dotarła ze szkoły do kościoła. Nie była to wprawdzie katedra westminsterska, ale też nie maleńka kaplica, a co ważniejsze – zebrało się już mnóstwo ludzi. To jeden z nielicznych dni w roku, kiedy można liczyć na pełne ławki. Sądząc z tego, ilu ludzi widzieliśmy – młode mamy, krewni, sporo starszych osób z najbliższej okolicy – wyglądało na to, że trudno będzie znaleźć wolne miejsce.

– Wszystko będzie dobrze – powiedziałam, prowadząc dzieci w głąb kościoła, gdzie już zebrał się kościelny chór. – Wszystko będzie dobrze, dzieciaki – powtórzyłam. – Pamiętajcie, co wam mówiłam. Co macie zrobić?

– Mamy przejąć show, proszę pani! – odparł podekscytowany Gavin, zagłuszając wszystko inne.

– Tylko niech nie potraktuje tego zbyt dosłownie – szepnęła Kelly. – Zabrałaś jego dzisiejszą pigułkę?

Uśmiechnęłam się i poklepałam moją torbę, kiedy podeszła do mnie Shona. W ciągu ostatnich kilku dni spędzała więcej czasu ze swoją starą klasą, przygotowując się do powrotu, a poza tym była w szkolnym chórze, ale wyznaczyłam ją na moją oficjalną zastępczynię, wiedząc, że jej obecność pomoże Imogenie zachować spokój.

Chociaż niewiele mogłam poradzić na moje zdenerwowanie.

– Złapałam, jak płakałaś – szturchnęła mnie Kelly, machając mi przed nosem aparatem, gdy weszłyśmy do sali przy kościele. Aż drżałam z ekscytacji, a także trochę z zaskoczenia, że wszystko tak niewiarygodnie dobrze poszło.

– Oj. Miałaś filmować występ, a nie celować w publiczność, robiąc podstępne zdjęcia niczego nie podejrzewającym, płaczącym kobietom!

– Nie mogłam się oprzeć – przyznała. – Poza tym zawsze mogę cię wymazać. Oczywiście to będzie miało swoją cenę. A tak poważnie: co myślisz o naszej Imogenie?

Skinęłam głową i zaczęłam przetrząsać torbę w poszukiwaniu chusteczek.

– Właśnie to mnie tak poruszyło. Nie mogłam się napatrzeć, jak ślicznie wyglądała. I wiesz co? Imogena śpiewająca na całe gardło *Oh, Morning Stars, to-ge-e-e-ether...* to robiło wrażenie. I to przed całą tą publicznością, nie zapominaj! Zdumiewające! Zwłaszcza, jeśli pamiętasz, że jeszcze trzy miesiące temu nie mówiła ani słowa. Ach, o wilku mowa. Są Hinchcliffe'owie. Podejdę do nich, żeby przypomnieć o przyjęciu. Wracam za sekundę.

Po mszy sala przy kościele wypełniła się bardzo szybko i musiałam się przeciskać przez tłum uczniów i rodziców, wymieniając pozdrowienia. Pani Hinchcliffe była pogrążona w rozmowie z mamą Henry'ego, a pan Hinchcliffe gawędził z Imogeną i – ku mojemu zaskoczeniu – z Henrym.

Stojący przodem do mnie pan Hinchcliffe skinął głową na powitanie. Poklepałam w ramię Henry'ego, który był odwrócony do mnie tyłem.

– Czy wy dwoje nie powinniście być z panią Vicekers? – zwróciłam się do niego i Imogeny. – Pędźcie już. Trzeba przygotować wszystko do przyjęcia.

– Już idziemy, proszę pani – odparł. – Idziemy, prawda, Im? Tylko załatwialiśmy jeszcze sprawę podwieczorku.

– Podwieczorku? – spojrzałam na nich zdumiona.

Pan Hinchcliffe skinął głową.

– Henry wybiera się do nas w weekend. Prawda, kolego?

Henry przytaknął radośnie.

– Naprawdę? – Byłam zaintrygowana. – To miłe.

– I zrobiliśmy sanki, proszę pani, prawda, Im? Z dziadkiem Imogeny.

– Ty też? – spytałam.

Imogena pokręciła głową.

– Nie, to on pomagał dziadkowi, proszę pani. Ja tylko patrzyłam.

– I będziesz pomagać przy podwieczorku, pamiętaj – przypomniał dziadek. – A teraz już pędźcie, jak mówi pani Watson – dodał, głaszcząc Imogenę po głowie. – Za chwilę zobaczymy się w szkole, prawda?

– A więc w sobotę będzie dobrze, tak? – upewniał się Henry.

– Tak, Henry. Sobota będzie dobra. O której zechcesz, po lunchu.

Odprowadziłam ich wzrokiem, gdy pobiegli do pozostałych, po czym odwróciłam się do pana Hinchcliffe'a.

– Jak ona sobie radzi?

– Bardzo dobrze – odparł. – Nawet więcej niż dobrze. Jej babcia aż puchnie ze szczęścia. To taka dobra dziewczyna...

– Z pewnością, panie Hinchcliffe – przyznałam. – Wszyscy jesteśmy z niej dumni. Świetnie dzisiaj wypadła, prawda? Lepiej niż się spodziewałam, zwłaszcza pamiętając o tym, co przeszła... ale teraz mamy to już za sobą. I zrobił pan dla niej sanki? Szczęściara.

Pan Hinchcliffe uśmiechnął się i skinął głową w stronę dzieciaków.

– Ja i mój mały pomocnik – wyjaśnił. – To miły chłopak, ten Henry. I ma zręczne ręce. Lubi się uczyć.

Przyznałam mu rację – przynajmniej czasem Henry był właśnie taki. Mniej chętnie się uczył, kiedy chodziło o rachunki, a nie budowę sanek. I zauważyłam szczególny błysk w oku pana Hinchcliffe'a. Być może nie tylko Imogena znalazła przyjaciela.

– Teraz potrzebujemy już tylko śniegu, żeby je wypróbować – chrząknął, spojrzał w górę i pokręcił głową. – Wie pani, po prostu nie wierzę, że to powiedziałem.

– Czy coś mnie ominęło? – spytała Kelly.

Nasze przyjęcie nie było hitem sezonu, ale i tak zaskoczyło mnie – a właściwie wcale nie zaskoczyło – jak wielki bałagan może zrobić tuzin podekscytowanych do granic możliwości dzieciaków w zamkniętym pomieszczeniu. Dobrze się spisali, sprzątając, a pani Hinchcliffe pomagała im niczym żywa torpeda, ale dzieci w tym wieku mają w sobie coś, co się sprzeciwia wszelkiej logice. Wszędzie, gdzie spojrzałam – pod krzesłami i stołami – poniewierały się okruszki, kawałki serpentyn (co roku powtarzałam sobie: nigdy więcej serpentyn), połyskujące strzępy kolorowej folii i najróżniejsze inne kawałki czegoś.

– Boże! – jęknęłam, wchodząc na krzesło, żeby zdjąć opakowanie po czekoladowym batoniku, które w jakiś tajemniczy sposób przykleiło się do górnej krawędzi wiszącej na ścianie mapy świata. – W jaki sposób to dotarło na Alaskę?

– Tu działają siły, których nie da się objaśnić w kategoriach ludzkiej logiki – stwierdziła z powagą Kelly, próbując sięgać pod meble miotłą „obijaczką" – nazywaną tak przez dzieciaki, ponieważ zupełnie nie nadawała się do użycia w klasie: była zbyt szeroka i zawsze obijała się o nogi (ludzkie albo mebli). – Ale o czym mówiłaś? Co jest niespodziewane?

– Imogena i Henry – odparłam. – Pan Hinchcliffe powiedział mi dzisiaj, że przychodzi do nich na podwieczorek w sobotę i że był już wcześniej. Wydaje się, że to dość niespodziewana para.

– Och, wcale nie – zauważyła Kelly. – Rozmawiałam już o tym wcześniej z jego mamą. Podobno dziadkowie Imogeny mieszkają tylko kilka ulic od domu Henry'ego. Powiedziała mi, że zaczęli razem chodzić do szkoły i wracać.

– O mój Boże! Oczywiście! Teraz wszystko nabiera sensu. To musiał być Henry, nie Ben!

– Co Henry?

– To Henry musiał napisać, że podoba mu się Imogena. Pamiętasz, jak poprosiłam, żeby napisali sekretne listy, mając nadzieję, że skłonię Imogenę do wyznań? Właśnie to było w jednym z nich, a ja myślałam, że to napisał Ben. Ale Henry? Nigdy bym się tego nie domyśliła, patrząc na nich w klasie, a ty?

Kelly uśmiechnęła się szeroko.

– Żartujesz? Przecież inni chłopcy nie daliby Henry'emu żyć.

– Racja, mądralo. Ale to miłe. Dobrze wiedzieć.

– Miłe zwłaszcza dla Henry'ego – przyznała Kelly. – Myślę, że dziadek naprawdę go polubił. Mówił ci o sankach?

– O, tak. To bardzo miłe z jego strony. Wiesz, kiedy pierwszy raz się spotkaliśmy, odebrałam go zupełnie inaczej.

– Och, nie sądzę. Wydaje mi się, że to raczej on czegoś się nauczył. Prawdę mówiąc, przypomina mi mojego dziadka. Nigdy nie był bardziej szczęśliwy, niż kiedy zaszył się gdzieś i mógł oddawać swoim męskim rozrywkom... wiesz, narzędzia, piłowanie drewna i zapach smaru...

Wtedy przypomniałam sobie drewno. Całe naręcze, które przyniósł do domu, gdy byłam u nich kilka tygodni wcześniej. Prawdziwy mężczyzna. Mężczyzna, od którego chłopiec taki jak Henry może się mnóstwo nauczyć. Jakie to miłe, pomyślałam znowu.

– Wiesz co? – powiedziałam, odczepiając długi kawał serpentyny od pinezki zaznaczającej Szwajcarię. – Nagle poczułam się bardzo świątecznie. Zostały jeszcze jakieś paszteciki?

– Paszteciki? – parsknęła Kelly, potrząsając głową. – Dzisiaj interesuje mnie zupełnie coś innego na „p". To samo, co Gary'ego, Jima i Julię, a może nawet Dona. P jak pub.

Rozdział 22

Uświadomiłam sobie, że musiałam zaspać – ledwie otworzyłam oczy i zobaczyłam smugę światła przebijającą się przez szczelinę w zasłonach i sunącą po podłodze w kierunku łóżka.

Albo zaspałam, albo w nocy spadł śnieg. Czy to możliwe? To już naprawdę byłaby wisienka na torcie. Ale żadna prognoza tego nie przewidywała – nie wprost – chociaż bywały dość obiecujące przecieki z biura meteorologii. A tymczasem musiałam jeszcze zrobić mnóstwo rzeczy, odwiedzić kilka osób, pójść w różne miejsca. Jakkolwiek by było, święta same się nie przygotują. A mi zostały na to tylko trzy dni.

Odwróciłam się, żeby sprawdzić godzinę na budziku, i zobaczyłam, że minęła już dziewiąta. Skandalicznie późno jak na takiego rannego ptaszka jak ja, ale kto by się tym przejmował? Riley najwyraźniej postanowiła pozwolić mi pospać, bo zupełnie jej nie słyszałam. Kiedy przełączała się w tryb Riley-wychodzącej-do-pracy, mogłaby obudzić umarłego. Co prawda poszłam spać bardzo późno – leżałam i czytałam aż do brzasku. Książka leżała jeszcze tam, gdzie ją upuściłam, niczym mały namiocik rozbity na podłodze. Podniosłam ją i położyłam na nocnym stoliku, po czym uśmiechnięta ruszyłam pod prysznic.

Poprzedniego dnia, w ostatnim dniu semestru, byłam podenerwowana. Przypuszczam, że każdy wpada w taki nastrój, kiedy zbliża się jakikolwiek koniec – zapewne również z powodu psychicznego wyczerpania – i najmniejszy drobiazg może wytrącić z równowagi. A ja i tak byłam już u kresu wytrzymałości od rana, ponieważ poprzedniego wieczoru Kieron oznajmił, że zaprosił jakąś dziewczynę na randkę. Miała na imię Crystal i w najbliższy weekend wybierali się na koncert zespołu o nazwie Brash.

Jak zauważył Mike, kiedy Kieron poszedł na górę się przebrać, sprawiał wrażenie niemal równie wstrząśniętego rozwojem sytuacji jak my – w końcu jako nastolatek zapewniał na każdym kroku, że „dziewczyny go nie interesują".

Poza tym była też sprawa Riley, która została oficjalnie uznana za dziewczynę Davida, który wręczył jej pierścionek jako przedświąteczny prezent. Nie, nie zaręczynowy pierścionek, co natychmiast podkreśliła, ale po prostu symbol tego, jak jest dla niego ważna.

Tak więc nie było szans, żeby dzień minął mi bez uronienia choćby jednej łzy, nawet nie biorąc pod uwagę grupki moich podopiecznych w szkole.

Próba zaczęła się, ledwie weszłam do budynku, ponieważ Shona czekała na mnie przy portierni. Wiedziałam, że to na mnie czeka, bo gdy tylko zobaczyła mnie wchodzącą po schodach, odkleiła się od ściany i ruszyła w moją stronę.

– Może pomogę pani nieść torbę? – zaproponowała nieśmiało, kiedy się zrównałyśmy.

Doszłam do wniosku, że metr pięćdziesiąt wzrostu ma swoje zalety; podziękowałam jej i pozwoliłam wziąć część bagażu. Dopóki muszę codziennie dźwigać wielkie pakunki tam i z powrotem, z wdzięcznością przyjmuję każdą pomoc, a Shona nie była duża, ale szybko rosła. Od czasu, kiedy była u mnie, wyskoczyła w górę o dobre kilka cali.

– A więc, jak sobie radzisz? – spytałam, idąc dobrze znaną drogą do mojej klasy.

– W porządku, proszę pani – odparła. – Cieszę się, że znowu jestem w mojej klasie. To znaczy, tęsknię za panią i za całą resztą – dodała pospiesznie. – Zwłaszcza za Molly i Imogeną, ale miło być znowu ze wszystkimi przyjaciółmi.

– I założę się, że oni też są zadowoleni z twojego powrotu – powiedziałam. – Nasza strata, bo przecież straciłam moją superorganizatorkę, to niewątpliwie ich zysk.

Wyjęłam z torby klucze i otworzyłam drzwi do klasy. Wciąż jeszcze dało się w niej wyczuć atmosferę przyjęcia – trudną do określenia i zapewne jeszcze trudniejszą do przeanalizowania, ale niewątpliwie obecną.

– A jak ci jest w domu? – spytałam, kiedy Shona weszła za mną i położyła moją torbę na biurku. – Dajesz sobie radę?

– Właśnie dlatego do pani przyszłam – powiedziała, zrzucając plecak i kładąc go na stoliku przed sobą. – Wyjeżdżamy, proszę pani. Do Center Parcs. Słyszała pani o tym miejscu?

Skinęłam głową.

– Słyszałam. Wow, nieźle. Na święta?

– I na Nowy Rok. Wyjeżdżamy w piątek. Ciocia uznała, że tam będziemy się lepiej bawić. Wie pani... bo tam można robić mnóstwo rzeczy i w ogóle. Jest duży kryty basen i wielki plac zabaw dla moich kuzynów, można pograć w kręgle i chyba nawet mają lodowisko. I mieszka się w domku w lesie. Widziałam zdjęcia; to naprawdę wygląda fajnie.

I na pewno będzie o wiele lepsze, pomyślałam, niż siedzenie w domu tak przesiąkniętym bólem, słodko-gorzkimi wspomnieniami i myślami o przyszłości, która została jej odebrana, przez tak wiele godzin, które trzeba jakoś wypełnić.

– Brzmi świetnie – przyznałam. – Zazdroszczę ci. Nie masz przypadkiem w swojej walizce odrobiny miejsca na pasażera na gapę?

Uśmiechnęła się. Rozpięła plecak i sięgnęła do środka.

– Mam dla pani prezent – powiedziała nieśmiało, wyjmując kartkę i paczuszkę owiniętą w srebrny papier ozdobiony ptaszkami.

– Och, kochanie, to takie miłe z twojej strony – zaczęłam, przyjmując prezent; urwałam, zdając sobie sprawę, że zapewne nie będę w stanie dokończyć.

– Chcę pani podziękować – powiedziała. – I przeprosić. Bo to znaczy, że nie będę mogła przyjść i pomóc pani w porządkowaniu klasy. Tak mi przykro... I bardzo na to czekałam.

Zarumieniła się potężnie, a mi łzy napłynęły do oczu, więc tworzyłyśmy dobraną parę.

– Chodź tutaj – powiedziałam, obejmując ją mocno. – Coś ci powiem. Z tymi gablotami jest zupełnie jak z moim stosem rzeczy do prasowania w domu. Już myślę, że nadgoniłam, a kiedy się na chwilę odwracam, okazuje się, że stos znowu tam leży. Umówmy się więc, że pomożesz mi w czasie ferii w lutym. Co ty na to? Wtedy trzeba będzie zmienić dekoracje w kilku miejscach. Ale musisz zajrzeć do mnie zaraz po powrocie i opowiedzieć mi, jak było w Center Parcs. Obiecujesz? I na pewno zostanie nam mnóstwo pyszności, więc znowu będę miała ciasteczka dla gości. A tymczasem – dodałam, puszczając ją i pociągając nosem – chyba muszę znaleźć jeszcze jedną chusteczkę.

Oczywiście deszcz kartek i prezentów jest nieodłączną częścią pracy z dziećmi; nie bez powodu te wszystkie pocztówki z napisami „Najlepszy nauczyciel" i „Dziękuję pani" – nie wspominając o kubkach i pluszowych misiach – w tajemniczy sposób pojawiają się we wszystkich sklepach, kiedy zbliża się lipiec. Ale nie sposób do tego podchodzić cynicznie. Jasne, czasem jest tak, że mamusie dochodzą do wniosku, że to doskonały pomysł, kiedy, krążąc z wózkiem po supermarkecie, napotykają coś takiego – mnie samej zdarzało się wielokrotnie to samo.

I w porządku – takie podarunki także wiele mówią. Jeśli rodzic odczuł potrzebę kupienia prezentu dla nauczyciela swojego dziecka, to chyba oznaczało, że dziecko nie wraca do domu ze szkoły, opowiadając, że „pan taki lub pani owaka to świnia". Nie, to zapewne oznacza, że wszystko idzie tak jak powinno. A w każdym razie lubiłam tak myśleć.

Czasami jednak prezenty doprowadzały mnie do łez i nic nie byłam w stanie na to poradzić. Moje kartonowe serce – dumnie zajmujące honorowe miejsce na kominku, jak obiecałam – wciąż mnie wzruszało, kiedy na nie spojrzałam, a jeśli sądziłam, że tym razem się opanuję, to byłam głupia – rozpłakałam się, ledwie Shona popędziła na pierwszą lekcję.

Tymczasem jednak trzeba było wytrzeć oczy, schować prezent od Shony, żeby go położyć pod choinką po powrocie do domu, nastawić czajnik i przygotować pierwszą lekcję. Ponieważ ostatni dzień semestru słynie nie tylko z tego, że wrażliwym kobietom łza się w oku kręci, ale i z tego, że – z przyczyn, których nigdy do końca nie pojęłam – dzieciaki sprawiają wrażenie, jakby nie miały nic do roboty.

Pamiętam, że ostatniego dnia w pierwszym roku mojej pracy w szkole powiedziałam: „Nie, to jest ostatni dzień semestru, a nie pierwszy dzień wakacji". Ale nic z tego nie wynikło.

A jednak mogło być gorzej. Ostatni dzień letniego semestru (koniec roku szkolnego) miał tak ugruntowaną opinię, że wielu uczniów starszych klas w ogóle tego dnia nie przychodziło do szkoły. Dopiero po wybuchu pana Moore'a (co zdarzało mu się od czasu do czasu) liczba wagarowiczów tego dnia zaczęła gwałtownie spadać. To zdumiewające, jak wielu na pozór inteligentnych rodziców wierzyło swoim nastoletnim dzieciom na słowo, że przyjście do szkoły tego dnia jest „opcjonalne". A nawet jeśli nie wierzyli, to ilu dało się przekonać tym, że „żadnemu z moich kumpli rodzice nie każą dzisiaj iść"?

Ale coś podobnego nie groziło nam w Jednostce. Wprawdzie Jim, Kelly i ja powiedzieliśmy wyraźnie, że dzisiejszy dzień nie jest wolny i trzeba przyjść do szkoły, ale to nie znaczyło, że nie zaplanowaliśmy mnóstwa przyjemnych zajęć.

W mojej małej grupie, niezależnie od tego, jaka mieszanka dzieci znajdowała się akurat pod naszą opieką, jedno się nigdy nie zmieniało – zawsze dla jakiejś części z nich spokojne siedzenie w ławce było tylko odrobinę mniej trudne niż dla podekscytowanego sześciolatka.

I jak na zawołanie, pierwszy wpadł do klasy Gavin, jak zwykle niczym rakieta, ale na mój widok przypomniał sobie, że szybkość nie zawsze jest najważniejsza, i zahamował tak gwałtownie, że gdyby był postacią z kreskówki, za jego stopami pojawiłyby się kłęby dymu.

– Proszę pani! – powiedział, zatrzymując się przy mnie. – Niech pani zgadnie, co się stało!

Uśmiechnęłam się do niego i zaprowadziłam go na miejsce, delikatnie, lecz stanowczo.

– Hm. Odkryłeś sekrety wszechświata?

– Nie, proszę pani, niech pani nie żartuje! Wie pani, że miałem iść do doktora? No, gdyby miało się okazać, że jestem czubkiem. No więc byłem u niego wczoraj i nigdy pani nie zgadnie, co powiedział!

– Co takiego, Gavin?

– Powiedział, że nie jestem wariatem! Jestem całkiem normalnym dzieciakiem, tak powiedział. Uwierzy pani? A moja mama mówiła, że urwałem się z bieguna. A wcale nie! Prawda, że to dobrze? Mam tylko moje ADHD i to wszystko!

Roześmiałam się głośno. W każdym razie kiedy przypomniałam sobie jego sekretny list, który wrzucił do pudełka, i domyśliłam się, o czym mówi. Po prostu nie mogłam się powstrzymać.

– To świetne nowiny, Gav – przyznałam. – Kto by pomyślał! Przy okazji, wiesz, że Święty Mikołaj mieszka na biegunie?

– Proszę nie opowiadać głupot, proszę pani. Święty Mikołaj nie istnieje. Wszyscy to wiedzą. Na biegunie są tylko renifery. A, i niedźwiedzie polarne. Cała masa.

W ostatnim dniu nie przejmowaliśmy się lekcjami – nie w tradycyjnym znaczeniu. Chciałam tylko, żebyśmy sobie podsumowali, czego nauczyliśmy się w ciągu semestru, przypomnieli sobie niektóre nasze zajęcia, których świadectwa widniały wszędzie wokół nas na ścianach. Niedługo trzeba je będzie pozdejmować, żeby przygotować miejsce na nowe dzieła. I na kilkoro nowych dzieci, pomyślałam, patrząc na moich podopiecznych i myśląc o przyjaźniach, które pozawierali.

Miałam nadzieję, że przynajmniej niektóre z nich przetrwają – i to najważniejsze poczucie koleżeństwa. Widziałam to wielokrotnie, kiedy dzieci przechodziły z klasy do klasy. Cokolwiek robiły, gdziekolwiek się znalazły – jeśli związały się z Jednostką, ze mną i całym zespołem, łączyła nas niewidzialna więź, której nic nie było w stanie zerwać.

Chociaż zaczęłam się martwić o złamane kończyny, kiedy odwiedzili nas Kelly Vickers i Gary Clark, który przyniósł pod pachą matę do Twistera. Dość zaskakujący pomysł jak na poważnego urzędnika odpowiedzialnego za bezpieczeństwo dzieci, ale z drugiej strony, czy nie można tego zaliczyć jako lekcji wychowania fizycznego? Nawet nasza nowa dziewczynka, Gemma, wczuła się w tę atmosferę i aż przyjemnie było popatrzeć, jak piszcząc i śmiejąc się radośnie, stara się wykonywać instrukcje Imogeny – oczywiście na koniec lądując na ziemi.

Koniec końców, był to wspaniały dzień – i bardzo wzruszający. Nie cierpię pożegnań, mimo że miałam się spotkać z nimi wszystkimi w nowym semestrze.

– Ale się pani wygłupia – zauważył Henry, przyglądając się łzom płynącym mi po policzkach, kiedy ściskałam ich po kolei na pożegnanie. W końcu nadeszła pora, kiedy i ja musiałam iść do domu; mimo początkowych obaw, zakończyłam semestr w takim samym nastroju, w jakim go zaczynałam – zmęczona, ale szczęśliwa, nie mogąc się doczekać tego, co przyniesie nowe półrocze.

Przypomniały mi się też słowa Dona o końcu semestru. I chociaż nie czułam się wypalona, kolorowe światełka w domu kusiły i poczułam, że w końcu jestem gotowa ostatni raz zgasić światło w klasie.

Podniosłam książkę i odłożyłam ją na nocny stolik, po czym rozsunęłam zasłony, żeby wpuścić do sypialni blask nowego dnia – pięknego, pierwszego dnia dwutygodniowych świątecznych ferii. To był nowiutki egzemplarz *Podwójnej roli* Jacqueline Wilson – ta sama książka, z której Gavin wyrwał kartki. Uśmiechnęłam się, czytając dedykację Imogeny na wyklejce. Pisała o tym, jak czytanie o Garnet, Ruby i nowej dziewczynie ich taty pomogło jej zrozumieć, że nie tylko jej jest smutno. Spojrzałam na tylną okładkę i przeczytałam początek notki reklamowej: „Nikt nigdy nie będzie dla nas jak mama, a już na pewno nie ta głupia, kudłata Rose!" Znowu zaczęłam się zastanawiać, dlaczego zapomniałam o prawdziwym znaczeniu tej książki i dlaczego była ona tak ważna dla Imogeny.

Musiała ją przynieść ukradkiem poprzedniego popołudnia, bo przecież nie wychodziłam z klasy i nie pamiętałam, żeby ktokolwiek kładł ją na moim biurku. Ale leżała, starannie zapakowana i przewiązana wstążką; kiedy podniosłam paczuszkę, domyśliłam się po jej wielkości i ciężarze, że to książka.

Przyjrzałam się przyczepionej do niej karteczce i uśmiechnęłam się. Była ręcznie wykonana, z czerpanego papieru, i przywołała wspomnienia, najprzyjemniejsze wspomnienia z mojego własnego dzieciństwa. Moja siostra i ja siadałyśmy z mamą przy stole w jadalni i przystępowałyśmy do „przygotowywania" świąt. Robiłyśmy to co roku i niemal zawsze w chłodny, zimowy wieczór. Sklejałyśmy girlandy z pasków kolorowego papieru kupowanych u Woolwortha, wycinałyśmy śniegowe gwiazdki z bibułki i robiłyśmy karteczki do prezentów z zeszłorocznych świątecznych pocztówek. Czułyśmy się dumne, ponieważ wolno nam było używać wielkich metalowych nożyczek mamy, które – ponieważ służyły do szycia i łatwo się tępiły – zwykle były poza naszym zasięgiem.

To było dziedzictwo chudych powojennych lat – coś, czego dziś się już nie spotyka. Odwróciłam karteczkę i, jak się spodziewałam, zobaczyłam po drugiej stronie drobne, staranne pismo Imogeny. *Kochana Pani Wilson* – napisała – *Wesołych Świąt!* A poniżej, w nawiasie, dodatkowa wiadomość: *Proooooszę nie otwierać, dopóki nie wróci pani do domu!*

Będę za nią tęskniła. Bez względu na to, jak daleko zaszła i jak odprężona się teraz wydawała, czułam, że w głębi duszy pozostała cichą dziewczynką. Nigdy nie starała się zwrócić na siebie uwagi i wiedziałam, że trudno byłoby jej osobiście wręczyć prezent.

I dobrze. Włożyłam go do torby i wyruszyłam do domu. Wprawdzie początkowo zamierzałam położyć prezent od Imogeny pod choinką, razem z innymi, jednak kusił mnie przez cały wieczór, ponieważ chyba wiedziałam, co znajdę w środku. I przeczytałam, od deski do deski, o Ruby i Garnet, które także straciły mamę i zyskały macochę. Czytałam, myślałam i – przede wszystkim – płakałam.

– Stanowczo tak to się robi – zauważyła Riley, kiedy pchałyśmy wypełniony po brzegi wózek w naszym ogromnym supermarkecie pod miastem. To były wielkie zakupy i dochodziła ósma wieczorem; zwykle nie tak to wszystko robiłam. Ale kiedy córka proponuje pomoc w zakupach po pracy, nie można odmówić. W każdym razie ja nie odmawiam. Jeszcze nie zwariowałam. – Widzisz, mamo? – mówiła. – Właśnie tutaj ludzie popełniają błąd. Wszyscy pędzą jak wariaci, żeby wszystko załatwić jak najwcześniej, i dlatego przepychają się między półkami i biją o miejsca na parkingu, a wystarczy tylko spokojnie poczekać i popatrz tylko! – Rozejrzała się dookoła. – Czy tak nie jest o wiele lepiej? Teraz jest prawie zupełnie pusto!

Uśmiechnęłam się, rozważając zalety promocji na orzechy. Czy nie skończy się tak, że w marcu wyrzucę połowę z nich do śmieci? Och, mieć znowu osiemnaście lat, pomyślałam. Wrócić do czasów, kiedy nawet do głowy mi nie przychodziło martwić się, czy przypadkiem nie zabraknie indyków. Albo być jak Mike, dla którego świąteczne przygotowania sprowadzały się do: a) przyniesienia ozdób ze strychu; b) wyjścia do miasta w porze podwieczorku i kupienia kilku prezentów. Och, gdyby tak się dało!

– Co do tego masz rację – powiedziałam, biorąc pudełko płatków, które Riley podała mi z wyższej półki. Jak to możliwe, że moja córka jest o tyle wyższa ode mnie? – Ale, jak już zapewne zauważyłaś, półki z warzywami też są prawie puste.

Riley uśmiechnęła się szeroko.

– Mamo, uwierz mi, świat się nie zawali tylko dlatego, że na naszych talerzach zabraknie kilku roślinek. Prawdę mówiąc, będzie znacznie przyjemniejszym miejscem, jeśli się nad tym zastanowić – roześmiała się i zmarszczyła nos. – I to na kilku różnych poziomach.

Oczywiście miała rację, a ja już miałam to przyznać, gdy skręciłyśmy za róg i omal nie zderzyłyśmy się z wózkiem prowadzonym przez znajomą parę – Imogenę i jej dziadka.

– Kto by się spodziewał! – powiedziałam. – Jak miło was spotkać!

Prawdę mówiąc, nie było to dla mnie ogromnym zaskoczeniem, bo chociaż nigdy wcześniej nie widywałam w tym sklepie Imogeny – wcześniej nie mieszkała przecież w naszej okolicy – to często spotykałam obecnych i byłych uczniów. Niemal wszyscy okoliczni nastolatkowie chodzili do szkoły, w której pracowałam, więc byłoby raczej dziwne, gdybym ich nie spotykała.

Ale spotkanie akurat tych dwojga w tym dniu było szczególnie miłe, ponieważ dzięki temu mogłam podziękować Imogenie za prezent.

I podziękowałam, dodając, że w nocy przeczytałam całą książkę, od deski do deski.

– Czytałam w łóżku, tak jak wtedy, kiedy byłam w twoim wieku – wyznałam. – Bo kiedy zaczęłam, nie mogłam jej odłożyć.

– Cieszę się, że się pani podobało – powiedziała nieśmiało.

– Byłam zachwycona – uściśliłam. – I teraz rozumiem, dlaczego to było dla ciebie takie ważne – dodałam, patrząc jej w oczy i kładąc rękę na ramieniu. Zauważyłam, że wzdrygnęła się lekko, ale doskonale ją rozumiałam, więc nie chciałam zwracać na to uwagi. – A co was tutaj sprowadza? Och, a przy okazji, to jest moja córka Riley. Jak widzicie, staramy się w końcu przygotować na święta. Chociaż na pewno o tej porze są pilniejsze rzeczy niż jeżdżenie wózkiem po supermarkecie, prawda?

– Ostatnie zakupy – wyjaśnił pan Hinchcliffe, machając małą karteczką. – Babcia nas wysłała, prawda, Imogeno?

– I po parę rzeczy dla mnie – dodała z entuzjazmem Imogena. – Tata przysłał trochę pieniędzy, żebym mogła sobie wybrać nową narzutę na łóżko i zasłonki. Urządza mój pokój, żeby był gotowy, kiedy wrócę po świętach.

– To wspaniale! – powiedziałam, zaglądając do ich wózka. – Niech zgadnę... będzie urządzony na różowo?

– Jasnoróżowo – uściśliła Imogena z uśmiechem. – Ale bez żadnych księżniczek. Nie chcę księżniczek, wróżek ani żadnych takich rzeczy dla dziewczyn. Będzie różowo-fioletowy, z motylami. Tata namalował nawet kilka na ścianie. Ale czasami dalej będę mieszkać u babci i dziadka, prawda, dziadku? – dodała z czułością. – Będę u nich mieszkać, kiedy tata będzie pracował – uśmiechnęła się. – Więc teraz mam dwa pokoje!

– Oooch, zazdroszczę ci – powiedziała z przekonaniem Riley. – Też chciałabym mieć dwa pokoje. Tyle miejsca!

– Potrzebowałabyś dwóch, żeby mieć choć odrobinę miejsca na podłodze – zauważyłam. – Ona strasznie bałagani – dodałam scenicznym szeptem, osłaniając usta dłonią. – A skoro już mowa o bałaganie... Jak postępuje budowa sanek? Są już gotowe?

Pan Hinchcliffe skinął głową.

– Gotowe. Prawie. Jeszcze tylko jedna warstwa lakieru i będzie można jeździć. No i trzeba poczekać na śnieg, a wtedy ci dwoje będą mogli je porządnie przetestować.

Uśmiechnęłam się do Imogeny.

– A więc Henry dobrze się spisał?

– O tak – potwierdził pan Hinchcliffe. – Młody Henry ma naprawdę dobrą rękę do piłowania, prawda, Immie?

Ale dziewczynka nie odpowiedziała. Była pochłonięta czerwienieniem się. Zrobiła się czerwona jak motyle, które tata namalował w jej pokoju; czerwona jak końcówki jej pięknych włosów. Pan Hinchcliffe, Riley i ja wymieniliśmy uśmiechy. Wyglądało na to, że Imogena i Henry naprawdę się zaprzyjaźnili. Ale czy to aż takie dziwne? Niedługo oboje będą mieli po czternaście lat.

– O co chodzi, Im? – drażnił się z nią dziadek. – Zapomniałaś języka?

Imogena uśmiechnęła się, a jej uśmiech był tak piękny… Riley miała rację. Rzeczywiście wcale nie musi być warzyw na święta. Właściwie można sobie poradzić nawet bez indyka. Naprawdę. Czasami – jeśli się zastanowić nad tym, co w życiu jest najważniejsze – wystarczy uśmiech na twarzy dziecka.

Epilog

Kiedy Gerri zniknęła ze sceny, a sytuacja w domu się unormowała, Imogena wprost rozkwitła. Pojawiła się po świętach w Jednostce, ale przypuszczałam, że krótko po Shonie i Gavinie wróci do swojej klasy, gdzie stopniowo odzyska normalną zdolność mówienia i pewność siebie.

Jak się spodziewałam, na samym początku nowego roku Imogena mogła się przeprowadzić do domu taty, ale wracała do dziadków zawsze, kiedy jej ojciec wyjeżdżał. Nadal też przyjaźniła się z Henrym, który najpierw stał się regularnym gościem u jej dziadków, a jakiś czas później – w każdym razie na jakiś czas – również w jej sercu.

Ojciec Imogeny rozwiódł się z Gerri, chociaż dopiero wtedy, gdy zaczął się jej proces o znęcanie i celowe zaniedbywanie. Miała szczęście, ponieważ adwokat odmalował tak ponury obraz jej własnego dzieciństwa, że dostała wyrok w zawieszeniu i skierowano ją na terapię psychologiczną. Dostała też zakaz kontaktowania się z Imogeną i jej ojcem.

Co do reszty mojej trzódki – wszyscy jakoś sobie radzili; jak należało oczekiwać, jedni lepiej, inni nieco gorzej. Shona uczyła się bardzo dobrze i często się spotykałyśmy, kiedy potrzebowałam pomocy przy dekorowaniu gablot, zaś mała Molly wykorzystała w pełni swój potencjał. Również Gavin, chociaż cały czas musiał przyjmować leki, okazał się całkiem zdolnym uczniem, a im był starszy, tym mniej dawało o sobie znać jego ADHD. A biednemu Benowi, chociaż nigdy nie przestał sprawiać problemów, udawało się wytrzymywać w szkole długie okresy, kiedy stosunkowo rzadko był karany za wdawanie się w bójki. Jego ojcu przydzielono pracownika socjalnego, który pomagał mu lepiej zajmować się Benem w domu.

A ja... cóż, ja nabrałam pewności siebie przy małej Imogenie. Nowy rok, nowe wyzwania, nowe problemy, które trzeba rozwiązać. Kiedy wróciłam w styczniu do szkoły, nie mogłam się doczekać spotkania z następną grupką uczniów, bo wiedziałam, że pomagając im, ja także wiele się od nich nauczę. I chyba nie muszę dodawać, że mnie nie zawiedli...

Podziękowania

Chciałabym podziękować całemu zespołowi wydawnictwa HarperCollins, wspaniałemu Andrew Lowniemu oraz mojej przyjaciółce i nauczycielce, Lynne.